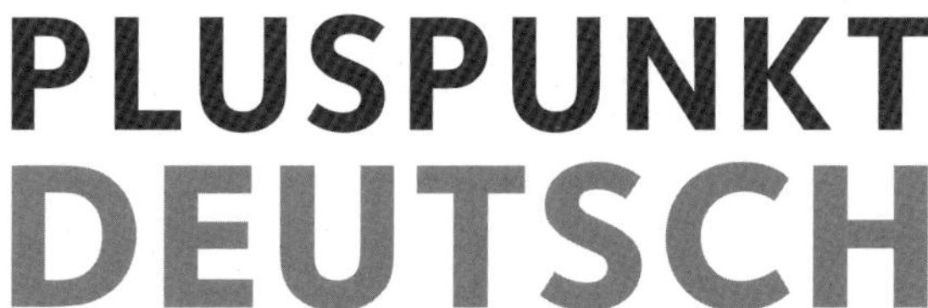

PLUSPUNKT DEUTSCH

Leben in Deutschland

HANDREICHUNGEN
FÜR DEN UNTERRICHT

A2

Joachim Schote
Friederike Jin

Cornelsen

Pluspunkt Deutsch A2
Leben in Deutschland

Handreichungen für den Unterricht

Im Auftrag des Verlages erarbeitet von Joachim Schote und Friederike Jin

Redaktion:	Heike Krüger-Beer
Umschlaggestaltung:	finedesign, Büro für Gestaltung, Berlin
Gesamtgestaltung und technische Umsetzung:	zweiband.media, Berlin
Titelbild:	© Cornelsen Schulverlage GmbH / Hugo Herold Fotokunst

Informationen zum Lehrwerksverbund Pluspunkt Deutsch – Leben in Deutschland
finden Sie unter www.cornelsen.de/pluspunkt-deutschland

www.cornelsen.de

2. Auflage, 4. Druck 2024

Alle Drucke dieser Auflage sind inhaltlich unverändert
und können im Unterricht nebeneinander verwendet werden.

Druck: Esser printSolutions GmbH, Bretten

ISBN 978-3-06-120892-9

PEFC-zertifiziert
Dieses Produkt stammt aus nachhaltig bewirtschafteten Wäldern und kontrollierten Quellen
www.pefc.de

Inhalt

Vorwort

Vor Ihnen liegen die *Handreichungen für den Unterricht zu Pluspunkt Deutsch – Leben in Deutschland A2*. In diesen Handreichungen wird das methodisch-didaktische Vorgehen bei der Arbeit mit *Pluspunkt Deutsch – Leben in Deutschland* beschrieben. Sie finden hier Tipps für den Unterricht, Vorschläge für die Binnendifferenzierung und dafür, wie Sie die Aufgaben und Übungen im Kursbuch variieren können, Ideen für zusätzliche Aktivitäten außerhalb des Kursraums und Ideen, um die Kursteilnehmer und Kursteilnehmerinnen (KT) zum eigenständigen Lernen zu motivieren. Die Anregungen aus den *Handreichungen* haben Vorschlagscharakter, sie sind ein Angebot, aus dem Sie eine Auswahl treffen können, die der jeweiligen Kurssituation angepasst ist. Ergänzende landeskundliche Informationen ersparen Ihnen umständliches Suchen und können direkt an die KT weitergegeben werden.

In den *Handreichungen für den Unterricht* finden Sie
- ein didaktisiertes Inhaltsverzeichnis für jede Lektion, in dem das Training der vier Fertigkeiten, der Wortschatz, die Grammatik und die Phonetik übersichtlich zusammengefasst sind,
- methodische Hinweise und Tipps zum Training der vier Fertigkeiten (Sprechen, Schreiben, Lesen und Hören),
- Vorschläge für Tafelbilder,
- Vorschläge zu den Arbeitsformen,
- konkrete Hinweise zur Binnendifferenzierung.

Die *Handreichungen* enthalten zahlreiche Zusatzaktivitäten, auch mit Kopiervorlagen, die Sie im Unterricht einsetzen können:
- Aktivitäten zur Förderung der Kommunikation (gelenkte und freie Rollenspiele, Kopiervorlagen für Wechselspiele),
- Aktivitäten zur spielerischen Einübung des Wortschatzes, z. B. Kopiervorlagen für Memory- und Dominospiele,
- Aktivitäten zur spielerischen Einübung der Grammatik (auch mit zahlreichen Kopiervorlagen),
- Diktate und Zwischentests zu den einzelnen Lektionen.

Die Kopiervorlagen sind oft in Kärtchenform gestaltet, die Sie ausschneiden können und am besten auf Karton kleben oder laminieren, um sie besser haltbar zu machen.

Erläuterungen zur Vorbereitung und zum Einsatz der Kopiervorlagen sind an der jeweiligen Stelle im Kommentar zu den Lektionen integriert.

Ausführliche Hinweise zur Konzeption der Neubearbeitung sowie den methodisch-didaktischen Überlegungen von *Pluspunkt Deutsch – Leben in Deutschland* allgemein finden Sie in den *Handreichungen zu Pluspunkt Deutsch – Leben in Deutschland A1*. Im Folgenden wird die Konzeption des A2-Bandes kurz beschrieben.

Das Lehrwerk und das Rahmencurriculum

Die Handlungsfelder des Rahmencurriculums sind im A2-Band wie folgt berücksichtigt:

Umgang mit der Migrationssituation:	Lektion 1, Lektion 12
Gestaltung sozialer Kontakte:	Lektion 7, Lektion 14
Arbeit und Arbeitssuche:	Lektion 5, Lektion 10
Aus- und Weiterbildung:	Lektion 8
Betreuung und Ausbildung der Kinder:	Lektion 4
Banken und Versicherungen:	Lektion 13
Einkaufen:	Lektion 13
Gesundheit:	Lektion 9
Mediennutzung:	Lektion 2
Mobilität:	Lektion 11
Unterricht:	Lektion 4
Wohnen:	Lektion 6

Im Inhaltsverzeichnis des Kursbuches sowie in den vorliegenden *Handreichungen* werden die einzelnen Lernziele bzw. Kannbeschreibungen aus dem Rahmencurriculum, die in *Pluspunkt Deutsch* aufgegriffen werden, genannt.

Das Kursbuch (KB)

Die Kursbücher und Arbeitsbücher des A2-Bandes sind wie der A1-Band jeweils auch in Teilbänden mit den Lektionen 1–7 bzw. 8–14 erhältlich.

Das KB der Neubearbeitung des A2-Bandes enthält wie der A1-Band 14 Lektionen mit jeweils 10 Seiten. Auf der Auftaktseite jeder Lektion wird der für die Lektion zentrale Wortschatz eingeführt und das Thema der Lektion vorbereitet. Es folgen jeweils 6 Seiten, die in übersichtliche, mit Buchstaben versehene Blöcke aufgeteilt sind.

Die orangefarbenen Kästen enthalten die wichtigsten Regeln und Übersichten zur jeweils neu eingeführten Grammatik und manchmal zur Landeskunde, die blauen Kästen weitergehende Informationen zum Sprachgebrauch.

Die beiden Seiten ***Sprechen aktiv*** enthalten zusammenfassende Sprechübungen (z. B. Nachsprechübungen oder Minidialoge) zu Wortschatz und Grammatik zu jeder Lektion, dazu Phonetikübungen mit dem Titel *Flüssig sprechen* und eine verkürzte Version von Dialogen aus den Videoclips mit Übungen. Auf der *Gewusst-wie*-Seite sind die wichtigsten Redemittel der Lektion und die neu eingeführte Grammatik zusammenfassend dargestellt.

Der Anhang umfasst die Partnerseiten zu den Wechselspielen, Phonetikübungen, Übungen zu den Videoclips, die Hörtexte, die nicht oder nicht vollständig in den Lektionen abgedruckt sind, eine alphabetische Liste mit dem Lernwortschatz inkl. Fundstelle im Buch sowie Listen mit unregelmäßigen Verben, Verben mit Dativ bzw. Dativ und Akkusativ und eine Übersicht der wichtigen Verben mit Präpositionen.

Die insgesamt 17 Videoclips greifen die Themen auf humorvolle Weise auf und gewähren Einblick in deutsche Alltagssituationen. Diese Videoclips sind in Kombination mit den Arbeitsblättern im Kursbuch fakultativ einsetzbar. Sie sind mit Untertiteln versehen, sodass die KT damit ohne Probleme auch zu Hause arbeiten können.

Das Arbeitsbuch (AB)

Das Arbeitsbuch enthält ein vielfältiges Aufgaben- und Übungsangebot zu den Lektionen des KB. Die KB-Übungen enthalten Verweise auf die zugehörigen Übungen im AB, so dass sich die Arbeit mit beiden Büchern abstimmen lässt.

Im AB gehören wie im A1-Band zu jeder Lektion 12 Seiten. Die ersten sieben Seiten enthalten Wiederholungs- und Vertiefungsübungen zum Lernstoff im KB, die letzte(n) Übung(en) bieten ein gezieltes Schreibtraining an. Die achte Seite, *Deutsch plus*, bietet weitere, mit dem Thema der Lektion verbundene Aufgaben. Die *Deutsch-plus*-Seiten eignen sich auch als Erweiterungsübungen für lerngeübte KT, wenn diese z. B. während des Unterrichts mit einer Übung schneller fertig sind als andere KT.

Wenn es in den KB-Lektionen verstärkt um Dialogsituationen ging, finden sich im AB zahlreiche Parallelübungen, u. a. Textkaraoke. Die KT hören nur einen Dialogteil, den anderen sprechen sie selbst.

Auf der neunten und zehnten Seite ist der Lernwortschatz jeder Lektion abgedruckt. Hier können die KT die Übersetzung in ihrer Muttersprache hinzufügen. Zusätzlich finden sich weitere Übungen zum Vokabeltraining und Phonetikübungen zu schwierigen Wörtern.

Wie auch im A1-Band finden Sie auf den letzten beiden Seiten jeder Arbeitsbucheinheit ein **Bildlexikon** zu wichtigem Wortschatz der Einheit, der noch etwas ausgeweitet wird.

Im Anhang des Arbeitsbuches findet sich zudem eine systematische Darstellung der **Grammatik** für die Niveaustufen A1 und A2.

Die zweiseitigen AB-Stationen nach den Lektionen 4, 7, 11 und 14 enthalten Aufgaben zur **Selbstevaluation**.

Die Lösungen für die AB-Übungen sind in einem Einleger, den die KT getrennt vom AB aufbewahren sollten. Weisen Sie die KT darauf hin, dass er ausschließlich zur nachträglichen Kontrolle dient.

Das AB ist so gestaltet, dass die KT die Übungen auch alleine zu Hause z. B. als Hausaufgabe machen können. Eine CD mit den Hörtexten liegt bei. In den ersten Stunden sollten die AB-Übungen im Unterricht gemacht werden, damit die KT die Arbeitstechniken kennenlernen und sich bei Fragen an Sie wenden können. Das erleichtert ihnen die Arbeit mit dem Buch zu Hause.

Die Stationen

Die Stationen umfassen im A2-Band sechs Seiten, die vierte und fünfte Seite entsprechen den Vorgaben des überarbeiteten Rahmencurriculums vom 21.3.2017 (s. dazu ausführlich die Kommentare zu den Stationen sowie das Vorwort zum A1-Band).

Erste Seite: spielerische Wiederholung
Zweite und dritte Seite: Berufsporträts

Station 1: Berufe im Hotel und in der Gastronomie
Station 2: Handwerksberufe
Station 3: Pflegeberufe
Station 4: kaufmännische Berufe

Vierte und fünfte Seite:
Station 1 : Kinderbetreuung
Station 2: Zusammenleben im Haus
Station 3: Kommunikation am Arbeitsplatz
Station 4: Kommunikation in der Pflege

Sechste Seite: Prüfungsvorbereitung DTZ, abgestimmt auf die Niveaustufe A2. Dazu gibt es Tipps für die Bearbeitung der Aufgaben.

Auch die Stationen im AB wurden erweitert und enthalten zusätzlich zu den beiden Seiten für die Selbstevaluation, die es auch im A1-Band gibt, zwei weitere Seiten mit Prüfungsvorbereitung für den DTZ. Sie ist auf die Niveaustufe A2 abgestimmt.

Die DTZ-Vorbereitung ist in den Stationen 1–4 wie folgt aufgeteilt:

Station 1
KB: Hören Teil 3
AB: Hören Teil 1–3

Station 2
KB: Lesen Teil 1
AB: Lesen Teil 2 und 3

Station 3
KB: Schreiben
AB: Lesen Teil 5, Schreiben

Station 4
KB: Sprechen
AB: Sprechen

Diktate und Zwischentests in den Handreichungen

Für die *Diktate* im Anschluss an die Kommentare zu den Lektionen in den vorliegenden *Handreichungen* bieten sich verschiedene Einsatzmöglichkeiten an. Zu jedem Diktat geben wir Ihnen neben dem Volltext eine Variante zur Durchführung an. Zum Beispiel können Sie sie vorlesen, sie sind als Partnerdiktat denkbar, als Laufdiktat, ein/e KT liest den ganzen Text vor oder mehrere KT abwechselnd Teile des Textes.

Auch die Korrektur lässt sich unterschiedlich gestalten: Sie korrigieren die Texte, die KT kontrollieren ihre Texte gegenseitig oder jede/r KT kontrolliert den eigenen Text mit Hilfe des Originaltextes.

Schwerpunkt der *Zwischentests* im Anhang der *Handreichungen* sind Wortschatz, Kommunikation und Grammatik. Jeder Test sollte nicht länger als 20 Minuten dauern. Die Aufgaben sind ausnahmslos geschlossen und so gestaltet, dass sie auch von lernungeübten KT lösbar sind, sofern der Stoff der betreffenden Lektion komplett durchgearbeitet und mit Hilfe der AB-Übungen gefestigt wurde. Ein/e KT sollte mindestens 60 % der maximalen Punktzahl erreichen, damit der Test als erfolgreich bewertet werden kann.

Auftaktseite

Lernziele und Lerninhalte:

Sprechen: Interviews: den Lernpartner / die Lernpartnerin vorstellen
Wortschatz: Redemittel, um eine Person vorzustellen

Arbeitsbuch: Ü 1–4
Portfolioübung Ü 3: ein Anmeldeformular ausfüllen

A Zuwanderer in Deutschland

Lernziele und Lerninhalte:

Sprechen: Lebensgeschichten erzählen
Lesen: die Geschichten von vier Migranten/Migrantinnen
Grammatik: Perfekt

Arbeitsbuch: Ü 5–10

B Wie haben Sie das geschafft?

Lernziele und Lerninhalte:

Sprechen: über die Kinder einer Familie sprechen, über die eigenen Erfahrungen in Deutschland sprechen,
Hören: eine Familie berichtet über ihre Gründe für die Migration nach Deutschland und ihr Leben in Deutschland.
Grammatik: Possessivpronomen im Plural

Kannbeschreibungen GER / Rahmencurriculum:

Kann einfach und kurz über seine/ihre Gründe für die Migration sprechen.
Kann einfach und kurz von seinen/ihren Erfahrungen berichten

Arbeitsbuch: Ü 11–15

C Sprachen lernen

Lernziele und Lerninhalte:

Sprechen: erzählen, wofür man Deutsch braucht, über Lerntypen und Lerntipps sprechen, Tipps für das Deutschlernen geben
Hören: Tipps von Deutschlernen
Lesen: Lerntypen
Wortschatz: Sprachen lernen

Kannbeschreibungen GER / Rahmencurriculum:

Kann individuelle Sprachlernbedürfnisse und Ziele äußern.
Kann sich über die Bedeutung des Erlernens der Zielsprache für die eigene Zukunft äußern.

Arbeitsbuch: Ü 16–20
Schreibtraining Ü 21: Fehlerkorrektur Perfekt
Arbeitsbuch – Deutsch plus Ü 22: Kursangebote einer Volkshochschule
Arbeitsbuch – Wichtige Wörter: Ü 1–3
Arbeitsbuch – Bildlexikon Ü 4–6: Lerntipps

Phonetik: Wortakzent bei Partizipien

Kopiervorlagen in den Handreichungen:
KV 1: Partnerinterview: *Wie gut kennen Sie sich?*
KV 2: Perfekt Memory

Thema der ersten Lektion ist die Zuwanderung, bzw. die Erfahrungen, die die KT in Deutschland gemacht haben.
Die KT erweitern ihre Kenntnisse des Perfekts.
Weiter geht es um Methoden des Sprachenlernens und um Lerntipps.

Auftaktseite

Lernziele und Lerninhalte:

Sprechen: Interviews: den Lernpartner / die Lernpartnerin vorstellen
Wortschatz: Redemittel, um eine Person vorzustellen

Es ist möglich, dass mit dem Beginn der Niveaustufe A2 Kurse neu gebildet werden oder neue KT in fortlaufenden Kursen hinzukommen. Deshalb dient die Auftaktseite auch dem ersten Kennenlernen.

Sie können auch mit **Kopiervorlage 1** arbeiten. Die KT interviewen ihre Lernpartner/innen und stellen diese im Kurs vor. Auch KT, die ab der Stufe 1 zusammen sind, haben oft die Namen der anderen nicht mehr parat und oft kann es peinlich sein, immer wieder fragen zu müssen, wie jemand heißt, bzw. wie ein Name richtig ausgesprochen wird. Die KT sollen nur Stichwörter aufschreiben und frei über die anderen erzählen. So bekommen Sie auch zu Kursbeginn einen Eindruck, wer sich mündlich auf welchem Stand befindet und diese Aktivität am Anfang des Kurses kann sehr auflockernd wirken. Bevor man mit dem eigentlichen „Stoff" beginnt, haben alle KT schon einmal miteinander gesprochen und im Kursraum etwas gesagt.

1

Bringen Sie Papier im DIN-A3-Format in den Unterricht mit, auf dem die KT nach dem Vorbild auf dem Foto eine Skizze von Deutschland anfertigen oder nutzen Sie die Deutschlandkarte auf der Umschlagseite im Buch. Bringen Sie auch eine große Deutschlandkarte in den Unterricht mit und hängen Sie diese vorne an die Wand. Geben Sie den KT zunächst einige Minuten für die Fragen und Antworten in 1a Zeit und leisten Sie Unterstützung, wenn die KT die Orte, in denen sie schon in Deutschland waren, nicht gleich auf der Karte eintragen oder markieren können. Um die Suche nicht unnötig kompliziert zu machen, sollten sich die KT auf größere Städte beschränken oder im Falle kleinerer Orte, die sie kennen, sagen, welche größeren Städte in der Nähe sind.

Der Redemittelkasten hilft den KT, ihre Lernpartner/innen vorzustellen. Machen Sie auf die Adjektive aufmerksam, mit denen die KT sagen sollen, wie sie die Orte finden und erweitern Sie evtl. die Liste.

Notieren Sie Stichwörter zu den KT an der Tafel, wenn diese über die Lernpartner/innen berichten, damit sich alle einen Überblick über den Kurs verschaffen können. Nutzen Sie die Stichwörter, um die Präposition *seit* zu festigen: *Amar ist seit einem Jahr in Deutschland, Carlos wohnt seit einem Monat hier.* usw. *Seit* wurde in *Pluspunkt Deutsch A1*, Lektion 10 eingeführt.

An dieser Stelle geht es noch nicht darum, dass die KT ausführlich über ihre Erfahrungen in Deutschland berichten, sondern lediglich um eine Vorstellungsrunde, die Ihnen im Falle von neuen KT auch Gelegenheit geben soll, sich ein erstes Bild zu machen.

Arbeitsbuch: Ü 1–4
Portfolioübung Ü 3: ein Anmeldeformular ausfüllen

A Zuwanderer in Deutschland

Lernziele und Lerninhalte:

Sprechen: Lebensgeschichten erzählen
Lesen: die Geschichten von vier Migranten/Migrantinnen
Grammatik: Perfekt

In den vier Lesetexten lernen die KT vier Migranten/Migrantinnen mit unterschiedlichem Hintergrund kennen: eine Taiwanesin, die mit einem Deutschen verheiratet ist, einen Zuwanderer aus dem EU-Land Spanien, einen Syrer und die Tochter von sogenannten Gastarbeitern aus Italien, die hier in Deutschland geboren ist. Das Thema Migration und Integration wird dann in Block B anhand eines ausführlichen Beispiels vertieft. Den KT soll Gelegenheit gegeben werden, anhand der unterschiedlichen Biographien auch über ihre eigene Integration bzw. ihr Leben in Deutschland zu sprechen. Darüber hinaus wird hier das Grammatikthema Perfekt aus *Pluspunkt Deutsch A1*, Lektion 10 aufgegriffen und erweitert.

1

Bringen Sie eine Karte in den Unterricht mit, um zu zeigen, wo die Herkunftsländer der vier Personen liegen, nachdem die KT den Einleitungstext gelesen haben.

Geben Sie den KT für die erste Lektüre (1a) ein Zeitlimit, z. B. vier Minuten, damit sie sich nicht bei Details, die sie nicht verstehen, aufhalten.

Bei der Inhaltswiedergabe gemäß 1b ist neben dem Lernziel Leseverstehen auch die Perfektwiederholung wichtig. Beachten Sie, dass in den Texten Partizipien ohne *ge-* vorkommen, die anschließend im Grammatikteil näher erläutert werden. Die besondere Herausforderung für die KT besteht darin, dass sie von der 1. in die 3. Person Singular umformulieren müssen. Im Falle von Kursen mit vielen lernschwachen KT sollte dies anhand einiger Sätze oder eines ganzen Textes zunächst im Plenum erfolgen. Geben Sie ein Beispiel. Markieren Sie auch die Person.

> Marta Asciones Eltern sind 1970 nach Deutschland gekommen. Sie ist in Deutschland geboren. Ihre Eltern haben von Deutschland nicht viel gesehen.

Für die Inhaltswiedergabe gibt es verschiedene Möglichkeiten:

- Die KT lesen die Texte zu zweit und notieren die wichtigsten Informationen zu den Personen, die Ergebnisse werden dann an der Tafel gesammelt, z. B:

  > Marta Ascione:
  > Eltern aus Italien
  > 1977 in Deutschland geboren
  > Abitur gemacht
  > Maschinenbau studiert
  > heute Abteilungsleiterin

Diese Informationen dienen als Basis, damit die KT über die Personen berichten können.

- Jeweils eine Gruppe mit drei bis vier Personen liest einen Text und berichtet dann den anderen.
- Vor der Lektüre werden im Plenum *W*-Fragen erarbeitet, die den KT als Leitfaden dienen:

  > Woher kommen die Personen?
  > Welchen Beruf haben sie gelernt?
  > Wo haben sie gearbeitet?
  > Wo arbeiten sie jetzt?
  > Was machen sie jetzt?

2

Übergang zur Grammatikarbeit. Bevor Sie auf das Grammatikthema Partizipien mit und ohne *ge-* eingehen, sollten Sie die Regeln für das Perfekt, die die KT aus *Pluspunkt Deutsch A1* kennen, noch einmal wiederholen und Beispielsätze für Perfekt mit *haben* und *sein* und das Partizip II von unregelmäßigen und trennbaren Verben üben.

Wiederholen Sie auch die Regeln für die Satzstellung in Perfektsätzen:

Position 1	Position 2 (konjugiertes Verb)	Satzmitte	Satzende (Partizip II)
1999	bin	ich nach Gelsenkirchen	umgezogen.

Lernungeübte KT können noch einmal folgende Aktivität machen: Schreiben Sie die Satzteile von Perfektsätzen auf Karton, die KT stellen sich in der richtigen Reihenfolge auf (siehe *Handreichungen Pluspunkt Deutsch A1*, S. 34).

Dann unterstreichen die KT alle Perfektformen in den Texten von 1. Sammeln Sie die Infinitive und Partizipien an der Tafel.

Partizipien **mit ge-**	Partizipien **ohne ge-**
kommen – ist gekommen	studieren – hat studiert

Erläutern Sie die Regeln für die Verben, die im Partizip II kein *ge-* haben. In den vier Texten kommen *studieren, motivieren* sowie *verlieren, verlassen, erleben, bekommen* und *gefallen* vor. Geben Sie weitere Beispiele z. B. auch für die Vorsilben *emp-*, *ent-* und *zer-*.

3

Das anschließende Memoryspiel können die KT mit Hilfe der **Kopiervorlage 2** machen.

4

In dieser Übung schreiben die KT einen Ich-Text, um so das Perfekt zu wiederholen und die neu gelernten Partizipformen zu üben.

Varianten:

- Die KT schreiben mit Hilfe eines Zeitstrahls einen Text über ihr eigenes Leben.
  Dieser Zeitstrahl kann z. B. wie folgt aussehen:
  1985 (Geburtsjahr) – 2003 (Schulabschluss) – 2008 (Studium fertig) – 2008–2015 (Berufstätigkeit) – 2010 (Heirat) – 2016 (nach Deutschland gekommen)
  Schreiben Sie einen fiktiven Lebenslauf nach diesem Muster an die Tafel und fordern Sie die KT dann auf, die wichtigsten Jahreszahlen und Ereignisse in ihrem Leben in Form eines solchen Zeitstrahls zu notieren.
  Der Zeitstrahl und/oder die Texte werden, gerne mit Foto, im Kursraum aufgehängt.
- Für lerngeübte KT: Die KT berichten, was in den Jahren in ihrem Leben passiert ist und welche wichtigen Ereignisse es in der Welt gab.

Arbeitsbuch: Ü 5–10

B Wie haben Sie das geschafft?

Lernziele und Lerninhalte:

Sprechen: über die Kinder einer Familie sprechen, über die eigenen Erfahrungen in Deutschland sprechen
Hören: eine Familie berichtet über ihre Gründe für die Migration nach Deutschland und ihr Leben in Deutschland.
Grammatik: Possessivpronomen im Plural

Mit den Taskins lernen die KT eine Migrantenfamilie kennen, die in Deutschland integriert ist. Die Interviews mit Herrn und Frau Taskin sollen die KT anregen, über ihre eigenen Erfahrungen zu berichten. Das Grammatikthema sind die Possessivpronomen im Plural.

1a

Zunächst betrachten die KT die Fotos und stellen Vermutungen an: *Wo sind die Personen? Was machen sie? In welcher Situation sind sie?* Schreiben Sie geeignete Redemittel an die Tafel:

Die Frau ist vielleicht ...
Die Leute auf Foto E studieren.

(Lösung: 1E, 2A, 3D, 4C, 5B)

1b

Anschließend hören sie das längere Interview mit Herrn und Frau Taskin und ordnen die Fotos (Globalverstehen). Besprechung der Lösung im Plenum.
(Lösung: E, B, A, C, D)

1c

Die KT hören zunächst Herrn Taskin noch einmal und notieren die Antworten zunächst in Einzelarbeit und vergleichen dann mit ihrem Lernpartner. Auswertung im Plenum.
(Lösung: 1. Herr Taskin kommt aus Afghanistan. 2. Sie haben in der Ukraine studiert. 3. Frau Taskin war Russischlehrerin. 4. Herr Taskin hat in Afghanistan gearbeitet. 5. Sie sind nach Deutschland gekommen, weil die Situation in Afghanistan schwierig war. 6. Verwandte haben ihnen geholfen.)

1d

Diese Übung ist eine Parallelübung zu 1b in Block A mit dem Unterschied, dass die KT nun nach dem Hören berichten sollen, was den Schwierigkeitsgrad erhöht. Lernungeübte KT oder KT denen die mündliche Sprechfertigkeit schwer fällt, sollten den Text im Anhang nachlesen.

1e

(Lösung: 1B, 2A, 3B, 4C)

2

Einführung der Possessivpronomen im Plural. Die Possessivpronomen im Singular kennen die KT bereits aus *Pluspunkt Deutsch A1*, Lektion 4. Die KT können auch den Hörtext im Anhang nachlesen und alle Varianten von *mein-, unser-; Ihr-, ihr-* unterstreichen. Sammeln Sie dann diese Possessivpronomen an der Tafel. Die KT ergänzen alle Formen, die sie bereits kennen und die im Hörtext vorkommen. Ergänzen Sie *eure*, da es im Hörtext nicht vorkommt.

ich – mein	wir – unser
du – dein	ihr – euer
er – sein	sie/Sie – ihr/Ihr
sie – ihr	
es – sein	

Lassen Sie die KT noch einmal die bekannten Possessivpronomen in einem kurzen Frage- und Antwortspiel in Dreier- oder Vierergruppen wiederholen: *+ Ist das dein/Ihr Buch? – Ja, das ist mein Buch.* usw. Anschließend ergänzen die KT die Sätze in 2a, in 2b formen sie sie in die 3. Person um.

In 2c werden die Possessivpronomen geübt, die KT üben die 3. Person Plural.

Varianten:

- 2c auch als schriftliche Übung
- Das *Mein-dein*-Spiel mit den Possessivpronomen im Plural. Vierergruppen, je 2 KT fragen die anderen beiden KT: *Sind das eure/Ihre Bücher?* usw.

3

Zum Abschluss dieses Blocks berichten die KT über ihre eigenen Erfahrungen in Deutschland. Als Vorentlastung sollten sie dafür den Hörtext aus 1 im Anhang nachlesen und positive und negative Erfahrungen der Familie Taskin in Deutschland markieren. Der Paralleltext in AB-Übung 11 (die Geschichte von Herrn Sorokin) ist als weitere Vorentlastung geeignet.

Schreiben Sie geeignete Redemittel an die Tafel; z. B:

Am Anfang habe ich / haben wir ...
Die erste Zeit in Deutschland war ...
Mir hat/haben ... gefallen / nicht gefallen / Mir gefällt (nicht) ...
Ich hatte viele/wenig Probleme mit ...
Heute bin ich zufrieden / weniger zufrieden ...

Geben Sie den KT einige Minuten Zeit, um sich Notizen zu machen. Die KT sollten zunächst in Partnerarbeit berichten, wobei es von Vorteil sein kann, wenn KT, die schon länger in Deutschland sind, mit solchen zusammenarbeiten, die noch nicht lange hier sind. Anschließend Plenumsarbeit.

Möglicherweise gibt es KT, die nicht vor anderen über ihre (schlechten) Erfahrungen sprechen möchten. Respektieren Sie dies, sie können über ihre Erfahrungen evtl. schriftlich berichten. Andere KT berichten möglicherweise gerne über ihre Erfahrungen. Ermuntern sie diese, im Plenum zu berichten, damit es zu einem Meinungs- und Erfahrungsaustausch kommt, an dem sich alle KT beteiligen können.

Um die Diskussion zu steuern, sollten Sie evtl. Themenkreise vorgeben: Erfahrungen beim Einkaufen, öffentliche Verkehrsmittel, Arbeit und Ausbildung usw.

Regen Sie die KT an, Vergleiche mit dem Heimatland anzustellen: Was ist anders und evtl. besser oder schlechter?

Varianten:

- Nach der Plenumsdiskussion einigen sich die KT in Dreier- oder Vierergruppen auf zwei Punkte für ein Lernplakat. Die Plakate werden im Kursraum aufgehängt. Die KT gehen dann von Plakat zu Plakat und lesen, was die anderen Gruppen geschrieben haben. So bietet sich Gelegenheit, dass sich vor den Plakaten neue Gruppen bilden, um die Diskussion fortzusetzen und zu vertiefen.
- Fragen Sie die KT, ob sie andere Migranten/Migrantinnen oder Personen mit Migrationshintergrund kennen, die in Deutschland Erfolg haben. Als prominente Beispiele kann man z. B. den Politiker Cem Özdemir oder die Violinistin Lisa Batiashvili nennen.

Cem Özdemir (geb. 1965) kommt aus einer türkischen Gastarbeiterfamilie und ist heute einer der führenden Politiker von Bündnis 90/Die Grünen. Lisa Batiashvili (geb. 1979 in Tiflis/Georgien kam 1991 mit ihrer Familie nach Deutschland. Sie hat in Hamburg und München Musik studiert und 1995 als jüngste Teilnehmerin bei einem Musikwettbewerb in Helsinki den zweiten Preis gewonnen. 2001 hat sie ihre erste CD veröffentlicht. Sie lebt heute in München und ist eine weltweit erfolgreiche Violinistin.

Arbeitsbuch: Ü 11–15

C Sprachen lernen

Lernziele und Lerninhalte:

Sprechen: erzählen, wofür man Deutsch braucht, über Lerntypen und Lerntipps sprechen, Tipps für das Deutschlernen geben
Hören: Tipps von Deutschlernen
Lesen: Lerntypen
Wortschatz: Sprachen lernen

1

Der Einstieg ist ein Erfahrungsaustausch im Plenum über die persönlichen Lernziele. Geben Sie den KT einige Minuten Zeit, um die Sätze in 1 zu lesen und ergänzende Notizen zu machen. Sammeln Sie dann die Antworten der KT an der Tafel.

Wahrscheinlich kommen sehr unterschiedliche Antworten, die sich von privaten/familiären Lernzielen (z. B. mit Lehrern/Lehrerinnen in der Schule sprechen) über berufliche Lernziele bis zu allgemeinen Zielen wie Verbesserung der Grammatik oder sehr konkreten (die Prüfung bestehen) erstrecken können. Notieren Sie die Antworten auf einer OHP-Folie, auf die Sie am Ende dieses Blocks für eine abschließende Diskussion über Lernziele und Lerntechniken zurückgreifen können.

2–3

Diese Übungen sollen die KT anregen, darüber nachzudenken und sich bewusst zu machen, wie sie selbst am besten lernen bzw. zu welchem Lerntyp sie gehören. Fragen Sie die KT, in welchem der Texte sie sich am stärksten wiederfinden, nachdem sie Aufgabe 2 gelöst haben.
So erhalten Sie auch wichtige Informationen über die KT bzw. die gesamte Lerngruppe, was es Ihnen erleichtert, die Unterrichtsplanung auf den Kurs abzustimmen. Wenn die KT in 3 über ihre Lernpartner/innen berichten, sollten Sie sich Notizen machen, damit Sie die einzelnen KT individuell gezielter fördern können. (Lösung 2a: Text 1 – Typ 4, Text 2 – Typ 2, Text 3 – Typ 1, Text 4 – Typ 3)

Varianten:

- Lesen Sie zehn bis zwölf Wörter eines bekannten Wortfeldes vor. Geben Sie den KT dann eine Minute Zeit, um so viele der gehörten Wörter wie möglich zu notieren.
- Legen Sie jedem/r KT eine Kopie mit zehn bis zwölf Wörtern eines bekannten Wortfeldes umgekehrt auf den Tisch. Wenn alle KT eine Kopie haben, bekommen sie zehn Sekunden Zeit, um die Wörter zu lesen. Dann drehen sie die Kopie wieder um, schreiben innerhalb einer Minute die Wörter

auf, die sie behalten haben.
- Bringen Sie zehn bis zwölf Gegenstände in den Unterricht mit, decken Sie diese Gegenstände dann mit einem Tuch ab. Geben Sie den KT ein bis zwei Minuten Zeit, um die Gegenstände unter dem Tuch zu berühren. Anschließend schreiben die KT wieder innerhalb von einer Minute die Gegenstände auf, die sie erkannt bzw. behalten haben.

Abschließend vergleichen die KT: Wo fiel es ihnen am leichtesten, sich die Wörter zum merken: beim Hören (auditiver Lerntyp), beim Lesen (visueller Lerntyp) oder beim Berühren (motorischer Lerntyp)?
Diese Übung bietet den KT zusätzlich zu den Texten in 2 und dem Gedankenaustausch in 3 eine kleine Selbsterfahrung, um sich über den eigenen Lerntyp bewusst zu werden.

4a

Hier werden zentrale Probleme von Deutschlernenden aufgegriffen, die diese oft wichtiger nehmen als sie für die Kommunikation eigentlich sind, wie z. B. die Angst vor Fehlern (Lösung: Grammatik, Wörter lernen, Texte lesen).

4b

(Lösung:
1. Er versteht die Grammatik ganz gut.
2. Lesen macht ihm oft keinen Spaß.
3. Jakub soll neue Wörter auf Karteikarten schreiben.
4. Nezhat hat einfach gesprochen.
5. Jakub meint, dass man Fehler durch Üben korrigieren kann.)

4c

Zunächst Gruppenarbeit (3–4 KT), die Gruppen erarbeiten eine gemeinsame Stellungnahme und präsentieren diese im Plenum. Regen Sie die KT z. B. an zu überlegen, wann / in welchen Situationen / bei welchen Gesprächspartnern/Gesprächspartnerinnen sie wegen Fehlern tatsächlich nicht verstanden wurden und wie oft sie trotz Fehlern verstanden wurden. Weisen Sie darauf hin, dass sie diese Situationen als Erfolge betrachten sollen, die Lernfortschritte dokumentieren, und dass Fehler ein ganz natürlicher Teil des Lernprozesses sind und sogar produktiv sein können, wenn man aus ihnen lernt.

Wahrscheinlich machen auch Sie als KL Unterschiede bei der Fehlerkorrektur. Bei Plenumsdiskussionen z. B. wird evtl. seltener korrigiert als bei Grammatikübungen, um den Redefluss nicht zu unterbrechen. Machen Sie die KT darauf aufmerksam.

4d

Indem die KT Lerntipps austauschen, üben sie sich zugleich in Zusammenarbeit und gegenseitiger Unterstützung, was sich auch auf den weiteren Kursverlauf positiv auswirken sollte. Außerdem bietet sich so Gelegenheit, dass sie sich besser kennenlernen. Darüber hinaus üben sie Redemittel, um Ratschläge zu geben bzw. Vorschläge zu machen. Verweisen Sie auf den Redemittelkasten.

Bilden Sie möglichst heterogene Gruppen, in denen lerngeübte und lernungeübte KT, solche die viel bzw. wenig Kontakt zu deutschen Muttersprachlern haben, und solche, die schon länger oder erst seit kurzem in Deutschland sind, bunt gemischt sind. Geben Sie den KT vor der Diskussion einige Minuten Zeit, ein Problem, das ihnen wichtig scheint, zu notieren. Abschließend einigt sich jede Gruppe auf ein Problem, das ihr besonders wichtig erscheint und einen Tipp, den alle für den geeignetsten halten, und stellen dieses Ergebnis im Plenum vor.

Greifen Sie zum Abschluss noch einmal die Einstiegsfrage dieses Blocks auf: *Wofür brauchen Sie Deutsch?* Zeigen Sie die OHP-Folie aus 1 und lassen Sie KT überlegen: Welche Rollen spielen Grammatik, Wortschatzübungen, das Einüben von Redemitteln usw. für die übergeordneten Ziele (Ausbildung, Beruf, Verständigung im sozialen Umfeld usw.), also für die Alltagskommunikation? Fordern Sie die KT auf, ihre ganz individuellen Kommunikationsbedürfnisse zu überprüfen und zu notieren: *Was will ich? In welchen Situationen ist es wichtig, dass ich gut spreche, evtl. schreibe und verstehe? Was brauche ich dafür?* So haben sie die Grundlage für eine Standortbestimmung, in die einfließen kann, was sie bereits erreicht haben und was noch vor ihnen liegt.

Arbeitsbuch: Ü 16–20
Schreibtraining Ü 21 Fehlerkorrektur Perfekt
Arbeitsbuch – Deutsch plus Ü 22: Kursangebote einer Volkshochschule
Arbeitsbuch – Wichtige Wörter: Ü 1–3
Arbeitsbuch – Bildlexikon Ü 4–6: Lerntipps

Sprechen aktiv

1

Wörter sprechen: Der Schwerpunkt dieser Übung liegt auf Verben bzw. Redemitteln, um das Leben einer Person zu beschreiben. Gleichzeitig wird das Perfekt geübt.

Varianten:

- Die KT fragen und antworten: *Was hat Pia mit zwei, sechs ... Jahren gemacht?*
- Die KT erzählen wichtige Stationen ihres eigenen Lebens noch einmal im Perfekt

2

Grammatik sprechen: 2a und 2b dienen der Festigung der Partizip-II-Formen der unregelmäßigen Verben. Die KT trainieren sie, indem sie Infinitive und das Partizip II unregelmäßiger Verben nach den Stammvokalen im Partizip II geordnet nachsprechen.
Lerngeübte KT sollten die Minigeschichten in 2c spontan sprechen, ohne sie vorher aufzuschreiben.

Variante:

Die KT notieren jeweils drei Verben und tauschen sie untereinander aus, die Lernpartner/innen erzählen dann eine Geschichte.

3

Flüssig sprechen: Die *Sprechen-aktiv*-Nachsprechübungen haben einen speziellen, vielleicht zunächst etwas ungewöhnlichen Charakter, der den Hörsinn stark anspricht: Die Texte sind nicht abgedruckt (Sie finden sie allerdings im Anhang) und sie werden mit leichter, entspannender Musik eingeleitet und begleitet. Die KT sollen sich bequem hinsetzen, vielleicht auch die Augen schließen und sich ganz auf das Hören und Sprechen konzentrieren.
Die Nachsprechübungen sind immer zweiteilig aufgebaut. Die KT hören zunächst alle Fragen oder Sätze einmal ohne Pause. Im zweiten Teil ist nach jeder Frage bzw. jedem Satz eine Pause zum Nachsprechen. Lassen Sie die KT, jede/n für sich, hören und (halb) laut sprechen, ein exaktes Chorsprechen mit gleichzeitigem Einsatz und Tempo ist in dieser Übung nicht erwünscht.

In dieser ersten Einheit geht es um das Sprachenlernen. In *Flüssig sprechen* hören die KT Lerntipps, die mit den Modalverben *können* und *dürfen* formuliert sind. Sie sprechen diese Sätze zunächst nach und trainieren dabei gleichzeitig die Struktur der Sätze mit Modalverben. In einem zweiten Schritt können Sie die Übung umfunktionieren und die KT, jede/n für sich, antworten lassen. Mögliche Antworten können Sie zunächst an der Tafel sammeln, die KT sollten dann aber nicht im Chor, sondern jede/r für sich, die eigene Antwort auf den Lerntipp sprechen. Mögliche Antworten können z. B. sein:

Ja, danke für den Tipp, das probiere ich einmal.
Ja, das macht mir Spaß.
Ach nein, ich tanze nicht gerne.
Das ist eine gute Idee.
Dazu habe ich keine Lust.
Nein, ich habe nicht so viel Zeit.
Das hilft mir nicht.

Wichtig ist, dass die KT diese Antworten nicht einfach von der Tafel ablesen, sondern mit dem passenden Ausdruck sprechen. Das macht mehr Spaß und trägt dazu bei, dass die Strukturen gut memoriert werden.

4

Dialogtraining: Diese Übung baut auf der Videosequenz zu Lektion 1 auf. Für die Fragen und Antworten in 4b empfiehlt sich Partnerarbeit, für 4c bieten sich Variationsmöglichkeiten an: Die KT variieren Namen, Herkunftsländer und den Ort, an dem man einen Sprachkurs gemacht hat (z. B. Volkshochschule oder Privatschule anstelle der Universität).

Phonetik: Wortakzent bei Partizipien, siehe Seite 144 in den *Handreichungen*.

Lektion 2
Medien

Auftaktseite

Sprechen: ein Foto beschreiben, über die eigene Mediennutzung sprechen
Wortschatz: Medien, Zeitadverbien

Arbeitsbuch: Ü 1–3
Portfolioübung Ü 3: die eigene Mediennutzung beschreiben

A Rund ums Internet

Lernziele und Lerninhalte:

Sprechen: diskutieren, was man im Internet machen kann und wie wichtig das Internet ist
Hören: drei Personen berichten über ihre Internetnutzung
Schreiben: Sätze mit *weil*
Wortschatz: Internet
Grammatik Nebensätze mit *weil*

Arbeitsbuch: Ü 4–9

B Mit dem Computer arbeiten

Lernziele und Lerninhalte:

Sprechen: beschreiben, wie man eine E-Mail schreibt und abschickt
Wortschatz: Computerbefehle, E-Mail
Projekt: Internetanbieter, Internetsoftware, soziale Netzwerke

Kannbeschreibungen GER / Rahmencurriculum:
Kann geläufige Befehle in deutschsprachigen Versionen von Office-Programmen verstehen.

Arbeitsbuch: Ü 10–11

C Fernsehen und Radio

Lernziele und Lerninhalte:

Sprechen: über Fernsehgewohnheiten sprechen, einen Fernsehabend planen, die eigene Meinung über das Fernsehprogramm sagen,
Hören: Fernsehsendungen erkennen, Werbespots im Radio, Diskussion über das Fernsehprogramm
Lesen: Text über Mediennutzung
Schreiben: Sätze mit *dass*
Wortschatz: Radio und Fernsehen
Grammatik: Nebensätze mit *dass*

Arbeitsbuch: 12–17
Schreibtraining Ü 18: Texte eleganter schreiben
Arbeitsbuch – Deutsch plus Ü 19: Zeitungsartikel

Kannbeschreibungen GER / Rahmencurriculum:
Kann in Zeitungen und Zeitschriften, auch online, thematische Schwerpunkte und Rubriken verstehen und das Gewünschte auswählen.
Kann kurzen Berichten in Zeitungen oder im Internet wichtige Informationen entnehmen.

Arbeitsbuch – Wichtige Wörter: Ü 1–3
Arbeitsbuch Bildlexikon Ü 4–7: Medien

Phonetik: das *w*

Kopiervorlagen in den Handreichungen:
KV 3: Satzpuzzle: *weil*
KV 4: Reaktionsspiel: *Warum? Weil …*
KV 5: Satzpuzzle: *dass*

Thema dieser Lektion sind neben Wortschatz zu Medien Informationen über Radio und Fernsehen. Die KT lernen Redemittel, um etwas zu begründen und ihre Meinung zu sagen. Die Grammatik behandelt Nebensätze mit *weil* und *dass*, womit die KT die ersten Nebensätze kennenlernen.

Auftaktseite

Lernziele und Lerninhalte:

Sprechen: ein Foto beschreiben, über die eigene Mediennutzung sprechen
Wortschatz: Medien, Zeitadverbien

1

Lassen Sie die KT zunächst den Medienwortschatz aus dem Schüttelkasten den Personen zuordnen: Wer hat was? Anschließend beschreiben sie, was die Personen mit den Geräten machen. Erweitern Sie anhand eines Wörternetzes den Medienwortschatz:

- DVD-Player, CD-Player, MP3-Player z. B. unter dem Oberbegriff elektronische Medien.
- Buch, Zeitung, Zeitschrift, Magazin, Fachzeitung usw. unter dem Oberbegriff gedruckte Medien.

Variante:

Diskutieren Sie zunächst mit den KT, wo die Personen sind (an einer Bushaltestelle). Bilden Sie dann Gruppen. Jede Gruppe wählt eine Person aus und erfindet eine kleine Geschichte: *Warum wartet die Person auf den Bus? Woher kommt sie? Wohin will sie fahren? Was macht die Frau mit dem Laptop?* usw. Anschließend berichten die Gruppen im Kurs.

2

Hier berichten die KT über ihre eigenen Mediengewohnheiten. Neu sind die Zeitadverbien *morgens, mittags, nachmittags, abends* und *täglich* sowie die Adjektive, mit denen die KT ihre Mediennutzung näher erklären.

Erläutern Sie zunächst die Zeitadverbien, indem Sie einige Beispiele geben, z. B: *Ich höre morgens gerne Radio. Abends sehe ich fern.*

Wiederholen Sie hier die Tageszeiten *am Morgen, am Vormittag* usw., die die KT aus *Pluspunkt Deutsch A1*, Lektion 5, Block C kennen. Anschließend Partnerinterviews, für die Sie geeignete Fragen vorgeben sollten: *Wie oft benutzt du/benutzen Sie …? Wann …? Warum …?* Anschließend berichten die KT über ihre Lernpartner/innen im Kurs.

Variante:

Erstellen Sie aus den Berichten eine Kursstatistik: *Wer benutzt welche Medien?* bzw. *Wie oft benutzen die KT die Medien?* So können Sie die Häufigkeitsadverbien wiederholen.

Arbeitsbuch: Ü 1–3
Portfolioübung Ü 3: Die eigene Mediennutzung beschreiben

A Rund ums Internet

Lernziele und Lerninhalte:

Sprechen: diskutieren, was man im Internet machen kann und wie wichtig das Internet ist
Hören: drei Personen berichten über ihre Internetnutzung
Schreiben: Sätze mit *weil*
Wortschatz: Internet
Grammatik: Nebensätze mit *weil*

In diesem Block lernen die KT Wortschatz zum Internet und Redemittel kennen, um etwas zu begründen. Das Grammatikthema sind Nebensätze mit *weil*.

1

Lassen Sie die KT in Partnerarbeit zunächst Dinge sammeln, die man im Internet machen kann. Anschließend wird ein Wörternetz, wie in dieser Aufgabe vorgeschlagen, z. B. auf einem Lernplakat ergänzt. Nutzen Sie in diesem Kontext die Gelegenheit, wichtigen allgemeinen Wortschatz zum Thema Internet zu vermitteln, z. B: *Seiten besuchen, ein-/ausloggen* oder *an-/abmelden, anklicken, Link, Suchmaschine, googeln, online/offline*.

Weisen Sie darauf hin, dass es im Internet viele Übungen und Kursangebote für Deutsch gibt, z. B. von der Deutschen Welle unter *www.dw.com*. Sollte Ihre Institution über einen Computerraum verfügen, empfiehlt sich eine Unterrichtsstunde, in der die KT die Möglichkeiten, im Internet Deutsch zu lernen, ausprobieren. Diskutieren Sie mit den KT auch über mögliche Gefahren im Internet.

2

Bilden Sie zunächst wieder Gruppen, jede Gruppe beschäftigt sich mit einer Person und schreibt zwei bis drei Vermutungen, warum sie das Internet benutzt bzw. wie wichtig es für sie ist. Die Ergebnisse werden im Plenum vorgestellt. Fordern Sie die KT auf, die in den Sprechblasen angegebenen Redemittel für Vermutungen zu benutzen (evtl. auch: *möglicherweise, ich glaube, ich meine, …*), womit sie auch eine Vorentlastung für Nebensätze mit *dass* im nachfolgenden Block haben. Sammeln Sie die Ergebnisse an der Tafel oder auf einer OHP-Folie, damit die KT später ihre Vermutungen mit den Hörtexten vergleichen können.

Anschließend hören die KT die Texte, ergänzen die Tabelle in 2b und vergleichen mit ihren Vermutungen. (Lösung: Stefan: Beruf und Freizeit – ja – kann überall arbeiten, Informationen recherchieren, E-Mails, mit Freunden chatten, Restaurants suchen;

Michaela: Freizeit – ja – Filme sehen, einkaufen, Twitter;
Julian: Schule und Freizeit – ja – chatten, spielen, Nachrichten schicken, Fotos posten, recherchieren)

Variante:
Die KT arbeiten in Gruppen und konzentrieren sich auf eine Person, zu der sie Notizen machen. Es folgt eine Diskussion in der Gruppe: *Waren die Vermutungen richtig? Wo gab es Irrtümer?* Anschließend schreiben die Gruppen einen kleinen Text, für den Sie geeignete Redemittel vorgeben können, z. B:
Wir haben geglaubt, Julian ..., aber das ist nicht richtig. Er ... Julian chattet gerne. Das haben wir auch vermutet. Aber er benutzt das Internet ... Das haben wir nicht gedacht.

Mit 2c beginnt die Einführung der Nebensätze mit *weil*. Schreiben Sie die Sätze mit der korrekten Zuordnung an die Tafel, nachdem die KT die Aufgabe gelöst haben, und erläutern Sie zunächst die Bedeutung von *weil* als mögliche Antwort auf Fragen mit *Warum* und anschließend die Verbindung von Haupt- und Nebensätzen mit Hilfe des Grammatikkastens. Schreiben Sie die dortigen Sätze und evtl. einen weiteren aus 2c ebenfalls an die Tafel und lassen Sie eine/n KT das Verb im Hauptsatz und im Nebensatz farbig unterstreichen. Heben Sie die Endstellung des Verbs besonders hervor und erläutern Sie, dass die KT mit *weil* den ersten einer ganzen Reihe von Konnektoren kennen lernen, die Nebensätze einleiten, in denen das Verb am Ende steht. Schreiben Sie über die Sätze, welcher Satz Hauptsatz und welcher Satz Nebensatz ist.

Hauptsatz 1	Hauptsatz 2
Julian findet einen Tag ohne Internet furchtbar.	Dann ist kein Kontakt zu seinen Freunden möglich.
Hauptsatz	**Nebensatz**
Julian findet einen Tag ohne Internet furchtbar,	weil dann kein Kontakt zu seinen Freunden möglich ist.

Die KT schreiben diese Sätze ins Heft und markieren *weil* und das Verb im Nebensatz.
(Lösung 2c: 1C, 2A, 3B)

3
Anschließend schreiben sie die Sätze in 3.

Varianten:
- Lerngeübte KT. Gehen Sie auf den Unterschied von *weil* und *denn* ein. Lassen Sie die KT die Sätze in 3 auch mit *denn* verbinden. Sammeln Sie die anderen bekannten Hauptsatzkonnektoren (*und, oder, aber*) und lassen Sie die KT Beispielsätze bilden.
- Lernungeübte KT. Schreiben Sie die einzelnen Wörter einer Haupt- und Nebensatzverbindung aus 2 auf Karton. Je zwei KT enthalten den Satz in dieser Form und bringen ihn an einer Pinnwand in die richtige Reihenfolge, oder: In einer größeren Gruppe erhält jede/r KT erhält ein Wort, die KT heften die Wörter in der richtigen Reihenfolge an die Tafel.
- Zwei KT verlassen den Raum. Die zurückgebliebenen KT einigen sich auf eine Satzverbindung mit Haupt- und Nebensatz, jedem/jeder KT wird ein Wort zugeteilt. Die beiden KT kommen wieder in den Raum, aus der Gruppe sagt jede/r KT das zugeteilte Wort, die beiden KT stellen die Gruppe entsprechend der Reihenfolge von Haupt- und Nebensatz auf.

4
Die KT wenden Haupt- und Nebensätze mit *weil* für ihre eigene Internetnutzung an. Zunächst Einzelarbeit, anschließend berichten die KT im Plenum. Zunächst sollten insbesondere lernungeübte KT Sätze mit Hilfe der Vorgaben im Redemittelkasten formulieren, anschließend formulieren sie dann freier.
Geben Sie den KT weitere Fragen als Leitfaden für ausführlichere Stellungnahmen, z. B:
Wie oft nutzen Sie / Ihr Ehepartner / Ihre Kinder das Internet? Wofür brauchen Sie das Internet?

Variante:
Cocktailparty. Die KT gehen durch den Raum, fragen sich gegenseitig und notieren die Antworten der anderen. Abschließend wird eine kleine Kursstatistik erstellt: Welcher Grund wird am häufigsten genannt?

Kopiervorlage 3 enthält ein Satzpuzzle (Haupt- und Nebensatzgefüge mit *weil*-Sätzen) zum Ausschneiden, das Sie auch für die vorgeschlagenen Varianten verwenden können.

Kopiervorlage 4: *Warum? Weil.* Jede/r KT bekommt eine Karte. Die KT bewegen sich im Raum. KT mit den *?-Karten* stellen Fragen mit *warum?*, KT mit einem passenden grauen Kärtchen antworten mit einem *weil*-Satz. Danach präsentieren die KT ihre Minidialoge im Kurs. Die anderen überprüfen, ob die Sätze richtig sind.

Arbeitsbuch: Ü 4–9

B Mit dem Computer arbeiten

Lernziele und Lerninhalte:

Sprechen: beschreiben, wie man eine E-Mail schreibt und abschickt
Wortschatz: Computerbefehle, E-Mail
Projekt: Internetanbieter, Internetsoftware, soziale Netzwerke

1

Fragen Sie die KT einleitend, wie viel Erfahrung sie mit (deutschsprachigen) Computerprogrammen haben. Dann betrachten die KT die Illus mit dem E-Mailprogramm und notieren die Wörter in ihrer Muttersprache. Anschließend erläutern die KT (insbesondere lerngeübtere) in eigenen Worten, was die Befehle bedeuten, z. B: *„Beenden" bedeutet, man schließt das Computerprogramm.*

Anschießend lösen die KT 1b. Diese Übung ist auch zur Wiederholung der Adverbien *zuerst, dann* und *danach* geeignet, die sie durch andere Adverbien ergänzen können: *zunächst, schließlich, zuletzt*. Die Reihenfolge der einzelnen Schritte ist nicht vorgegeben. Für lernungeübte KT empfiehlt es sich, die Punkte an der Tafel in einer Reihenfolge aufzulisten.

das E-Mail Programm öffnen
dann – den Empfänger auswählen usw.

1b ist auch als schriftliche Übung möglich. Lassen Sie die KT die Anleitung auch mit Hilfe von *man* beschreiben. AB-Übung 11 enthält eine Variante für eine Nachricht mit dem Smartphone.

Sammeln Sie weiteren Computerwortschatz mit Hilfe eines Wörternetzes, z. B: *USB-Stick, Laufwerk, Maus, Tastatur, Monitor*. Bringen Sie für die Wortschatzarbeit den Prospekt eines Elektronikmarktes mit, oder fordern Sie die KT auf, Prospekte mitzubringen.

Variante:

Bereiten Sie den Text im KB und/oder im AB in verschiedenen Varianten als Lückentext vor. KT A erhält einen Schüttelkasten mit den fehlenden Worten, KT B liest den Text vor. Bei den Lücken nennt der/die KT mit dem Schüttelkasten das passende Wort.

2

Fordern Sie die KT am Tag vor dem Projekt auf, sich über ihren eigenen oder den Internetzugang eines Bekannten genauer zu informieren und evtl. geeignete Prospekte aus Telefonläden mitzubringen.

Machen Sie evtl. eine Kursstatistik: In welchen sozialen Netzwerken sind die KT Mitglied und aktiv?

Arbeitsbuch: Ü 10–11

C Fernsehen und Radio

Lernziele und Lerninhalte:

Sprechen: über Fernsehgewohnheiten sprechen, einen Fernsehabend planen, die eigene Meinung über das Fernsehprogramm sagen
Hören: Fernsehsendungen erkennen, Werbespots im Radio, Diskussion über das Fernsehprogramm
Lesen: Text über Mediennutzung
Schreiben: Sätze mit *dass*
Wortschatz: Radio und Fernsehen
Grammatik: Nebensätze mit *dass*

Neben Informationen über Fernsehen und Radio in Deutschland werden in diesem Block Nebensätze mit *dass* eingeführt.

1

Zunächst lösen die KT 1a, wo sie verschiedene Arten von Fernsehsendungen kennenlernen. In der Hörcollage von 1b hören die KT Auszüge aus Fernsehsendungen.
(Lösung: Animationsfilm, Sportsendung, Krimi, Tierfilm, Nachrichten)

Bei der Auswertung bietet es sich an, lokale Adverbien wie *oben, unten rechts, links, in der Mitte* zu wiederholen, indem sie z. B. antworten: *Das Bild unten links zeigt eine Sportsendung.*

Fragen Sie die KT bei 1c einleitend, ob sie deutsches Fernsehen sehen und welche deutschen Fernsehsendungen sie kennen und evtl. auch. ob sie deutsches Radio hören. Fordern Sie die KT ggf. auf, kurz und in einfachen Sätzen ihre Meinung über die Sendungen zu sagen, als Vorentlastung für die *dass*-Sätze.

Wenn die KT dann über ihre Vorlieben sprechen, ist zugleich Gelegenheit gegeben, *gern* und *nicht gern*, die in *Pluspunkt Deutsch A1*, Lektion 5 (Auftaktseite) eingeführt wurden, zu wiederholen.

Sammeln und erstellen Sie gegebenenfalls eine Liste beliebter oder bekannter deutscher Fernsehsendungen an der Tafel, von denen in den Sprechblasen die Krimiserie „Tatort" bereits genannt ist.

Information zur Landeskunde:
Die deutsche Fernsehlandschaft teilt sich in den öffentlich-rechtlichen und den privaten Sektor. Die öffentlich-rechtlichen Sender ARD und ZDF betreiben neben dem ersten und dem zweiten Programm weitere Programme (regionale Programme z. B. vom WDR und vom Bayrischen Rundfunk, Kinderkanal, Phoenix, Arte, 3sat).
Von den zahlreichen privaten Fernsehsendern sind RTL, SAT 1 und Pro 7 die größten. Viele kleinere Sender sind Spartenkanäle wie z. B. n-tv und N24 für Nachrichten oder Sport1 für Sport.
Der Sender Sky ist ein Pay-TV-Sender, für den man extra Gebühren zahlen muss.
Neben zahlreichen privaten und den öffentlich-rechtlichen Rundfunkanstalten gibt es den deutschlandweiten Radiosender Deutschlandradio (Deutschlandfunk, Deutschlandlandradio Kultur) sowie die Deutsche Welle, die Auslandsprogramme in 30 Sprachen anbietet.

Variante:
Für lerngeübte KT. Nehmen Sie im Radio eine fünfminütige Nachrichtensendung auf oder laden Sie eine aus dem Internet herunter (z. B. beim Deutschlandfunk unter *www.dradio.de/nachrichten/*) und spielen Sie diese im Unterricht vor. Auf der Niveaustufe A2 kann es noch nicht darum gehen, dass die KT Details aus den Nachrichtensendungen verstehen, aber sie können in jedem Fall z. B. Personen-, Städte- und Ländernamen heraushören. Geben Sie den KT als Vorentlastung am Tag zuvor die Aufgabe, sich in den Medien (auch denen in ihrer Muttersprache) zu informieren, welche Themen in Politik, Wirtschaft, Gesellschaft, Sport gerade aktuell sind, damit sie ein Vorwissen haben, was sie in der Radiosendung erwartet.

2
Die KT einigen sich z. B. mit Hilfe von mitgebrachten Fernsehzeitschriften oder einer ausgedruckten Webseite aus dem Internet auf ein Fernsehprogramm. Der Schwerpunkt liegt auf den Redemitteln für Vorschläge, Zustimmung und Ablehnung. Notieren Sie diese in einer Tabelle an der Tafel und fordern Sie die KT auf, mindestens einen Minidialog zu machen, mit je einer Zustimmung und einer Ablehnung. Als Vorentlastung bieten sich die Übungen AB-Übungen 13–14 an.

Verweisen Sie auch auf den Rundfunkbeitrag:

Information zur Landeskunde:
Der Rundfunkbeitrag hat 2013 die Gebühr, die früher von der GEZ eingezogen wurde, ersetzt. Er wird pro Wohnung bezahlt, gleichgültig, wie viele Personen dort wohnen und wie viele Rundfunkgeräte es gibt. U. a. Personen, die Arbeitslosengeld II oder Sozialhilfe bekommen sowie Behinderte müssen den Rundfunkbeitrag nicht bezahlen bzw. bezahlen weniger als den üblichen Satz, der seit 2015 bei 17,50 Euro (Stand: 2018) pro Monat liegt.

3
Einführung von Nebensätzen mit *dass*. In 3a geht es zunächst darum, dass die KT positive und negative Meinungen erkennen. Auswertung von 3a und b im Plenum.
(Lösung: 3a: Frau Hegel: positiv, Frau Gül: teilweise negativ, Herr Arndt negativ, Herr Mazur: positiv; 3b: 1C, 2A, 3B, 4D)

Erläutern Sie die Nebensätze mit *dass* anschließend mit Hilfe des Grammatikkastens ähnlich, wie schon die *weil*-Sätze erläutert wurden: Schreiben Sie die Sätze an die Tafel und lassen Sie eine/n KT das Verb in beiden Sätzen markieren, die KT schreiben die Sätze mit den Markierungen ins Heft. Anschließend schreiben sie die Sätze in 3c und markieren ebenfalls die Verben.

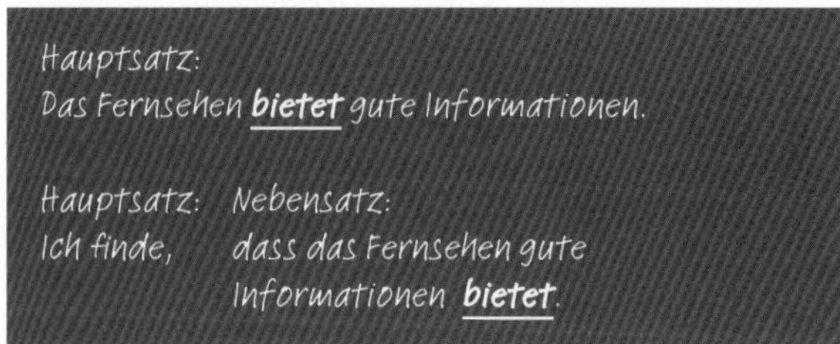

Variante:
siehe Vorschläge für Varianten bei Nebensätzen mit *weil*.

4
Die KT äußern ihre eigene Meinung, zunächst schriftlich, dann mündlich, um die Nebensätze mit *dass* weiter zu vertiefen. Verweisen Sie bei 4a darauf, dass die

KT zunächst mit den Einleitungssätzen antworten sollen, die in den Fragen vorgegeben sind:
Ich finde, dass ..., Ich meine, dass ..., Ich denke, dass ...

Anschließend können die KT zu jeder Frage die Einleitungssätze für die verschiedenen Meinungen auch variieren.

Der Redemittelkasten ist vor allem für 4b gedacht. Hier sollen die KT ihre Meinung freier äußern. Zunächst orientieren sich die KT dabei an den Sätzen von 4a, die aber immer stärker variiert werden sollten. Geben Sie Beispiele vor:
Ich bin dagegen, dass Kinder zu viel fernsehen.
Ich finde es gut, dass das Internet mehr als andere Medien bietet.

Weitere Vorgaben für Fragen und Antworten:
Sind Zeitungen noch modern? Meinen Sie, dass Zeitungen noch modern sind?
Ist das Internet aktueller als Radio und Fernsehen? Denken Sie, dass ...?

Lerngeübte KT diskutieren weitere Fragen, z. B: *Wie wichtig sind heute Zeitungen?Welche Vor- oder Nachteile hat das Fernsehen / das Internet? Surfen wir heute zu lange im Internet?*

Kopiervorlage 5 enthält ein Satzpuzzle (Haupt- und Nebensatzgefüge mit *dass*-Sätzen) zum Ausschneiden.

5

In dieser Übung trainieren die KT, Informationen aus der Werbung bzw. dem Radio zu verstehen.
(Lösung: Tee: 2,99 Euro, Fernseher; 279 Euro)

Stellen Sie nach einem zweiten Hören weitere Fragen:
- *Wie viel Gramm Tee kosten 2,99 Euro?*
- *Wie soll der Abend werden, wenn man den Tee trinkt?*
- *Wie sind die Öffnungszeiten von Elektro Hanser?*
- *Wie viele Filialen hat die Firma?*

6a

Übung 6 ist eine Sprechübung, der Text wird eher langsam gesprochen. Der Ton ist eher neutral. Die KT vergleichen diesen Werbespot mit den Spots aus Übung 5. Was ist ähnlich? Wo gibt es Unterschiede?

7

Hier erhalten die KT weitere Informationen über die deutsche Medienlandschaft. In 7a ordnen sie zunächst die Medien der Nutzungsdauer zu. Lassen Sie die KT mit den Redemitteln, die sie evtl. schon in A2 zusätzlich verwendet haben (*möglicherweise, ich glaube, ich meine, ...*) Vermutungen anstellen. Lernungeübte KT beschränken sich auf einfachere Sätze, z. B.: *Vielleicht ist das Fernsehen auf Platz 1.*

Lerngeübte KT argumentieren komplexer:
Ich denke/glaube, das Fernsehen ist auf Platz 1, weil es sehr entspannend ist.
Vielleicht sehen heute nur noch wenig fern, weil man alle Informationen auch im Internet bekommen kann.

Anschließend lesen sie den Text und vergleichen ihre Vermutungen mit den Lösungen (7b).

7c dient der Einübung von Lesestrategien mit Hilfe von *W*-Fragen. Insbesondere im Falle lernungeübter KT sollten Sie eine Frage bzw. Fragepronomen vorgeben:
- *Welches Medium ist auf Platz 1?*
- *Wie lange...?*
- *Was ...?*
- *Wann ...?*

Die KT bearbeiten den Text in Gruppen. Jede/r KT formuliert eine Frage, die anderen KT antworten.

Varianten:
- Die KT fassen den Text auf Basis ihrer Antworten in eigenen Worten zusammen.
- Für lernungeübte KT. Kopieren Sie den Text und schneiden Sie ihn auseinander, z. B:

> - Alle sprechen vom Internet und vom Fernsehen, das Radio ist – nur selten Gesprächsthema. Aber: Das Radio ist nach dem Fernsehen immer noch
> - die Nummer 2! Die Menschen hören pro Tag im Durchschnitt drei Stunden Radio. Morgens
> - hören sie Radio beim Frühstück, im Auto hören sie das Radio,
> - weil es Verkehrsmeldungen gibt, und oft läuft auch bei der Arbeit
> - das Radio. Es bietet Informationen aus der ganzen Welt, den Wetterbericht und Musik und man hört immer die Uhrzeit.

Die KT fügen den kompletten Text zusammen. So üben sie, Sinnzusammenhänge zu erkennen. Je nach Lesefertigkeit können die Einzelteile länger oder kürzer sein.

In dem abschließenden Partnerinterview (7d) füllen die KT den Fragebogen mit den Informationen über ihren Lernpartner / ihre Lernpartnerin aus und berichten dann im Kurs. Dabei bietet sich auch Gelegenheit, die zuvor gelernten Nebensätze mit *dass* für die Redewiedergabe zu üben, z. B:
Katja sagt, dass sie pro Tag eine Stunde Rado hört.
Sie sagt, dass sie selten fernsieht.

Arbeitsbuch: Ü 12–17
Schreibtraining Ü 18: Texte eleganter schreiben
Arbeitsbuch – Deutsch plus Ü 19: Zeitungsartikel
Arbeitsbuch – Wichtige Wörter: Ü 1–3
Arbeitsbuch Bildlexikon Ü 4–7: Medien

Sprechen aktiv

1–2
Wörter sprechen: In 1 wird der Wortschatz zum Thema Computer/Internet aufgegriffen, wobei der Schwerpunkt auf englischen Wörtern in der deutschen Sprache liegt. Die KT sollten die Wörter zweimal nachsprechen.
Sammeln Sie weitere englische Wörter aus diesem Wortfeld, die im Deutschen häufig benutzt werden bzw. die eingedeutscht wurden: *Download/downloaden, Upload/uploaden, Website, googeln, chatten, Chatroom, Display* usw.

In 2 werden Redewendungen und Wortschatz aus Block C (Fernsehen und Radio) aufgegriffen. Lassen Sie die KT die Sätze unterschiedlich sprechen, wie es auch in Diskusionen vorkommen kann: freundlich, unfreundlich, bestimmt, geduldig, ungeduldig o. Ä.

3–4
Grammatik sprechen: Übung von Nebensätzen mit *weil* in 3. Im Anschluss können die KT selbst weitere Satzverlängerungen entwickeln, z. B:
Ich möchte jetzt etwas essen, …
weil ich den ganzen Tag nichts gegessen habe.
weil ich Hunger habe.
weil ich im Supermarkt leckere Sachen eingekauft habe.
weil ich gerne koche.

In 4 geht es um die Nebensätze mit *dass*. Auch bei diesen Sätzen bietet es sich an, dass die KT sie unterschiedlich sprechen: freundlich, unfreundlich usw.

5
Flüssig sprechen: Das *Flüssig-Sprechen* präsentiert einen kurzen zusammenhängenden Text über Herrn Schmidt, seine Mediennutzung und seine Einstellung gegenüber Medien. Die Sätze im Text wiederholen die neu eingeführte Struktur der Nebensätze mit *weil* und *dass*. Die Lernenden sprechen diesen Text nach und üben dabei auch die intonatorische Struktur von Haupt- und Nebensatz. Wenn Sie explizites Intonationstraining machen möchten, können Sie an dieser Stelle darauf hinweisen, dass die Melodie vor einem Nebensatz „in der Schwebe" bleibt, sie fällt nicht wie am Satzende tief ab, sondern bleibt in der Mitte und weist damit darauf hin, dass der Satz noch nicht zu Ende ist. Sie können die Melodie gut mit Pfeilen markieren:

Sein Smartphone benutzt er täglich, → weil er viel unterwegs ist. ↘
Er surft im Internet, → weil er Informationen braucht. ↘
Er liest Zeitschriften, → weil es entspannend ist. ↘
Er ist dagegen, → dass Kinder zu viel fernsehen. ↘

Sie können im Anschluss an die Nachsprechübung den Text über Herrn Schmidt als Modelltext für eigene Textproduktionen nutzen und die KT auffordern, drei bis fünf zusammenhängende Sätze über die eigene Mediennutzung und Einstellung zu Medien zu sagen (nicht ablesen!).

6
Dialogtraining: Diese Übung baut auf Clip 3 zu Lektion 2 auf. Das Thema ist Mediennutzung, die letzte Antwort ergänzen die KT frei. Die KT sollen den Dialog nicht nur lesen, sondern auch von der CD mit Pausen hören und nachsprechen.
Einige Sätze bzw. Wörter im Dialog können die KT auch variieren:
Z. B. *das Fußballspiel, Sport* statt *Tatort/Krimi* – *Smartphone* statt *Tablet/Spielfilme* – *Tierfilme* statt *Quizsendungen, Liebesfilme*.

Phonetik: das *w*, siehe Seite 144 in den *Handreichungen*.

Auftaktseite

Lernziele und Lerninhalte:

Sprechen: Fotos beschreiben, über das eigene Wochenende berichten
Wortschatz: Freizeitaktivitäten

Arbeitsbuch: Ü 1–3
Portfolioübung Ü 2: vier Sätze über das eigene Wochenende schreiben

A In der Einkaufsstraße

Lernziele und Lerninhalte:

Sprechen: Bilder beschreiben: *wo* und *wohin*, über das vergangene Wochenende berichten
Lesen: Was ist passiert?
Schreiben: Bilder beschreiben: *wo* und *wohin*
Grammatik: Wechselpräpositionen mit Akkusativ und Dativ

Arbeitsbuch: Ü 4–9
Portfolioübung Ü 9: Wo waren Sie gestern, wohin gehen Sie morgen?

B Was machen wir am Sonntag?

Lernziele und Lerninhalte:

Sprechen: Fragen und Antworten mit *Ja, Nein* und *Doch*, Texte nacherzählen, über Unterschiede am Wochenende in Deutschland und im Heimatland sprechen
Lesen: Kurznachrichten, Blog über Wochenendaktivitäten
Schreiben: Kurznachrichten schreiben und beantworten

Arbeitsbuch: Ü 10–12

C Im Restaurant

Lernziele und Lerninhalte:

Sprechen: Restaurantdialoge: reservieren, bestellen, bezahlen
Wortschatz: Restaurant, Speisekarte

Kannbeschreibungen GER / Rahmencurriculum:
Kann, auch telefonisch, mit einfachen Mitteln eine Reservierung tätigen.
Kann in einer Gaststätte gewünschte Speisen und Getränke bestellen.

Arbeitsbuch: Ü 13–17
Schreibtraining Ü 18: Groß- und Kleinschreibung
Arbeitsbuch – Deutsch plus Ü 19: Ein Arbeitswochenende in einer Wohngemeinschaft
Arbeitsbuch – Wichtige Wörter: Ü 1–4
Arbeitsbuch Bildlexikon Ü 5–7: Geschirr, Besteck, Haushaltsgegenstände, Ü 8–9: Gerichte

Phonetik: *sch, sp* und *st*

Kopiervorlagen in den Handreichungen:
KV 6 A/B: Aktivitäten am Wochenende
KV 7 A/B: Suchbild: Im Café. Wie viele Unterschiede finden Sie?

In dieser Lektion geht es um Freizeitbeschäftigungen am Wochenende, den Sonntag in Deutschland, Einladungen und Restaurantbesuche. Die KT lernen den Gebrauch von *Ja, Nein* und *Doch* kennen und es werden die Wechselpräpositionen + Akkusativ eingeführt.

Auftaktseite

Lernziele und Lerninhalte:

Sprechen: Fotos beschreiben, über das eigene Wochenende berichten
Wortschatz: Freizeitaktivitäten

1

Beide Fotos zeigen denselben Platz, oben an einem Samstag, unten an einem Sonntag, womit auch ein Thema dieser Lektion, die Sonntagsruhe angesprochen wird (s. dazu Ü B4).

Zunächst diskutieren die KT, auf welchem Foto Aktivitäten am Samstag dargestellt sein könnten, und auf welchem am Sonntag. Dann beschreiben sie die Aktivitäten zunächst in Partnerarbeit, anschließend im Plenum. Machen Sie insbesondere für lernungeübte KT dazu einige Vorgaben:
auf dem Markt einkaufen – im Café sitzen – shoppen – einen Stadtbummel machen – mit dem Hund spazieren gehen o. Ä.

Dieser Wortschatz ist weitgehend bekannt und die Beschreibung kann in einfachen Sätzen erfolgen. Deshalb sollten hier insbesondere KT, die sich nur selten beteiligen, zu Wort kommen. Notieren Sie die Aktivitäten, die die KT nennen, an der Tafel, damit alle KT den Wortschatz wiederholen können.

2

Jetzt beschreiben die KT mit Hilfe des Schüttelkastens ihre eigenen Wochenendaktivitäten. Zunächst Partnerarbeit, anschließen berichten sie über ihre Lernpartner/innen im Plenum.

Machen Sie die KT auf das Zeitadverb *samstags* in der linken Sprechblase aufmerksam und erläutern Sie, dass dies in der Regel *immer am Samstag* bedeutet. In Lektion 2 kamen die entsprechenden Adverbien für die Tageszeiten im Redemittelkasten zu Übung 2 auf der Auftaktseite vor. Erweitern Sie die Zeitadverbien durch die anderen Wochentage und lassen Sie die KT ihre Woche mit Hilfe dieser Adverbien beschreiben. Auch dies ist eine Gelegenheit, bereits bekannten Wortschatz (vor allem aus *Pluspunkt Deutsch A1*, Lektion 5) zu wiederholen. Ebenso kann wiederholt werden: *Am Sonntag schlafe ich gern lange.* o. Ä.

Varianten:

- Lassen Sie die KT einen Wochenplan in Stichworten anfertigen (s. dazu *Pluspunkt Deutsch A1*, Lektion 5), über den sie dann in zusammenhängenden Sätzen berichten.

Eine solche Übung ist auch geeignet, die Verbstellung im Hauptsatz noch einmal zu üben, in dem der Wochentag anstelle des Nominativs auf Position 1 steht. Schreiben Sie dafür einen Beispielsatz an die Tafel:

	Position 2 Verb	
Sonntags	spiele	ich oft Fußball.

- Kettenübung: Je 7 KT arbeiten zusammen. KT A beginnt: *Sonntags schlafe ich gerne lange*. KT B wiederholt den Satz und ergänzt: *Sonntags schlafe ich gerne lange und montags stehe ich um sieben Uhr auf.* usw., bis alle Wochentage genannt sind.
- Ratespiel: Jede/r KT notiert auf einem Kärtchen zwei bis drei Aktivitäten am Wochenende. Der/Die KL sammelt die Kärtchen ein und verteilt sie neu. Jede/r KT liest die Sätze, die auf dem erhaltenen Kärtchen stehen, vor. Die anderen raten, wer den Zettel geschrieben hat.

Kopiervorlage 6 A/B enthält Bildkarten mit Aktivitäten am Wochenende. Kopieren Sie diese und schneiden Sie sie aus. Es bieten sich vielfältige Einsatzmöglichkeiten: Sie können als visueller Stimulus für Aufgabe 2 dienen oder jede/r KT erhält in einer Kettenübung eine Karte mit der Aufgabe, damit einen Satz zu bilden.

Arbeitsbuch: Ü 1–3
Portfolioübung Ü 2: Vier Sätze über das eigene Wochenende schreiben

A In der Einkaufsstraße

Lernziele und Lerninhalte:

Sprechen: Bilder beschreiben: *wo* und *wohin*, über das vergangene Wochenende berichten
Lesen: Was ist passiert?
Schreiben: Bilder beschreiben: *wo* und *wohin*
Grammatik: Wechselpräpositionen mit Akkusativ und Dativ

Schwerpunkt dieses Blocks sind die Wechselpräpositionen + Akkusativ. Die Wechselpräpositionen +Dativ haben die KT in *Pluspunkt Deutsch A1*, Lektion 9 kennengelernt. In Band 1 und 2 sind die Wechselpräpositionen + Akkusativ den KT schon häufig begegnet (z. B. *ins Kino/in den Club gegangen*, *Pluspunkt Deutsch A1*, Lektion 10, B6, *Einige Nachbarn stellen den Müll neben die Tonnen.*, *Pluspunkt Deutsch A1*, Lektion 14, B3a). Die KT haben also bereits ein passives Verständnis, nun wird der Unterschied bewusst gemacht.

1

Die erste Übung soll die Wechselpräpositionen +Dativ in Erinnerung rufen. Lassen Sie die Illustration mit Hilfe des Redemittelkastens beschreiben, zunächst schriftlich (1a), dann mündlich (1b). 1b in Partnerarbeit, die KT fragen und antworten: *Wo sind Mareike und David? (am Tisch), Wo ist die Katze? (unter dem Stuhl)* usw. Lernungeübte KT beschränken sich auf das Verb *sein*, ansonsten sollten die KT auch *liegen, sitzen* und *stehen* verwenden. Die Ergebnisse werden im Plenum gesammelt, der/die KL notiert sie an der Tafel.

Sammeln Sie dann alle Wechselpräpositionen, von denen die KT bereits die Variante mit Dativ kennen, an der Tafel und weisen Sie darauf hin, dass die KT nun die Variante + Akkusativ kennenlernen.
Anhand dieser Illustration wird außerdem wichtiger Wortschatz zum Wortfeld Geschirr/Besteck eingeführt, der mit Hilfe des Bildlexikons für diese Lektion im Arbeitsbuch vertieft werden kann. (*Wichtige Wörter*, Ü 5–7)

2

Die KT beantworten zunächst die Fragen zur E-Mail, es folgt die Grammatikarbeit. Der/Die KT ergänzt die Sätze in 2b, um sich die Wechselpräpositionen + Akkusativ bewusst zu machen. Erläutern Sie den Unterschied zwischen Dativ und Akkusativ bei diesen Präpositionen mit Hilfe der Fragepronomen *wo* und *wohin*. Schreiben Sie Beispielsätze an die Tafel und heben Sie die Fragepronomen und die Präpositionen und Artikel im Dativ und Akkusativ mit farbiger Kreide hervor.

Wo sitzen die Leute auf dem Bild? – **Am** Tisch.
Wohin laufen sie? – **In die** Apotheke.

Geben Sie weitere Beispiele:
Wo steht er? – Vor dem Haus.
Wohin geht er? – Vor das Haus.

3

Ziehen Sie zur Erläuterung und als Vorbereitung für Übung 3 auch den Grammatikkasten unter Übung 3 heran und heben Sie hervor, dass man die Präpositionen dann mit Akkusativ braucht, wenn sie Bewegung ausdrücken, wie die in der Arbeitsanweisung von 3a genannten Verben und sammeln Sie mit den KT weitere Beispiele.

Dann werden die Wechselpräpositionen mit Akkusativ zunächst schriftlich, dann mündlich weiter geübt. Für beide Übungen empfiehlt sich Partnerarbeit, anschließend Auswertung im Plenum.

Verweisen Sie auf die Zusammenziehungen *ans* und *ins*, auf die im Grammatikkasten hingewiesen wird. *Im* und *am* kennen die KT bereits aus *Pluspunkt Deutsch A1*, Lektion 9, Block B. Die Zusammenziehung bereitet vielen KT Schwierigkeiten. Dies gilt insbesondere für KT mit slawischen Muttersprachen, in denen es keine Artikel gibt. Sie erkennen oft nicht, dass z. B. *am* Haus / *ins* Haus bereits den bestimmten Artikel einschließt, sodass Formulierungen wie *am dem Haus* keine Seltenheit sind.

Notieren Sie nach Beendigung von 3b auch Beispielsätze für die Wechselpräpositionen *über, vor, hinter* und *an*, die in 3b nicht vorkommen, an der Tafel.

Variante:
Lassen Sie die KT evtl. eine kleine Geschichte schreiben. Unterstützen Sie lernungeübte KT, indem Sie die Satzanfänge vorgeben, z. B:
Es ist Samstag.
Mareike und David sind ....
Sie sitzen ... und ....
Die Katze ist ....

Anschließend betrachten die KT das Bild bei 3a und diskutieren zunächst: *Was ist passiert? Warum laufen plötzlich alle weg? Warum ist alles in Bewegung?* Sie beschreiben dann wiederum in Partnerarbeit und mit Fragen und Antworten, was die Personen machen / wohin die Dinge fallen usw.

Lernungeübte KT sollten Vorgaben bekommen, z. B:
Das Messer fällt (auf den Boden).
Die Leute laufen (in die Geschäfte).

4

Die abschließende Übung ist als Partnerinterview möglich. Die Vorgaben im Redemittelkasten sollen als Anregung dienen, können aber von den KT beliebig erweitert werden, auch Sätze mit *bei* und *zu* und Personen sind möglich: *Ich war bei meinen Eltern. – Ich bin zu meinen Eltern gegangen.*

Die KT sollten sich in jedem Fall auf *Ich* war ... und *Ich bin ... gegangen* beschränken, damit es keine weiteren Probleme mit dem Perfekt gibt.

Jede/r KT formuliert zwei bis drei Fragen und stellt sie seinem Lernpartner / seiner Lernpartnerin. Anschließend berichten die KT über ihre Lernpartner/innen im Plenum. Notieren Sie dafür auf OHP-Folie oder an der Tafel einen Merkzettel.

Nominativ	Dativ WO?	Akkusativ WOHIN?
der	dem	den
die	der	die
das	dem	das
Plural:		
die	den	die

Variante:
Aktivitäten in Klassenraum zur Einübung der Wechselpräpositionen:
Bringen Sie einen kleinen Ball mit. Stellen Sie zwei Stühle in die Mitte des Raumes. Dann werfen Sie oder ein/e KT den Ball neben, zwischen, unter die Stühle usw. und stellen die Fragen: *Wohin rollt der Ball? Wo ist der Ball (jetzt)?* usw. Zeigen Sie bei der Korrektur der KT auf den Grammatikmerkzettel, oder lassen Sie die KT auf dem Merkzettel an der Tafel zeigen, wie sie zu ihrer Form gekommen sind.

Beispiel:
Der Ball rollt neben den Tisch.
KL: *Wohin rollt der Ball?*
KT: zeigt (an der Tafel / OHP-Folie) auf
Wohin → *Akkusativ* → *der Tisch* → *den Tisch.*

Kopiervorlage 7 A/B ist ein Suchbild. In Gruppen- oder Partnerarbeit beschreiben die KT ihr Bild und versuchen, durch Fragen und Antworten 10 Unterschiede zu finden. Dabei wenden sie weitestmöglich die Wechselpräpositionen an.
Es gibt die folgenden Unterschiede:

1. Bild A: Ein Mann sitzt am Tisch links.
   Bild B: Der Mann geht zur Frau an Tisch rechts.
2. Bild A: An einem anderen Tisch sitzt Familie mit Kind.
   Bild B: An diesem Tisch sitzen Mutter und Kind.
3. Bild A: Auf diesem Tisch steht eine Vase.
   Bild B: Die Vase steht auf einem Tisch auf der Terrasse.
4. Bild A: Von diesem Tisch fällt ein Stück Kuchen auf den Boden.
   Bild B: Der Kuchen ist auf diesem Tisch.
5. Bild A: Die Kellnerin geht zum Tisch, an dem die Familie mit Kind sitzt.
   Bild B: Die Kellnerin steht am Fenster.
6. Bild A: Eine Katze liegt unter einem Stuhl.
   Bild B: Die Katze läuft auf die Terrasse.
7. Bild A: An einer Wand hängt eine Speisekarte.
   Bild B: Es gibt keine Speisekarte an der Wand.
8. Bild A: Kinder spielen auf der Terrasse.
   Bild B: Kinder sitzen am Tisch auf der Terrasse.
9. Bild A: Auf der Terrasse sind zwei Sonnenschirme.
   Bild B: Auf der Terrasse ist ein Sonnenschirm.
10. Bild A: Im Park ist ein Baum.
    Bild B: Im Park sind zwei Bäume.

Die anderen Details sind auf beiden Bildern unverändert.
Als Hausaufgabe können die KT beide Bilder auch schriftlich beschreiben.

Arbeitsbuch: Ü 4–9
Portfolioübung Ü 9: Wo waren Sie gestern, wohin gehen Sie morgen?

B Was machen wir am Sonntag?

Lernziele und Lerninhalte:

Sprechen:	Fragen und Antworten mit *Ja, Nein* und *Doch*, Texte nacherzählen, über Unterschiede am Wochenende in Deutschland und im Heimatland sprechen
Lesen:	Kurznachrichten, Blog über Wochenendaktivitäten
Schreiben:	Kurznachrichten schreiben und beantworten

1–3

Bei der Auswertung der kurzen SMS-Texte in 1 geht es um Lesestrategien. Die KT ergänzen in Partnerarbeit selbstständig die Fragen und beantworten sie. Lernungeübte KT erarbeiten die Fragen gemeinsam mit dem/der KL. Gemeinsame Besprechung der Antworten im Plenum.
Fordern Sie die KT auch auf, in Partnerarbeit eigene kurze Texte – Einladungen und Zusagen/Absagen – zu schreiben und eventuelle Absagen zu begründen. So kann noch einmal *weil* geübt werden. AB-Übung 11 bietet dafür Unterstützung.

In 1b wird die Aufmerksamkeit auf *Ja, Nein* und *Doch* gelenkt. Lassen Sie die KT *Nein* und *Doch* im Dialog unterstreichen und verweisen Sie auf die Negationen. Erläutern Sie den Unterschied mit Hilfe des Grammatikkastens. Schreiben Sie weitere Beispiele an die Tafel und markieren Sie die zentralen Wörter farbig.

*Kommt Petra **nicht**? – **Doch** sie kommt. – Nein, sie kommt **nicht**.*
*Hat er **kein** Auto? – **Doch**, er hat **ein** Auto. – **Nein**, er hat **kein** Auto.*

Die Minidialoge in Aufgabe 2 dienen zur Festigung, in Aufgabe 3 üben die KT eine freiere Anwendung.

Notieren Sie für lernungeübte KT die ersten zwei Fragen mit Antwortmöglichkeiten zur Orientierung:

+ Kommen Sie heute Abend nicht?
– Doch, ich komme heute Abend. / Nein, ich komme heute Abend nicht.
+ Haben Sie die Hausaufgaben gemacht?
– Ja, ich habe sie gemacht. / Nein, ich hatte keine Zeit.

Erarbeiten Sie für Aufgabe 3 mit lernungeübten KT gemeinsam mögliche Fragen als Anregung, z. B.:
Kommst du mit ins Kino? – Kommst du nicht mit ins Kino?
Magst du keinen Kuchen? – Doch, …

Variante:
Cocktailparty: Die KT gehen mit den Karten, auf die sie die Fragen geschrieben haben, durch den Raum, dabei läuft Musik. Immer wenn die Musik stoppt, fragen sie eine/n KT in der Nähe. Diese/r antwortet und stellt dann eine Frage.

4
Diese Übung eignet sich für das Training von Lesestrategien und für einen interkulturellen Vergleich.

Stellen Sie einleitende Fragen:
- *Wie finden Sie den Sonntag in Deutschland?*
- *Was ist Ihnen in Deutschland besonders aufgefallen?*
- *Was ist anders als im Heimatland?*

Sammeln Sie die Antworten an der Tafel, auf die Sie bei dem abschließenden Gespräch in Aufgabe 5 zurückkommen können.

4a dient dem Globalverstehen, wobei die KT die Schlüsselwörter aus den Texten den Überschriften zuordnen sollen. So lernen sie, sich beim Leseverständnis an den zentralen Wörtern eines Textes zu orientieren.

Für die intensivere Beschäftigung mit den Texten und als Vorbereitung von Aufgabe 4b empfiehlt es sich, die KT in Gruppen einzuteilen. Zunächst lesen die einzelnen Gruppen „ihren" Text noch einmal gründlicher und unterstreichen die wichtigen Informationen, anschließend vergleichen sie ihre Ergebnisse und formulieren Fragen dazu, für Text 1 z. B: *Warum macht Samir am Sonntag wenig? Was macht Jamilah mit der Familie im Sommer gerne am Sonntag?* Die Fragen werden an die nächste Gruppe weitergereicht, die sie beantwortet. Abschließende Besprechung im Plenum.

4b und 4c sind eine Mischung aus Grammatik- und Sprechübung. Die KT sollen die Texte wiedergeben, indem sie das Präteritum bzw. Perfekt (4b) und Nebensätze mit *dass* (4c) benutzen. Damit möglichst alle KT zu Wort kommen, sollen die KT sich alle Texte in Dreiergruppen gegenseitig erzählen. Als Vorentlastung können die KT die Texte z. B. als Hausaufgabe in der Vergangenheit bzw. mit *dass*-Nebensätzen schreiben, ebenso gut aber auch als Nachbereitung.

Varianten:
- Zwei bis drei Lernpaare erfinden für dieselbe Person je eine Geschichte. Im Kurs wird abgestimmt, welche Geschichte am besten zu der Person passt.
- Ratespiel: Die Gruppen lesen ihre Geschichten vor, die anderen raten, welche Person beschrieben wird.

5
Im abschließenden Plenumsgespräch können die einleitenden Fragen noch einmal aufgenommen werden. Geben Sie den KT die Aufgabe, einen kleinen Text über ihren Sonntag im Heimatland und in Deutschland zu schreiben. Die Texte werden im Kursraum aufgehängt, die anderen KT lesen sie und vergleichen mit ihrer eigenen Situation, sodass gegenseitiges Verständnis und besseres Kennenlernen der KT gefördert werden.

Arbeitsbuch: Ü 10–12

C Im Restaurant

Lernziele und Lerninhalte:

Sprechen:	Restaurantdialoge: reservieren, bestellen bezahlen
Wortschatz:	Restaurant, Speisekarte

1
Als Einleitung in diesen Block werden verschiedene Gerichte (Schaschlikspieße, Teigtaschen, Schnitzel mit Pommes, Tomatensuppe und eine Gemüsepfanne) als Sprechanlass präsentiert.
Anschließend sammeln die KT allgemein bekannte internationale Gerichte, wobei sich Gelegenheit bietet,

den Wortschatz zum Thema Essen, den die KT in *Pluspunkt Deutsch A1*, Lektion 6 gelernt haben, zu wiederholen und zu erweitern.

In Aufgabe 1b dann sollen die KT nationale Gerichte ihres Heimatlandes präsentieren (s. dazu die vorgeschlagene Variante zu Rezepten unten).

2

Sprechen Sie einleitend über Restaurants und Essengehen in Deutschland und fragen sie, ob der Restaurantbesuch im Heimatland üblich ist bzw. wie häufig er stattfindet. Ein solches Gespräch bietet Gelegenheit für einen Blick auf unterschiedliche Traditionen beim Essen und zu einem interkulturellen Vergleich, nicht zuletzt, weil die Restaurantkultur von Land zu Land sehr unterschiedlich ist.

Fragen Sie, ob es am Kurs- oder Wohnort Restaurants mit Spezialitäten aus den Heimatländern der KT gibt und – sofern sie es wissen – ob das dort angebotene Essen tatsächlich der heimatlichen Küche entspricht oder der deutschen Küche angepasst ist. Sofern im Kurs genug Kenntnisse vorhanden sind, können die KT für Restaurants, die am Wohn- oder Kursort die Küche ihrer Heimatländer anbieten, einen kleinen Restaurantführer zusammenstellen, z. B.:
Wo ist das Essen besonders gut? / Welche Restaurants sind teuer / nicht so teuer? / Wo ist die Bedienung freundlich?

Anschließend lösen die KT die Aufgaben 2a bis d, Auswertung im Plenum.
(Lösung: 2a: bestellen, reservieren, bezahlen; 2b: 21.00 Uhr, Gros, 2 Personen; 2c: 1 Kartoffelsuppe, Hähnchen, Reis, Gemüse, Weißwein; 2 Spaghetti, Tomaten, Apfelsaft; 2d: Die Gäste zahlen zusammen und geben Trinkgeld.)

Für 2c erhalten die KT einige Minuten Zeit, um die Speisekarte zu lesen und um unbekannten Wortschatz zu klären. Eine visuelle Hilfe stellen die Übungen 8 und 9 auf den Seiten *Wichtige Wörter* im AB dar, wo die Hauptgerichte der Speisekarte abgebildet sind. 2d bietet darüber hinaus die Möglichkeit, Gewohnheiten hinsichtlich des Trinkgeldes und gemeinsamen bzw. getrennten Bezahlens im Heimatland und in Deutschland zu vergleichen.

In Deutschland gehört die Frage *Zusammen oder getrennt?* zum Standardrepertoire des Bedienungspersonals, während es in anderen Ländern selbstverständlich ist, dass bei Paaren immer der Mann oder bei größeren Gruppen immer nur eine Person für alle bezahlt. Auch beim Trinkgeld gibt es Unterschiede. Fragen Sie die KT und diskutieren Sie: Wo gibt man viel, wenig oder gar kein Trinkgeld, wie wichtig ist das Trinkgeld für den Lebensunterhalt des Bedienpersonals?

Variante:
Die KT hören die Reservierung in Vierergruppen ein weiteres Mal. Jeweils zwei KT notieren Fragen, die die anderen beantworten, z. B.: *Wann wollen die Personen kommen? Wo wollen sie sitzen?*

3

Zur Vorbereitung der Dialogarbeit ordnen die KT zunächst die Redemittel in 3a. Sprechen Sie die auf der Speisekarte abgedruckten Gerichte vor, die KT sprechen sie nach, damit die Aussprache bei der Dialogarbeit weniger Probleme bereitet.

Für die Dialogarbeit empfiehlt sich für lerngeübte und lernungeübte KT eine getrennte Vorgehensweise. Lerngeübte KT beschränken ihre Dialoge nicht nur auf die vorgegebenen Redemittel und erarbeiten ihre Dialoge frei, lernungeübte KT arbeiten mit stärkerer Lenkung, für die Bestellung z. B. zunächst mit Lückentexten und vorgegebenen Gerichten und Getränken. Dies kann für einen Bestelldialog z. B. wie folgt aussehen:
+ *Möchten Sie bestellen?*
– *Ja, ich hätte gern …*
+ *Und was möchten Sie trinken?*
– *Ich nehme …*

Erstellen Sie dazu einen Schüttelkasten mit zwei Hauptspeisen und zwei Getränken.
Im nächsten Schritt sind nur noch Gerichte und Getränke (z. B. jeweils drei oder zusätzlich mit Vorspeise und Nachspeise) vorgegeben und im dritten Schritt formulieren die KT die Dialoge frei. Ziehen Sie bei lernungeübten KT zur Vorentlastung die Übungen 13–17 im Arbeitsbuch heran.

Varianten:
- KT, die Spaß an schauspielerischer Darstellung haben, spielen die Dialoge als Rollenspiel im Kurs. Stellen Sie zu diesem Zweck einen Tisch und Stühle in die Mitte des Raumes, die als „Bühne" dienen.
- Die KT berichten über ein typisches Gericht ihres Heimatlandes und/oder versuchen, ein typisches Rezept zu schreiben. Sofern möglich, d. h., wenn mehrere KT aus demselben Land kommen, empfiehlt sich dafür Gruppenarbeit, wobei sich die KT zuvor auf ein Gericht einigen. Die sprachliche Korrektheit sollte dabei keine Rolle spielen,

entscheidend ist, dass die KT Spaß an der Arbeit haben. Sie sollten sich bei der Korrektur darauf beschränken, dass die Rezepte verständlich sind. Dann können Sie die geschriebenen Rezepte kopieren und als kleines Kochbuch verteilen, möglicherweise mit Fotos oder Illustrationen geschmückt. Wenn an Ihrer Institution eine Küche verfügbar ist, könnte gemeinsam gekocht werden.

Arbeitsbuch: Ü 13–17
Schreibtraining Ü 18: Groß- und Kleinschreibung
Arbeitsbuch – Deutsch plus Ü 19: Ein Arbeitswochenende in einer Wohngemeinschaft
Arbeitsbuch – Wichtige Wörter: Ü 1–4
Arbeitsbuch Bildlexikon Ü 5–7: Geschirr, Besteck, Haushaltsgegenstände, Ü 8–9: Gerichte

Sprechen aktiv

1

Wörter sprechen: Dies ist eine weitere Übung zu den Restaurantdialogen in Kurzform. Die KT sollen wesentlichen Wortschatz zu dem Thema festigen und in ganz kurzen Dialogen Aussprache und eine flüssige Redeweise üben.

2

Grammatik sprechen: Diese Dialogübung übt die Wechselpräpositionen weiter ein, indem die KT ein Zimmer einrichten. Die gestrichelten Linien enthalten für 2a jeweils die Informationen, die vom Lernpartner / von der Lernpartnerin erfragt werden. Wichtig ist dabei, dass die KT die Wechselpräpositionen in der Variante Akkusativ (am besten mit dem Verb *kommen*, das hier am einfachsten verwendbar ist) üben. Wenn die KT die Antworten auf ihre Fragen erhalten haben, zeichnen sie den Gegenstand auf dem Bild ein, anschließend vergleichen die KT ihre Ergebnisse. In 2b beschreiben dann die KT das fertig eingerichtete Zimmer, indem sie die Wechselpräpositionen + Dativ benutzen.

3

Flüssig sprechen trainiert hier die Redemittel, die man für Dialoge im Restaurant braucht. Diese Redemittel sind überschaubar und es lohnt sich, sie so zu trainieren, dass sie korrekt und flüssig gesprochen werden können. In einem zweiten Schritt können Sie – insbesondere, wenn Sie Teilnehmer/innen im Kurs haben, die im Restaurant arbeiten – die Antworten der Bedienung sammeln und üben lassen. Sinnvoll ist es z. B. häufig, zur Bestätigung die Bestellung zu wiederholen, z. B.:
Ich hätte gerne ein Steak. – Ein Steak, ja gerne.
oder:
Ich nehme auch noch einen Salat. – Einen Salat, ja, und was möchten Sie trinken?
Damit das Üben und Wiederholen nicht eintönig wird, können Sie die Antworten der Bedienung mit unterschiedlichem Ausdruck (freundlich, in Eile, genervt, unfreundlich, …) sprechen lassen.

4

Dialogtraining: Diese Übung baut auf Clip 4 zu Lektion 3 auf. Vier Personen unterhalten sich über das Wochenende. Einleitend ordnen die KT die Aktivitäten der Personen nach dem Hören und lesen den Dialog dann zur Kontrolle, zunächst leise, dann jeweils zu viert laut. Mit der Dialogvariation wird der Wortschatz zu den Wochenendaktivitäten, der in dieser Lektion Thema war, gefestigt.

Phonetik: *sch*, *sp* und *st*, siehe Seite 144 in den *Handreichungen*.

Auftaktseite

Lernziele und Lerninhalte:

Sprechen: über die Schule und die Schulzeit in der Heimat sprechen
Wortschatz: Schule, Schulfächer

Kannbeschreibungen GER / Rahmencurriculum:
Kann mit einfachen Worten wesentliche Informationen zum Betreuungs- und Ausbildungssystem im Herkunftsland geben.

Arbeitsbuch: Ü 1–2

A Schulen in Deutschland

Lernziele und Lerninhalte:

Sprechen: das deutsche Schulsystem beschreiben, Tipps zu Ausbildung und Studium geben, Fragen und Antworten: *Was tun Sie, wenn …?*
Hören: Dialog über Schulnoten
Lesen: zwei Texte über Schule, Ausbildung und Studium
Wortschatz: Schulsystem, Schulformen in Deutschland, Ausbildung, Studium, Schulnoten
Grammatik: Nebensätze mit *wenn*

Arbeitsbuch: Ü 3–9

B Elternabend

Lernziele und Lerninhalte:

Lesen: Einladung zu einem Elternabend
Hören: ein Elternabend
Wortschatz: Schule und Unterricht

Kannbeschreibungen GER / Rahmencurriculum:
Kann das Wesentliche von einfachen Informationsschreiben der Schule verstehen.
Kann an einem Elternabend für ihn/sie wichtige Informationen verstehen.

Arbeitsbuch: Ü 10–11

C Schule früher und heute

Lernziele und Lerninhalte:

Sprechen: Was durfte, konnte man früher in der Schule?
Lesen: drei Personen berichten über die Schule früher
Schreiben: die eigene Schulzeit
Wortschatz: Schule
Grammatik: Modalverben im Präteritum
Projekt: Schule international

Arbeitsbuch: Ü 12–17
Portfolioübung Ü 17: Was durften, wollten oder konnten Sie früher machen?
Schreibtraining Ü 18: Satzschlange
Arbeitsbuch – Deutsch plus Ü 19: zwei Elternbriefe von der Schule
Arbeitsbuch – Wichtige Wörter: Ü 1–4
Arbeitsbuch Bildlexikon Ü 5–7: Wortschatz Schule

Phonetik: *o* und *u*

Kopiervorlagen in den Handreichungen:
KV 8: Reaktionsspiel: *Was machen Sie, wenn …?*
KV 9 A/B: Würfelspiel zu Modalverben

Lektion 4 ist die Lektion rund um die Schule. Die KT lernen das deutsche Schulsystem kennen, Elternbriefe verstehen und sie lernen, wie man Gespräche mit Lehrern führt. In dieser Lektion sollten insbesondere KT mit schulpflichtigen Kindern zu Wort kommen. Die Grammatikthemen sind Nebensätze mit *wenn* und Modalverben im Präteritum.

Auftaktseite

Lernziele und Lerninhalte:

Sprechen: über die Schule und die Schulzeit in der Heimat sprechen
Wortschatz: Schule, Schulfächer

1

Zunächst sprechen die KT im Plenum über die Fotos. Welche Situationen sind abgebildet? Was machen die Schüler? Sammeln Sie Stichwörter für das Wörternetz, z. B. *Unterricht, Noten, Prüfung, Test, Klassenarbeit*. Das Wörternetz ist in Form einer Mindmap möglich: Unter dem Oberbegriff Schule z. B.
Lehrer – Klassenlehrer,
Vertrauenslehrer/Klasse – Klassensprecher,
Klassenraum/Prüfung – Test, Klassenarbeit.

Besprechen Sie die abgebildeten Schulfächer und erörtern Sie, was die KT dort lernen. Dies ist auch in Partnerarbeit möglich: Je zwei KT beschreiben kurz ein Schulfach und berichten im Kurs. Geben Sie allen KT Gelegenheit zu sagen, was ihr Lieblingsfach war. Danach hören die KT die Texte und ordnen sie den Fotos zu (1b). (Lösung: 1. Foto 2, 2. Foto 4, 3. Foto 3, 4. Foto 1).

2

Anschließend unterhalten sich die KT in Partnerarbeit über ihre Schulzeit. Machen Sie auf den Redemittelkasten aufmerksam. Lernungeübte KT bzw. KT, die nur wenige Jahre die Schule besucht haben, sollten sich auf wenige Fragen beschränken. Es geht noch nicht darum, dass die KT eine allgemeine Beschreibung des Schulsystems in ihrem Heimatland geben, sondern nur darum, dass sie sich an den Fragen im Redemittelkasten orientieren, um von sich von sich selbst und ihren Schulerfahrungen zu erzählen. Sprechen Sie evtl. das Thema Schuluniformen an, die in vielen Ländern üblich sind. Abschließend berichten die KT über ihre Lernpartner/innen im Kurs.

Arbeitsbuch: Ü 1–2

A Schulen in Deutschland

Lernziele und Lerninhalte:

Sprechen: das deutsche Schulsystem beschreiben, Tipps zu Ausbildung und Studium geben, Fragen und Antworten: *Was tun Sie, wenn …?*
Hören: Dialog über Schulnoten
Lesen: zwei Texte über Schule, Ausbildung und Studium
Wortschatz: Schulsystem, Schulformen in Deutschland, Ausbildung, Studium, Schulnoten
Grammatik: Nebensätze mit *wenn*

In diesem Block lernen die KT das deutsche Schulsystem kennen. Eingeführt werden Nebensätze mit *wenn* und die Voranstellung des Nebensatzes.

1

Geben Sie den KT ausreichend Zeit, sich die Grafik anzusehen. Beantworten Sie Fragen zu den verschiedenen Schultypen zunächst nur kurz. Lassen Sie anfangs KT mit schulpflichtigen Kindern zu Wort kommen, die kurz berichten, in welcher Schule ihre Kinder sind und was sie dort lernen. Anschließend bearbeiten die KT 1b anhand der Informationen in der Grafik.
Dann sollte eine genauere Beschreibung der Grafik folgen. Verweisen Sie zu diesem Zweck auch noch einmal auf die Ordnungszahlen, die die KT in *Pluspunkt Deutsch A1*, Lektion 11 gelernt haben:
In Deutschland gehen die Kinder bis zur vierten oder sechsten Klasse in die Grundschule. usw.

Stellen Sie auf OHP-Folie oder an der Tafel Informationen und einen Redemittelkasten zur Verfügung:

mit 3 Jahren:	*Kindergarten*
mit 6 Jahren:	*Grundschule (1.–4./6. Klasse)*
mit 10/12 Jahren:	*Hauptschule (5./7.–9./10. Klasse)*
	Realschule (5./7.–10. Klasse)
	Gymnasium (5./7.–12./13. Klasse)
	Gesamtschule
mit 14–16 Jahren:	*Hauptschul-/Realschulabschluss (Mittlere Reife)*
mit 18 Jahren:	*Abitur*

- *mit 3/6/10/12/14/18 Jahren*
- *in die Schule gehen*
- *die Schule beenden*
- *die Schule wechseln*
- *den Hauptschulabschluss/die Mittlere Reife/den Realschulabschluss/das Abitur machen*
- *studieren/einen Beruf lernen*

Ergänzung zum Infokasten:
In Deutschland ist der Kindergartenbesuch nicht Pflicht, Jugendliche, die eine Ausbildung in einem Betrieb machen und einen Beruf lernen, haben auch Unterricht in der Berufsschule. Ein Studium an einer Universität ist nur mit dem Abitur möglich.

Sammeln Sie Berufe, für die man ein Studium braucht, und solche, die man z. B. in einer betrieblichen Ausbildung lernt, an der Tafel.

Insbesondere lerngeübte KT können auf dieser Basis das Schulsystem beschreiben, lernungeübte KT erhalten weitere Vorgaben und beschränken sich auf einfache Sätze:
Mit 3 Jahren kommen die Kinder in den …
Mit sechs Jahren gehen sie auf die …
Auf der Hauptschule machen sie den …
Danach können sie einen Beruf lernen.

Lerngeübte KT beschreiben zusätzlich kurz das Schulsystem ihres Heimatlandes, wofür sich folgende Leitfragen eignen:
Wann gehen die Kinder in die Schule?
Von wann bis wann ist Unterricht?
Lernen Jungen und Mädchen zusammen?
Wie lange gehen die Kinder meistens in die Schule?
Wann wechseln sie von der Grundschule in eine andere Schule?
Gibt es eine Abschlussprüfung?

Bei zusätzlichen Informationen zum Schulsystem ist zu beachten, dass die Grafik nur die Grundstruktur wiedergibt und die Regeln von Bundesland zu Bundesland sehr unterschiedlich sind. Dazu kommt, dass es mit Fachgymnasien, Fachabitur, zweitem Bildungsweg usw. zahlreiche Differenzierungen gibt.

Information zur Landeskunde:
Die ***Grundschule*** dauert in den Bundesländern 4 Jahre (in Berlin und Brandenburg sind es 6 Jahre). Danach empfehlen oft die Lehrer/innen aufgrund der Noten, in welche weiterführende Schule die Schüler/innen gehen: Hauptschule, Realschule oder Gymnasium. Je nach Bundesland haben die Eltern unterschiedliches Mitspracherecht.
Die Schullaufbahn ist damit aber nicht endgültig festgelegt.
Gute Schüler/innen können von der ***Realschule*** auf das ***Gymnasium*** wechseln, oder von der ***Hauptschule*** auf die ***Realschule***, manchmal auch von der Hauptschule auf das Gymnasium. Oder schwächere Gymnasiasten wechseln auf eine Realschule.
Nach einem Haupt- oder einem Realschulabschluss gibt es viele Möglichkeiten, weiter auf die Schule zu gehen, und das Abitur zu machen. Diese Möglichkeiten variieren von Bundesland zu Bundesland.
Außerdem gibt es ***Gesamtschulen***. Hier trennt das System die Schüler nach der 4. Klasse nicht in drei verschiedene Schultypen, sondern alle Schüler besuchen dieselbe Schule.
Die ***Hauptschule*** geriet in den vergangenen Jahren immer stärker unter Druck. In einigen Bundesländern, z. B. den neuen Bundesländern, gibt es sie nicht als eigenständige Schulform.

2

Einführung der Nebensätze (Bedingungssätze) mit *wenn*. Die erste Aufgabe, die Schul- und Ausbildungswege von Paula und Can in der Grafik nachzuzeichnen, ist vor allem für lerngeübte KT eine Möglichkeit, ihr Wissen über das deutsche Schulsystem noch einmal zu festigen. Nachdem die Aufgabe gelöst ist, sollten lernungeübte KT zu Wort kommen, um im Plenum über die Schulwege zu berichten.

In Lektion 2 haben die KT Nebensätze mit *weil* und *dass* kennen gelernt. In Übung 2b geht es neben den Nebensätzen mit *wenn* auch um die Voranstellung des Nebensatzes, die in Lektion 2 nicht behandelt wurde. Schreiben Sie den Satz aus dem Grammatikkasten in einem Satzschema an die Tafel, nachdem die KT 2b gelöst haben:

Nebensatz	Verb am Ende	Hauptsatz Verb	
Wenn Can sehr viel	lernt,	(dann) kann	er gute Noten bekommen.

Stellen Sie diesem Satz die bereits bekannte Voranstellung des Hauptsatzes gegenüber:

Hauptsatz	Verb auf Pos. 2		Nebensatz	Verb am Ende
Can	kann	gute Noten bekommen,	wenn er sehr viel	lernt.

Erklären Sie, dass die Konstruktion *wenn … dann* sehr häufig, aber nicht obligatorisch ist und dass im Hauptsatz lediglich *dann* vor dem Verb stehen darf. Lassen Sie die KT drei weitere Sätze aus 2b ins Heft schreiben und die Verben markieren.

Schreiben Sie auch ein Haupt- und Nebensatzgefüge mit *weil* sowohl mit vorangestelltem als auch nachgestelltem Nebensatz an die Tafel.

Variante:
Hier bietet es sich wieder an, die einzelnen Worte eines Satzgefüges auf Karton zu schreiben, wonach die KT die Worte in die richtige Reihenfolge bringen (s. Vorschläge zu Nebensätzen mit *weil*, s. Hinweise zu Lektion 2, A3 in den vorliegenden *Handreichungen*.

3
Diese Übung dient dazu, die KT mit dem deutschen Notensystem bekannt zu machen. Als Zusatzinformation können Sie geben, dass Noten schlechter als 4 dazu führen, dass die Kinder die Klasse wiederholen müssen, nicht versetzt werden, wenn es nicht genug Ausgleich gibt. Bei Abschlussprüfungen muss man mindestens eine 4 haben.
Danach erzählen die KT, wie das Notensystem in ihren Heimatländern aussieht.
(Lösungen 3b:
1. Christoph möchte eine Ausbildung machen.
2. Wenn er keine guten Noten hat, kann er keine Ausbildung als Industriemechaniker machen.
3. Wenn er in Technik eine Vier hat, ist er nicht zufrieden. Er braucht eine Note, die besser als Drei ist.
4. Sevilay kann Christoph in Englisch helfen.
5. Wenn Sevilay eine Zwei schreibt, muss sie keine Nachhilfe bekommen.)

3c dient der Festigung der Nebensätze mit *wenn* und der neu gelernten Abfolge von Haupt- und Nebensätzen. Die KT schreiben die Sätze in Partnerarbeit, individuelle Kontrolle durch den/die KL. Lernungeübte KT beschränken sich auf die Vorgaben, lerngeübte KT schreiben die Sätze auch in umgekehrter Satzfolge. Wichtig ist, dass die Satzanfänge variiert werden:
Wenn Schüler/innen in der Schule nicht gut/schlecht sind, …
Wenn Schüler/innen schlechte/keine guten Noten haben, …
Wenn die Noten schlechter werden, … u.Ä.

Die KT sollten die Sätze auch sprechen, um die Form zu automatisieren.

Variante:
Primär ist diese Übung grammatisch orientiert. Aber die Sätze der KT können auch inhaltlich ausgewertet werden, indem die Vorschläge an der Tafel gesammelt und miteinander verglichen werden.

4
Übung 3c ist stärker gelenkt, Übung 4 ist eine freiere Übung zur Einübung der Nebensätze mit *wenn*. Die Übung wieder in Partnerarbeit. Zunächst schreiben die KT die Fragen, anschließend fragen und antworten sie. Lerngeübte KT schreiben weitere Fragen und mögliche Antworten, z. B. *Was machst du, wenn dein Fernseher kaputt ist?/wenn du deine Monatskarte verloren hast?/wenn jemand dein Fahrrad gestohlen hat?*

Es empfiehlt sich ein Merkzettel auf OHP-Folie oder an der Tafel, auf der das Satzschema dargestellt ist, z. B.:

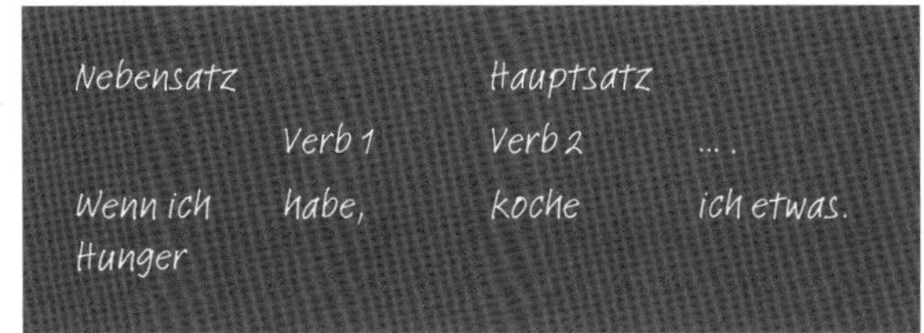

Variante:
Die KT geben sich gegenseitig Tipps nach dem Vorbild von AB-Übung 9, z. B.:
KT 1: *Ich bin müde. Was soll ich tun?*
KT 2: *Gehen Sie früher ins Bett, wenn Sie müde sind.* – oder: *Wenn du müde bist, solltest du früher ins Bett gehen.*

Es liegt nahe, hier auch Tipps mit *sollte* zu geben. KT, die flüssig sprechen, können Sätze mit *sollte* bilden, während sich die anderen auf Imperative beschränken. In Lektion 9 lernen alle KT die Form *sollte* für Ratschläge kennen.

Kopiervorlage 8 ist ein Reaktionsspiel zu den *wenn*-Sätzen. In Erweiterung zu den Aufgaben in Sprechen aktiv Übung 2 werden hier aber keine Antworten vorgegeben, die KT sollen frei mit Fantasie antworten.
Jede/r KT bekommt ein Kärtchen. KT A stellt KT B seine/ihre *wenn*-Frage, KT B antwortet und stellt seine/ihre Frage KT C usw. Die Fragen sind in der *Sie*-Form geschrieben, wenn in Ihrem Kurs normalerweise geduzt wird, formen die KT die Fragen in die *du*-Form um.

Das Spiel lässt sich erweitern. So kann der/die Fragende als zusätzliche Frage eine Frage mit *warum* stellen, damit werden beide gelernten Nebensatzkonnektoren *wenn* und *weil* spielerisch geübt.
\+ *Was machen Sie, wenn Sie müde sind?*
– *Wenn ich müde bin, bleibe ich im Bett.*
\+ *Warum?*
– *Weil ich gerne schlafe.*

Arbeitsbuch: Ü 3–9

B Elternabend

Lernziele und Lerninhalte:

Lesen: Einladung zu einem Elternabend
Hören: ein Elternabend
Wortschatz: Schule und Unterricht

In diesem Block geht es um aktuelle Schulfragen. Es ist nicht zuletzt das Ziel, dass KT mit schulpflichtigen Kindern ermutigt werden und Unterstützung bekommen, sich selbst auf Elternabenden zu Wort zu melden bzw. Elternbriefe zu verstehen.
Einleitend sollten KT mit schulpflichtigen Kindern über ihre eigenen Erfahrungen mit Elternabenden berichten. *Wie oft gibt es Elternabende? Wie viele Eltern kommen? Was sind die Themen?*

1

Stellen Sie weitere Fragen zu dem Brief in 1a:
- *Wie heißt die Klassenlehrerin?*
- *In welcher Klasse sind die Kinder?*

Neben dem Brief im KB sind im AB auf der *Deutsch-plus*-Seite zwei weitere Briefe von der Schule abgedruckt (Ü 19). Es empfiehlt sich, diese unmittelbar im Anschluss an 1a zu bearbeiten.

Informationen zur Landeskunde für die *Deutsch-plus*-Seite im AB:
Für Berlin und München vgl. die landeskundlichen Hinweise in den *Handreichungen* zu *Pluspunkt Deutsch A1*, Lektion 4, S. 33.
Das Sauerland ist ein Mittelgebirge in Nordrhein-Westfalen. Der Langenberg ist mit 843,2 Metern der höchste Berg. Das Sauerland ist auch eine Tourismusregion mit Wander- und Wintersportmöglichkeiten.
Krabat ist eine Verfilmung des gleichnamigen Romans von Ottfried Preußler (Buch: 1971, Film: 2008.) Film und Buch basieren auf einer sorbischen Sage. Kernpunkt ist die Geschichte eines Müllerlehrlings in einer Zauberschule, der sich gegen seinen Meister durchsetzen muss.

Anschließend hören die KT das Gespräch in 1b und lösen die Aufgaben 1b und 1c.
(Lösung 1b: Schulbücher; Klassenkasse; Klassenfahrt; Handys; Schwimmunterricht; Sportunterricht; Lösung 1c: 1A, 2B, 3B, 4B)

Variante:
Sofern Interesse besteht, können Sie auch ein Rollenspiel mit dem Titel „Eltern fragen – Lehrer/innen antworten" durchführen.

Bereiten Sie die Dialogarbeit vor, indem zunächst mögliche Antworten auf die Fragen gesammelt werden, z. B.:
- *Welche Bücher/Hefte … brauchen die Kinder?*
- *Dürfen die Kinder Taschengeld/Handys/ MP3-Player mitnehmen?*
- *Wie viel kostet der Ausflug / die Klassenfahrt / das Übungsheft?*
- *Dürfen die Kinder allein nach Hause gehen?*
- *Wann ist …?*

Diese Fragen können in Gruppenarbeit erarbeitet werden, jede Gruppe sammelt für eine Frage mögliche Antworten, die an der Tafel notiert werden. So erarbeitet der gesamte Kurs eine Hilfe, die nicht zuletzt für lernungeübte KT geeignet ist. Anschließend fragen und antworten die KT in Partnerarbeit. Anschließend gibt es ein Rollenspiel. Zunächst übernimmt der/die KL die Rolle des Klassenlehrers / der Klassenlehrerin, die KT die Rolle der Eltern. Nach der ersten Fragerunde können KT auch die Rolle des Klassenlehrers / der Klassenlehrerin übernehmen.

Arbeitsbuch: Ü 10–11

C Schule früher und heute

Lernziele und Lerninhalte:

Sprechen: Was durfte, konnte man früher in der Schule?
Lesen: drei Personen berichten über die Schule früher
Schreiben: die eigene Schulzeit
Wortschatz: Schule
Grammatik: Modalverben im Präteritum
Projekt: Schule international

In Block C sprechen die KT über ihre Schulzeit, es geht um die Schule in der Vergangenheit. In diesem Kontext werden die Modalverben im Präteritum eingeführt.

1

Bilden Sie Gruppen. Die Gruppen lesen je einen Text und unterstreichen die wichtigen Informationen über früher und heute, die in einer Tabelle gesammelt werden. Tafelanschrieb:

	früher	heute
Frau Sikorra	Wir durften keine Fächer wählen. Früher wollten nicht so viele das Abitur machen. ...	Die Kinder dürfen mehr Fächer auswählen. ...
Herr Andres	Wir mussten nicht so lange in der Schule bleiben. Wir mussten manchmal nachsitzen.	Die Kinder müssen lange in der Schule bleiben. ... –
Herr Pellegrini	In der Schule musste man aufstehen. ...	Heute dürfen die Kinder sitzen bleiben. ...

Anschließend berichten die KT, was Frau Sikorra schreibt. Auch über Herrn Andres und Frau Pellegrini können sie berichten. So haben die KT erstmals Gelegenheit, die Modalverben im Präteritum – zunächst noch ohne Bewusstmachung – mündlich zu verwenden.

Lenken Sie dann die Aufmerksamkeit auf den Gegensatz von früher und heute und die unterschiedlichen Formen der Modalverben. Lassen Sie die KT den Grammatikkasten in 2a ergänzen.

Erläutern Sie dann anhand des Grammatikkastens die Präteritumsignale *fehlender Umlaut* und *-t-* in der Endung. Der fehlende Umlaut beim Präteritum der Modalverben verdient besondere Beachtung, denn vielen KT bereitet er Probleme, insbesondere dann, wenn sie den Konjunktiv II von *können, müssen* und *dürfen* kennenlernen (*Pluspunkt Deutsch B1*, Lektion 6).

Schreiben Sie die Konjugationsformen von mindestens zwei der Modalverben an die Tafel und lassen sie einen oder zwei KT die Präteritumsignale markieren. Die KT schreiben die Verben ins Heft und markieren ebenfalls die Signale. Anschließend ergänzen die KT die Sätze in Aufgabe 2b.

2c als Partnerinterview, wenn die KT Sätze geschrieben haben. Jede/r KT sollte vier bis fünf Sätze entsprechend dem Schüttelkasten schreiben, lernungeübte KT oder KT, die nur wenige Jahre die Schule besucht haben, maximal drei. Anschließend Fragen und Antworten:
Musstest du / Mussten Sie viele Hausaufgaben machen? – Ja, ich das musste ich.

Geben Sie im Falle lernungeübter KT für die Schreibarbeit auf einem Arbeitsblatt oder an der Tafel einige Satzanfänge mit verschiedenen Modalverben vor, z. B.:

In meiner Schulzeit konnte ich ...
Ich musste immer ...
Manchmal durfte ich ....

Für KT mit Kindern ist evtl. ein Vergleich interessant: *Was durften Kinder früher (nicht)? Was dürfen sie heute (nicht)?* Eine Diskussion über dieses Thema im Plenum ermöglicht einen interkulturellen Vergleich mit dem Heimatland und Deutschland.

Kopiervorlage 9A/B ist ein Würfelspiel zum Üben der Modalverben (Präteritum und Präsens). Die Regeln sind dort abgedruckt. Je nach Lernstärke können Sie das Spiel variieren: Lerngeübte KT/Gruppen erhalten ein Zeitlimit, um die Sätze zu bilden, lernungeübte KT/Gruppen erhalten mehr Zeit zum Überlegen und evtl. weniger Spielkärtchen.

3

Das Projekt wird in Gruppenarbeit gemacht. Hier können evtl. auch KT gleicher Nationalität zusammenarbeiten. Ideal wären Vierergruppen, in denen je zwei KT aus verschiedenen Ländern kommen. Zunächst berichten die KT über ihre Schulzeit, die Gruppe einigt sich dann, welche Sätze auf das Plakat kommen sollen. Anschließend berichten die KT über ihre Lernpartner/innen im Plenum. Das Plakat wird im Kursraum aufgehängt.

Varianten:

- Alle KT lesen die Plakate und vergleichen: Wie war es bei ihnen in der Schule, wie war es bei anderen KT? So bieten sich weitere Gesprächsanlässe und die Gelegenheit zu interkulturellen Vergleichen.
- Die KT schreiben nicht nur über ihre Schulzeit, sondern auch über ihre Kindheit. Was durften/konnten/mussten sie mit 6, 10, 14, 16, 18 Jahren?

Arbeitsbuch: Ü 12–17
Portfolioübung Ü 17: Was durften, wollten oder konnten Sie früher machen?
Schreibtraining Ü 18: Satzschlange
Arbeitsbuch – Deutsch plus Ü 19: zwei Elternbriefe von der Schule
Arbeitsbuch – Wichtige Wörter: Ü 1–4
Arbeitsbuch – Bildlexikon Ü 5–7: Wortschatz *Schule*

Sprechen aktiv

1

Wörter sprechen: In dieser Übung werden die Schulfächer der Auftaktseite aufgegriffen, in 1b werden in diesem Kontext der Komparativ und Nebensätze mit *weil* wiederholt. Erweitern Sie evtl. die Liste der Schulfächer (z. B. Sport, Französisch, Geographie) und lassen Sie die KT auch Vergleichssätze mit *als* üben: *Ich finde Biologie interessanter als Physik.* o. Ä.

2–3

Grammatik sprechen: Nebensätze mit *wenn*. Lerngeübte KT können die vorgegebenen sechs Sätze frei erweitern: *Was machen Sie, wenn Sie Urlaub haben, wenn Ihre Eltern zu Besuch kommen?* usw. Lassen Sie die KT die Fragen auch in informeller Variante und mit Plural (*Was macht ihr*) stellen und entsprechend in Dreiergruppen mit *wir* antworten.
Die Übung zu den Modalverben im Präteritum (Übung 3) ist sowohl als Partnerübung als auch als Kettenübung im Plenum möglich und ebenso um weitere Sätze erweiterbar.

4

Flüssig sprechen: Sie trainieren noch einmal die Struktur der vorangestellten Nebensätze mit *wenn*. Wenn Sie explizit die Intonation trainieren möchten, können Sie hier wie in Einheit 2 auf die weiterweisende Melodie hinweisen, z. B. *Wenn er viel lernt,* → *bekommt er gute Noten.* ↘ Wichtig ist bei dieser Nachsprechübung, dass die KT es lernen, das ganze Satzgefüge in einem Zug zu sprechen. Deshalb sind Neben- und Hauptsatz als eine Einheit vorgesprochen. Wenn das für Ihre Teilnehmer/innen nicht sofort zu bewältigen ist, können Sie als Zwischenübung die Sätze einzeln vorsprechen.

5

Dialogtraining: Diese Übung baut auf Clip 5 zu Lektion 4 auf. Eine Lehrerin und der Vater eines Mädchens, das in diese Schule geht, unterhalten sich über Schulprobleme. Die KT sollten die Fragen (s. 5b) in Zweiergruppen schreiben und mit einer benachbarten Zweiergruppe austauschen, die die Fragen dann beantwortet.

Phonetik: *o* und *u*, siehe Seite 145 in den *Handreichungen*.

Drei in einer Reihe

Dies ist ein an Bingo orientiertes Spiel, das den Stoff der Lektionen 1–4 umfasst. Es dient der Wiederholung und Festigung des bisher Gelernten: Perfekt, Nebensätze mit *weil, dass* und *wenn*, Wechselpräpositionen etc.

Spielregeln: Die KT brauchen zunächst Spielsteine, die sich farblich unterscheiden. Sie stellen sich in der Gruppe gegenseitig die Aufgaben zu einem beliebigen Feld. Wenn die KT die Aufgabe richtig lösen, dürfen sie jeweils das Feld mit einem Spielstein belegen. Wer in einer Reihe zuerst drei Fragen beantwortet hat, hat gewonnen.

Wichtig ist, dass die KT selbst kontrollieren, ob die Antworten korrekt sind, und Sie sich darauf beschränken, gegebenenfalls Unterstützung anzubieten. So kann es evtl. zu intensiven Diskussionen kommen. Achten Sie darauf, dass die Gruppen möglichst aus KT mit unterschiedlichen Muttersprachen bestehen, damit gewährleistet ist, dass alle die Chance nutzen, Deutsch zu sprechen. Wenn es nicht zu vermeiden ist, das eine Gruppe aus KT mit gleicher Muttersprache besteht, können Sie eine weitere Regel einführen: KT verlieren ein bereits gewonnenes Feld, wenn sie einmal nicht Deutsch sprechen, die entsprechende Aufgabe darf von dem/der KT gelöst werden, der/die als nächstes dran ist.

Für das Spiel empfiehlt sich eine gewisse Vorbereitung, d. h., die KT bekommen am Tag vor dem Spiel die Hausaufgabe, sich die Lektionen 1–4 noch einmal anzuschauen.

Abschließende Kontrolle im Plenum.

Variante:
Während lernungeübte KT meistens einige Zeit brauchen, um die Aufgaben zu lösen, können Sie bei lerngeübten KT als zusätzliche Regel vorgeben, dass eine Aufgabe innerhalb einer gewissen Zeit zu lösen ist.

Arbeit und Beruf

Berufe im Hotel und in der Gastronomie

1

Zunächst betrachten die KT die Fotos und beschreiben mit Hilfe des Redemittelkastens die Tätigkeiten. Machen Sie ein Wörternetz zu den jeweiligen Berufen und ergänzen Sie weitere Aufgaben, im Falle des Kochs z. B. auch: *neue Rezepte erfinden, die Arbeiten in der Küche kontrollieren, die Speisekarte schreiben* oder für die Hotelfachfrau: *Taxis bestellen, mit den Gästen abrechnen, Tipps für Stadtbesichtigungen geben*. Ergänzen Sie außerdem weitere Hotel- und Gastronomieberufe (Kellner/in, Küchenhilfe) und lassen Sie die KT die Aufgaben in diesen Berufen beschreiben.

Fragen Sie anschließend, ob es KT mit Berufserfahrung in der Hotel- und Gastronomiebranche gibt. Diese KT berichten von ihren Erfahrungen: Wo haben sie gearbeitet? (auch: im Heimatland, in Deutschland?) – Was haben sie gemacht? – Wie war die Bezahlung? Sofern KT Erfahrungen aus mehreren Ländern haben, sollten sie vergleichen.

Anschließend hören die KT die Texte in 1b. (Lösung: 1F, 2F, 3R, 4F, 5R, 6F, 7R, 8F)

Variante:
Die KT hören die Texte ein weiteres Mal und machen Notizen. Anschließend berichten sie über die Personen (lerngeübte KT).

Lernungeübte KT lesen die Texte für diese Aufgabe zusätzlich im Anhang nach.

Machen Sie auch auf den Infokasten aufmerksam, der über die Ausbildung in Hotel und Gastronomie informiert. Sofern im Kurs Interesse besteht, bietet sich auch ein Projekt an. Die KT recherchieren, welche Ausbildungsberufe es in der Hotel- und Gastronomiebranche gibt, welche Inhalte die Ausbildungen umfassen und evtl. auch, wie die Verdienst- und Karrieremöglichkeiten sind. Informationen dazu findet man u. a. unter *http://ausbildung.hotel-intern.de/* oder *http://www.berufenet.arbeitsagentur.de*

2–3

Die KT lernen Redemittel, die in der Hotelbranche beim Umgang mit Gästen relevant sein können. Der Schwerpunkt liegt auf den Redemitteln für den Hotelmitarbeiter. Aufgabe 2 ist stärker gelenkt, es geht um die Ankunft eines Gastes. In Aufgabe 3 werden weitere Situationen geübt (Taxi, Verlängerung des Aufenthalts, Öffnungszeiten etc.).

Lernungeübte KT lösen 2a und b entsprechend der Arbeitsanweisung. Lerngeübte KT können den Dialog weiter variieren: Die Rezeptionistin informiert über die Frühstückszeiten, der Gast möchte wissen, wo er sein Auto parken kann, o. Ä.

Bei 3 beschränken sich lernungeübte KT auf die Zuordnung in 3a und lesen die Minidialoge in Partnerarbeit. Die Dialogvorschläge in 3b sind freier und besonders für lerngeübte KT geeignet. Erarbeiten Sie mit den KT geeignete Redemittel und notieren Sie diese an der Tafel, für Situation 1 z. B.:

\+ Entschuldigung, aber der Kaffee … /
Könnte ich bitte eine neue Kanne bekommen?
– Das tut mir leid. Ich hole eine neue. /
Leider ist die … kaputt. Möchten Sie vielleicht …?
– Ja, gerne / Nein danke.

Diversität und Interkulturalität

Kinderbetreuung – Wer passt auf die Kinder auf?

Kinderbetreuung ist gerade auch für Kinder von Eltern mit nicht deutscher Muttersprache wichtig. Der Besuch einer Kita fördert die Sprachentwicklung im Deutschen, bereitet auf die Schule vor und ermöglicht den Eltern, berufstätig zu sein. Um für sich und die eigenen Kinder die passende Betreuung zu finden, ist es wichtig, die verschiedenen Möglichkeiten der Kinderbetreuung in Deutschland zu kennen.[1]

1a

Einstieg über einen Vergleich mit dem Heimatland. Vielen KT fällt im Straßenbild bereits ein Unterschied zu ihrem Heimatland auf. Sammeln Sie diese – häufig sehr unterschiedlichen Beobachtungen – als Einstieg in das Thema. Diese Aufgabe können Sie – je nach Kurszusammensetzung – auch in nationalen Gruppen vorbereiten lassen.

1b

Die Lesetexte geben typische Beispiele von Familien in Deutschland. Die Aufgabe 1b ist eine selektive Leseaufgabe. Es ist an dieser Stelle noch nicht nötig, alle unbekannten Wörter zu klären.
(Lösung 1b:
Text Anna: Tagesmutter, Mutter
Text Claudia: Vater (morgens), Kita, Mutter (nachmittags), Mutter oder Schwiegermutter (manchmal)
Text Jens: Vater, Schule, Hort)

[1] Rahmencurriculum für Integrationskurse Deutsch als Zweitsprache, Fassung vom 21. 3. 2017, www.bamf.de, S. 115 f.

1c
In der Tabelle werden Vor- und Nachteile der verschiedenen Betreuungsformen gesammelt. Dies erfordert eine intensive Auseinandersetzung mit den Texten und die KT können auch eigene Erfahrungen mit der Kinderbetreuung in Deutschland einbringen.
(Lösungsvorschlag zu 1c: Vater: + betreut die Kinder gut (hier wird es erfahrungsgemäß auch andere Meinungen geben), + kostet nichts, – kann nicht arbeiten
Kita/Hort: + die Erzieher/innen betreuen die Kinder gut, + die Erzieher/innen sind gut ausgebildet, + die Kinder lernen Deutsch, + die Erzieher/innen in der Kita bereiten die Kinder auf die Schule vor, die Erzieher/innen im Hort achten auf die Hausaufgaben, – die Kita / den Hort muss man bezahlen, - die Betreuungszeiten sind nicht sehr flexibel, – viele Babys brauchen mehr individuelle Betreuung, – wenn ein Kind krank ist, kann es nicht in die Kita / in den Hort gehen
Tagesmutter: + betreut die Kinder gut, – ist keine professionelle Erzieherin, – ist teuer, + betreut die Kinder (oft) individueller als eine Kita
Großmutter / Großvater: + betreut die Kinder gut, + kostet nichts, – hat keine Zeit (arbeitet noch oder ist krank), – wohnt in einem anderen Ort

2
Bei dem Vergleich mit der Situation im Heimatland fassen die KT die Unterschiede, die in 1a bereits angesprochen wurden, schriftlich zusammen. Lernungeübte KT ergänzen die vorgegebenen Sätze, lerngeübtere KT können ausführlichere Texte schreiben, z. B. ein Beispiel beschreiben oder ihre Meinung äußern.

Prüfungsvorbereitung: DTZ

Hörverstehen

Im *Kursbuch* wird Aufgabe 3 des Prüfungsteils Hören geübt, im *Arbeitsbuch*, Station 1, die Aufgaben 1 bis 3.

1
Machen Sie die KT auf die Tipps zum Hörverstehen aufmerksam. Es geht darum, dass die KT Hörstrategien bzw. Prüfungstechniken kennen lernen, die es leichter machen sollen, die Prüfung abzulegen.
Lassen Sie die KT überlegen, wie oft es im Alltag passiert, dass sie z. B. in Gesprächen ein Wort nicht verstehen und trotzdem den Gesamtsinn erfassen.
Häufig ist den KT nicht bewusst, dass sie mit Sicherheit keine Punkte bekommen, wenn sie nichts ankreuzen, dass sie aber eine Chance auf die richtige Lösung haben, wenn sie ein Kreuz setzen, obwohl sie die richtige Antwort nicht wissen.

2
Zunächst sollten Sie gemeinsam mit den KT die Tipps unter *Vor dem Hören* aus 1 auf die Aufgabe anwenden. Welche Informationen erhalten die KT aus den Aufgaben über das Gespräch? Was können sie vermuten?

Wenn es gelingt, dass sich die KT mit Hilfe der Aufgabenstellung auf das Gespräch einstellen, fällt das Verständnis erheblich leichter, denn so entwickeln sie bestimmte Erwartungen hinsichtlich des Themas, des Wortschatzes und evtl. auch des Gesprächsverlaufs.

In Aufgabe 3 des DTZ-Prüfungsteils Hören gibt es immer zwei Aufgaben:
a) Die KT sollen eine Frage zur Situation beantworten (Wer spricht? Wo findet das Gespräch statt?). Sie antworten mit *richtig* oder *falsch*.

b) Sie sollen unter drei Aussagen die richtige Einzelheit aus dem Gespräch erkennen: Was ist richtig, A, B oder C?
(Lösungen: 1 falsch; 2 C)

Machen Sie darauf aufmerksam, dass der Antwortbogen auch insgesamt so gestaltet ist wie auf dieser Seite für die konkreten Antworten. Achten Sie darauf, dass die KT von Anfang an die richtigen Lösungen markieren, d. h. die richtigen Lösungen ausfüllen (wie im Beispiel dargestellt) und auf keinen Fall ankreuzen.

Wichtige Wörter für die Lösung der Aufgabe:
Praxis – Um 15.30 Uhr? Na ja, wenn es sein muss. – Also dann bis 15.30 Uhr.
Unwichtig z. B.: Halsschmerzen – Das Wartezimmer ist sehr voll. – Ich habe schon einen Patienten eingetragen.

3
(Lösungen: 1 falsch, 2 A)

Auch die Aufgaben zum Prüfungsteil Hören im *Arbeitsbuch* sollten gemeinsam im Kurs und nicht zu Hause von den KT allein gemacht werden. Bilden Sie Gruppen, nachdem die KT die Aufgaben im AB gelöst haben. Jede Gruppe liest einen oder zwei Hörtexte im Anhang nach und notiert die Wörter, die für die korrekte(n) Lösung(en) entscheidend sind. Anschließend Besprechung im Plenum.

Hinweis zum DTZ: Im Hören, Teil 2 gibt es immer einen Wetterbericht und eine Verkehrsmeldung.

Auftaktseite

Lernziele und Lerninhalte:

Sprechen: beschreiben, was Menschen in ihren Berufen machen,
über typische Männer- und Frauenberufe diskutieren,
sagen, welche Berufe man interessant findet

Wortschatz: Berufe,
Aufgaben in Berufen,
arbeiten als

Arbeitsbuch: Ü 1–2
Portfolioübung Ü 2: Was wollte man früher werden? Beruf/Berufswünsche heute

A Im Büro

Lernziele und Lerninhalte:

Sprechen: Gespräche am Arbeitsplatz führen,
Fragen und Antworten,
höfliche Fragen

Hören: Fragen im Büro, höfliche / nicht höfliche Fragen

Schreiben: indirekte Fragen

Grammatik: indirekte Fragen (Nebensätze mit Fragewort) *wissen*

Arbeitsbuch: Ü 3–7

B Mitteilungen

Lernziele und Lerninhalte:

Sprechen: Wie kann man neuen Kollegen helfen?

Lesen: vier Mitteilungen

Schreiben: Mitteilungen

Grammatik: Dativpronomen in der 3. Person, *Könntest du / könnten Sie?* in höflichen Bitten

Kannbeschreibungen GER / Rahmencurriculum:

Kann schriftliche Informationen verstehen.
Kann Kollegen eine kurze Notiz mit wichtigen Informationen hinterlassen.
Kann in einfacher Form einen Terminvorschlag machen und auf einen Terminvorschlag reagieren.

Arbeitsbuch: Ü 8–13

C Wie funktioniert das?

Lernziele und Lerninhalte:

Sprechen: erklären, wie ein Getränkeautomat funktioniert

Hören: Wie funktioniert der Fotokopierer?

Grammatik: *dieser, dieses, diese*

Kannbeschreibungen GER / Rahmencurriculum:

Kann einfache mündliche Anleitungen verstehen

Arbeitsbuch: Ü 14–16

D Situationen am Arbeitsplatz

Lernziele und Lerninhalte:

Sprechen: Dialoge am Arbeitsplatz

Hören: Dialoge am Arbeitsplatz

Kannbeschreibungen GER / Rahmencurriculum:

Kann sich mit einfachen Worten krankmelden.

Arbeitsbuch: Ü 17–18
Schreibtraining Ü 19: eine Mitteilung korrigieren und schreiben
Arbeitsbuch – Deutsch plus Ü 20–21: Betriebsausflüge
Arbeitsbuch – Wichtige Wörter: Ü 1–3
Arbeitsbuch – Bildlexikon Ü 4–9: Wortschatz Berufe

Phonetik: *b, d, g* und *p, t, k*

Kopiervorlagen in den Handreichungen:
KV 10: Wechselspiel: indirekte Fragen
KV 11: Reaktionsspiel: Könnten Sie mir helfen?

In dieser Lektion lernen die KT Redemittel für Dialoge am Arbeitsplatz und Notizen kennen, sie lernen kurze Mitteilungen zu schreiben, außerdem anhand des Beispiels eines Fotokopierers und eines Getränkeautomaten Redemittel, um zu beschreiben, wie Maschinen/Geräte funktionieren. Die Grammatik behandelt Nebensätze mit Fragewort (indirekte Fragen), Dativpronomen in der 3. Person Singular und den Demonstrativartikel *dies-*.

Am Arbeitsplatz

Auftaktseite

Lernziele und Lerninhalte:

Sprechen: beschreiben, was die Leute in ihren Berufen machen,
über typische Männer- und Frauenberufe diskutieren,
sagen, welche Berufe man interessant findet

Wortschatz: Berufe,
Aufgaben in Berufen,
arbeiten als

1

Lassen Sie die KT zunächst die Fotos betrachten und die Berufe beschreiben. Sammeln Sie evtl. weitere Tätigkeiten, die für die Berufe typisch sind, im Falle des Erziehers z. B. *mit den Eltern sprechen* (über das Verhalten / die Entwicklung der Kinder), im Falle der Fahrerin z. B. *Waren an Geschäfte liefern*, im Falle des Krankengymnasten z. B. *einen Therapieplan besprechen*. Außerdem sagen die KT, wo die Personen arbeiten. Anschließend überlegen sie: Was ist ungewöhnlich, wo / in welchen Situationen haben die KT schon Frauen bzw. Männer in diesen Berufen erlebt? Damit haben Sie eine Überleitung zu 1b. Das Thema typische Männer- und Frauenberufe ist für einen interkulturellen Vergleich geeignet. Die KT dürfen gerne ausführlicher berichten, in welchen Berufen in ihren Heimatländern mehr Männer oder Frauen arbeiten, und die Situation mit ihren Eindrücken in Deutschland vergleichen. Bilden Sie Gruppen mit unterschiedlichen Nationalitäten. Die KT berichten von ihren Heimatländern und über ihre Eindrücke in Deutschland. Ein/e (lerngeübte/r) KT erhält den Auftrag, ein kurzes Protokoll zu schreiben und anschließend im Plenum zu berichten.

Verweisen Sie auf den Infokasten zur Verwendung der Präposition *als* in Verbindung mit Berufen und geben Sie weitere Beispiele: *Ich arbeite als Lehrer.* o. Ä. Berufstätige KT können sagen, als was sie arbeiten, KT, die derzeit nicht arbeiten, als was sie früher gearbeitet haben oder als was sie gerne arbeiten möchten.

2

In *Pluspunkt Deutsch A1* Lektion 7A haben die KT erstmals darüber gesprochen, was für sie im Beruf wichtig ist. Hier geht es darum, welche Berufe sie interessant finden, u. a. mit dem Zweck, auf verschiedene Ausbildungswege hinzuweisen, z. B. dass für einige Berufe ein Studium erforderlich ist. In Lektion 4 haben die KT bereits erste Informationen über Ausbildungswege bekommen, die u. a. in den Stationen ausführlicher behandelt werden. Nutzen Sie hier die Gelegenheit, an dieser Stelle kurz auf unterschiedliche Ausbildungswege bzw. auf Berufe, für die Abitur und Studium erforderlich sind, und solche, für die andere Bildungsabschlüsse genügen, hinzuweisen.

Machen Sie eine Umfrage im Kurs, welche Berufe die KT bzw. welche Berufswünsche sie haben und lassen Sie sie kurz beschreiben, welche Ausbildung sie gemacht haben oder machen wollen.

Variante:

Beruferaten, Vorbereitung in Partnerarbeit. Die KT erhalten von dem/der KL ein Kärtchen mit zwei Berufen, beschreiben die Tätigkeiten in diesen Berufen und wo man in diesen Berufen arbeiten kann. Anschließend werden die Beschreibungen im Plenum vorgelesen, die anderen KT raten, welche Berufe beschrieben sind. Unterschiedliche Berufekärtchen finden Sie im Arbeitsbuch Bildlexikon Lektion 7, Seite 88 von *Pluspunkt Deutsch A1*. Auch im Bildlexikon des Arbeitsbuches zu dieser Lektion sind einige Berufekärtchen abgebildet.

Arbeitsbuch: Ü 1–2
Portfolioübung Ü 2: Was wollte man früher werden, der Beruf / Berufswünsche heute

A Im Büro

Lernziele und Lerninhalte:

Sprechen: Gespräche am Arbeitsplatz führen,
Fragen und Antworten,
höfliche Fragen

Hören: Fragen im Büro, höfliche / nicht höfliche Fragen

Schreiben: indirekte Fragen

Grammatik: indirekte Fragen (Nebensätze mit Fragewort) *wissen*

1–2

Zunächst beschreiben die KT das Bild. *Wo sind die Personen? Wer spricht mit wem? Was machen sie? Wie ist die Atmosphäre?* (hektisch, ruhig, …) Danach überlegen die KT in Gruppen, was die Personen vielleicht sagen, oder schreiben Minidialoge, die dann im Kurs vorgelesen werden. Anschließend hören sie die Fragen und Antworten von der CD.
(Lösung: 1A, 2C, 3D, 4B)

Der erste Dialog ist in Aufgabe 2a abgedruckt. Verweisen Sie auf den Grammatikkasten und spielen Sie die Situationen aus 1 ein weiteres Mal vor, um den KT die Struktur der indirekten Frage bewusst zu machen. Notieren Sie den Beispielsatz aus 2a in einem

Satzschema an der Tafel und lassen Sie einen KT wie im Grammatikkasten markieren. Anschließend schreiben die KT die Sätze in 2b. Auch diese Sätze werden an die Tafel geschrieben und markiert.

Notieren Sie weitere direkte Fragen, die auf den Kurs bezogen sind, oder sammeln Sie diese gemeinsam mit den KT und lassen Sie sie indirekt fragen und antworten. Vermeiden Sie *Ja-/Nein*-Fragen, denn Nebensätze mit *ob* werden erst in Lektion 10 eingeführt. Mögliche Fragen sind z. B.: *Wann ist Pause? Wie lange dauert die Pause? Wann endet der Unterricht? Wer kommt aus der Türkei?* Die KT benutzen die Einleitungssätze aus 2b.

3

Einführung von *wissen*. Notieren Sie alle Formen von *wissen* an der Tafel, nachdem die KT Aufgabe 3a gelöst haben. Evtl. kann ein/e KT diese Aufgabe übernehmen. Machen Sie auf die Abweichung der Konjugation im Singular gegenüber anderen Verben aufmerksam. Anschließend schreiben die KT indirekte Fragen mit *wissen* wie in 3b vorgegeben. Greifen Sie dann die Fragen, die im Zusammenhang mit 2b gestellt werden, auf und lassen Sie diese mit *Weißt du, … / Wissen Sie…, / Wisst ihr…,* formulieren.

Lerngeübte KT gehen einen Schritt weiter und stellen allgemeinere Fragen: *Weißt du, wie viele Einwohner Deutschland hat? usw.*

Variante:

Die Konjugationsformen von *wissen* können auch in Form eines Gedichts geübt werden:

Ich ________ nichts.
________ du etwas?
Er/Sie ________ viel.
Wir ________ wenig.
Wie viel ________ ihr?
Sie ________ alles.

In den Minidialogen von 3c wird zum einen die neu gelernte Form geübt, zum anderen sollen die KT höfliche Fragen formulieren. Erläutern Sie einleitend, wann man im Deutschen indirekte Fragen / Nebensätze mit Fragewort verwendet: bei höflichen Bitten aber auch bei Aufforderungen: *Bitte notieren Sie hier, wo und wann Sie geboren sind. – Bitte teilen Sie mir mit, wie lange Sie bleiben wollen.* usw. Partnerarbeit, individuelle Kontrolle durch den/die KL.

4

Hier wird die Intonation höflicher Fragen geübt. Spielen Sie die Dialoge in 4a mehrfach vor, die KT sprechen alle vier Fragen nach. Anschließend spielen die KT die Dialoge, die sie zuvor in 3c geübt haben, in höflicher und unhöflicher Variante.

Kopiervorlage 10 enthält ein Wechselspiel zu indirekten Fragen / Nebensätzen mit Fragewort. Variante für lerngeübte KT: Schneiden Sie die Fragen aus, die KT antworten frei.

Arbeitsbuch: Ü 3–7

B Mitteilungen

Lernziele und Lerninhalte:

Sprechen:	Wie kann man neuen Kollegen helfen?
Lesen:	vier Mitteilungen
Schreiben:	Mitteilungen
Grammatik:	Dativpronomen in der 3. Person, *Könntest du / könnten Sie?* in höflichen Bitten

Hier lernen die KT Mitteilungen kennen, die ein Prüfungsteil des DTZ sind. Außerdem wird der Dativ der Personalpronomen in der 3. Person Singular eingeführt. Die anderen Formen haben die KT in *Pluspunkt Deutsch A1*, Lektion 11 gelernt.

1

Einleitend sprechen die KT darüber, bei welchen Gelegenheiten kurze Mitteilungen wichtig sind, z. B.:
Wann und an wen schreibt man Mitteilungen?
- *an den Nachbarn / die Familie, wenn man spät nach Hause kommt*
- *an den Hausmeister, wenn etwas in der Wohnung nicht funktioniert*

Fragen Sie die KT, in welchen Situationen sie bereits eine Mitteilung geschrieben haben oder gerne geschrieben hätten, wenn sie sich im Deutschen sicher gefühlt hätten. Welche Mitteilungen haben sie bereits erhalten? Wie gut haben die KT die Mitteilungen verstanden?

Danach lösen die KT die Aufgabe. Erläutern Sie bei dieser Gelegenheit die Funktion eines Betriebsrates, der in vielen, vor allem großen Betrieben ein von den Mitarbeitern und Mitarbeiterinnen gewähltes Gremium ist, das die Interessen der Beschäftigten gegenüber der Betriebsleitung vertritt und z. B. bei Kündigungen berät oder bei betrieblichen Schwierigkeiten mit der Geschäftsleitung Lösungen aushandelt. Für viele KT, die Arbeit suchen oder Arbeit haben, ist dies eine wichtige landeskundliche Information, die auch im Rahmencurriculum für Integrationskurse genannt ist. Das Thema Betriebsrat wird in *Pluspunkt Deutsch B1*, Lektion 5 aufgegriffen.

Variante:
Bilden Sie Gruppen. Jede Gruppe schreibt zwei Fragen zu einem Text und reicht sie an die nächste Gruppe weiter, die die Fragen beantwortet. Mögliche Fragen für Text 1: *Wann war der Termin für die Besprechung? Warum muss Micha den Termin verschieben? Welchen Vorschlag macht er?* Die Ergebnisse werden im Kurs gesammelt.

2
Einführung des Konjunktiv II für höfliche Bitten (*könnte*). Lassen Sie die KT die beiden höflichen Bitten in Text B und C markieren und verweisen Sie auf den Grammatikkasten. Erläutern Sie die Funktion dieser Form und weisen Sie bei entsprechenden Fragen darauf hin, dass das Thema im Laufe des A2-Kurses (Lektion 9: *sollte*) und später auf dem Niveau B1 erweitert wird.

Bevor die KT höfliche Bitten zu den vorgegebenen Illustrationen formulieren, sollten die Situationen geklärt werden. Die KT sollten Minidialoge sprechen, z. B.:
+ *Könntest du bitte das Fenster öffnen?*
– *Ja, natürlich gerne. / Das mache ich gleich.*

Im Anschluss daran können die KT in Partnerarbeit weitere höfliche Bitten schreiben und sprechen.

3
Einführung des Dativs der Personalpronomen in der 3. Person Singular. Schreiben Sie Sätze mit Lücken an die Tafel (im Tafelbild unten unterstrichen), die KT nennen die Personen, die einzusetzen sind (die Personen beziehen sich auf die Aufgabe B1):

Ich soll Halil helfen.
Er gefällt Herrn Volkan und Frau Messi sehr gut.
Könnten Sie Frau Abiska einen Schlüssel geben?

Erinnern Sie die KT an die bereits in *Pluspunkt Deutsch A1* eingeführten Dativformen und lassen Sie sie eine Tabelle mit allen Personalpronomen im Dativ machen. Wiederholen Sie die aus A1-Band bekannten Pronomen in Form des Spiels von Übung B5 von Lektion 11 (s. S. 77 in den Handreichungen zu *Pluspunkt Deutsch A1*).

4
Festigung der Personalpronomen im Dativ. Lernungeübte KT beschränken sich auf die Vorgaben, lerngeübte KT machen weitere Vorschläge, bei denen Dativ- und Akkusativpronomen gemischt sein können: *Ich zeige ihnen das Büro. Ich stelle sie den Kollegen vor. Ich führe sie durch die Firma.* usw.

5
Fordern Sie die KT auf, die Mitteilungen in zwei Varianten zu schreiben: formell und informell. Klären Sie auch die geeigneten Formulierungen für die Anrede, für die Bitte und den Schluss.

Anrede	Bitte
Hallo ...,	Kannst du ...? Könntest du ...?
Liebe ..., Lieber ...,	Können Sie ... ? Könnten Sie ...?

Schluss
Vielen Dank.
Bis später.

Lerngeübte KT können alle Mitteilungen ohne weitere Vorgaben schreiben. Bereiten Sie für lernungeübte KT evtl. einen Lückentext vor, für die Situation 1 in 5b z. B.:

Liebe ________,
Lieber ________,
ich bin von ________ bis ________ in ________.
Könntest du am ________ und
am ________ ________________?
Vielen ________.

Als Vorentlastung für die Mitteilungen oder zur weiteren Vertiefung bieten sich die AB-Übungen 12 und 13 und das Schreibtraining AB-Übung 19 an.

Kopiervorlage 11 Reaktionsspiel. In dieser Kopiervorlage finden Sie Situationskarten für höfliche Bitten und Fragen. Sie können die Situationen frei spielen lassen, jede/r KT bekommt ein Kärtchen, die KT bewegen sich im Raum und fragen sich gegenseitig. Oder die KT spielen zu zweit und suchen sich eine oder mehrere Situationen aus, die sie interessant finden. Natürlich können die Dialoge vor dem Spielen auch zuerst geschrieben werden. Bevor Sie diese Aktivität durchführen, sammeln Sie an einem Beispiel mögliche Reaktionen:
+ *Mein Computer ist kaputt. Können Sie mir helfen?*
– *Ja, natürlich.*
– *Ja, kein Problem. Ich helfe gern, wenn ich es kann.*
– *Nein, tut mir leid, ich habe keine Zeit.*

Arbeitsbuch: Ü 8–13

C Wie funktioniert das?

Lernziele und Lerninhalte:

Sprechen: erklären, wie ein Getränkeautomat funktioniert
Hören: Wie funktioniert der Fotokopierer?
Grammatik: *dieser, dieses, diese*

1

Einleitend und als Vorentlastung für den Hörtext in 1b klären die KT kurz die Situation auf dem Foto: Wo sind die Personen, was machen sie?

Erläutern Sie den Grammatikkasten und verweisen Sie auf die Analogie zum bestimmten Artikel, nachdem die KT Aufgabe 1b gelöst haben. Erläutern Sie mit Hilfe des Fotos und der Sprechblasen die Funktion des Demonstrativartikels. Anschließend lösen die KT 1c. Lernungeübte KT lesen zuvor den Dialog im Anhang nach und markieren die Endungen der Demonstrativartikel. (Lösung 1a: A)

Zur weiteren Einübung können Sie verschiedenfarbige Bücher, Stifte, Kreide usw. zeigen:
Welches Buch ist grün? – Die KT antworten: *Dieses.* usw.

Anschließend fragen und antworten die KT in Partnerarbeit. An dieser Stelle bietet es sich an, analog zum bestimmten Artikel und zu *dies-* das Fragewort *welch-* zu wiederholen (siehe *Pluspunkt Deutsch A1*, Lektion 12), bzw. die KT die Analogie selbst entdecken zu lassen.
der – dieser – welch____?
das – dieses – welch____?
die – diese – welch____?

2

Am Beispiel Getränkeautomat üben die KT, wie man ein Gerät beschreibt. Die Zuordnung in 2a dient der Vorentlastung für die Erklärung in 2b, bei der die Sätze aus 2a mit *zuerst, dann, danach* variiert werden sollen. So üben die KT auch noch einmal die Verbstellung im Hauptsatz.

Abgesehen von einem anderen Getränkeautomaten, wie in 2c vorgeschlagen, können die KT z. B. auch ihre Handys oder Smartphones beschreiben und dabei z. B. folgende Fragen und Antworten benutzen:
- *Wo schaltet man das Handy ein/aus?*
- *Wie macht man Fotos?*
- *Wie schreibe ich eine SMS?*
- *Wo ist das Fach für die SIM-Karte?* usw.

Mögliche Antworten:
- *Dieses Fach ist für die SIM-Karte.*
- *Wenn ich ein Foto mache will, drücke ich diesen Knopf.* usw.

Variante:

Beschreiben Sie technische Geräte im Kursraum (CD-Player, Beamer). Die KT versuchen zu beschreiben, wie man den CD-Player startet und die CD zum Laufen bringt, wo man das Radio einschaltet, wie man das Gerät lauter und leiser stellt usw.

Arbeitsbuch: Ü 14–16

D Situationen am Arbeitsplatz

Lernziele und Lerninhalte:

Sprechen: Dialoge am Arbeitsplatz
Hören: Dialoge am Arbeitsplatz

1

Zunächst betrachten die KT die Fotos und stellen Vermutungen an: Welche Situation wird beschrieben, was machen die Personen? Sammeln Sie die Vermutungen an der Tafel. So ordnen die KT beim ersten Hören nicht nur die Fotos zu, sondern überprüfen auch, ob ihre Vermutungen korrekt waren.
(Lösung: 1a: Foto 1: Dialog 1, Foto 2: Dialog 3, Foto 3: Dialog 2; 1b: 1. heute Nachmittag, 2. sie war an der Kasse, 3. seit drei Tagen)

2

Die KT ordnen den Dialog 3 und lesen ihn dann laut, nachdem sie ihn noch einmal gehört haben (Dialog 3 von Aufgabe 1). Hier bietet sich eine Ausspracheübung an: Der/Die KL spielt den Dialog von der CD mit Pausen vor, die KT sprechen nach, bevor sie den Dialog in Partnerarbeit lesen.

Die Dialoge in 2c lehnen sich an die beiden anderen Dialoge aus Übung 1 an. Als Vorentlastung für lernungeübte KT bietet sich AB-Übung 17 an. Zudem sollten lernungeübte KT die Dialoge mit Unterstützung durch den/die KL erst schreiben, bevor sie sie spielen, evtl. bietet sich ein Lückentext an, für Situation 1 in Übung 2c z. B.:

\+ *Spedition Michalak, hier spricht ________.*
– *Guten Morgen Frau/Herr________ leider habe ich ________ und gehe zuerst zum ________. Ich komme dann um ________.*
\+ *Danke für die Information. Gute ________.*

Lerngeübte KT üben mit weiteren Situationen, z. B.:

- Der Chef / die Chefin ist nicht zufrieden, weil der Mitarbeiter / die Mitarbeitern einen Bericht noch nicht fertig geschrieben hat.
- Er/sie bittet ihn/sie, an die Kasse zu gehen, weil viel Kunden im Laden sind.
- Ein Regal im Supermarkt muss aufgefüllt werden.
- Ein Mitarbeiter / eine Mitarbeiterin will nach Hause gehen, weil er/sie krank ist. usw.

Besonders gelungene Dialoge spielen die KT im Kurs vor.

Arbeitsbuch: Ü 17–18
Schreibtraining Ü 19: eine Mitteilung korrigieren und schreiben
Arbeitsbuch – Deutsch plus Ü 20–21: Betriebsausflüge
Arbeitsbuch – Wichtige Wörter: Ü 1–3
Arbeitsbuch – Bildlexikon Ü 4–9: Wortschatz Berufe

Sprechen aktiv

1

Wörter sprechen: Diese Übung fasst Wortschatz aus der Lektion allgemein zusammen. Es erhöht den Schwierigkeitsgrad von 1b, wenn die KT die Verben abdecken. Lerngeübte KT können die Sätze in 1c auch sprechen, ohne sie vorher zu schreiben.

2–3

Grammatik sprechen: Übung 2 zu den Personalpronomen im Dativ. Die Sätze können auch variiert werden, z. B. in einer Kombination von *helfen* mit dem Verb *danken*, wobei dann zwei Personalpronomen verwendet werden müssen:
Frau Müller hat mir geholfen. – Hast du ihr gedankt?
Hat Herr Müller dir geholfen? – Ja, und ich habe ihm gedankt.

Übung 3 enthält Vorgaben zu indirekten Fragen in Kurzform, die wie im Beispiel zu Minidialogen ausgebaut werden sollen. Ein Beispieldialog sollte im Kurs gemeinsam erarbeitet werden.

Variante:
Cocktailparty: die KT erhalten zwei Kärtchen mit Fragen (lerngeübte KT nur Stichwörter, lernungeübte KT zusätzlich eine Frage komplett formuliert). Die KT gehen durch den Raum und fragen andere KT, die antworten und dann ihrerseits fragen.

4

Flüssig sprechen: In dieser Einheit geht es um höflich formulierte Fragen bzw. Aufforderungen. Die neue grammatische Struktur, die dabei geübt wird, sind die indirekten Fragesätze. Diese Redemittel sind – nicht nur im Arbeitskontext – in der Kommunikation sehr hilfreich. Es lohnt sich, sie so zu trainieren, dass sie leicht und schnell verfügbar sind.

In einem zweiten Schritt können Sie wie bereits in Einheit 1 und 3 die KT mögliche Antworten dazu finden lassen. Eine weitere Möglichkeit, diese Übung zu öffnen ist es, die KT eigene, parallele höfliche Fragen/Aufforderungen bilden zu lassen, die sie selbst benötigen, z. B. *Können Sie mir sagen, wann der Unterricht beginnt?, Wissen Sie, wie der Fahrkartenautomat funktioniert?* … Diese Sätze sollten die KT flüssig sprechen (nicht lesen!). Sie können ebenso wie in Einheit 3 die unterschiedlichen Stufen der Freundlichkeit ausprobieren lassen, denn auch in der Grammatik höflich formulierte Fragen kann man höflich oder unhöflich sprechen.

5

Dialogtraining: Diese Übung baut auf Clip 7 zu Lektion 5 auf. Thema sind die Berufe der Protagonisten, wobei einige indirekte Fragen eingebaut sind. Ergänzend zu den *Richtig-/Falsch*-Fragen können die KT z. B. auch *W*-Fragen zu dem Dialog stellen, Fragen und Antworten machen z. B. in Dreiergruppen die Runde.

Phonetik: *b, d, g* und *p, t, k* siehe Seite 145 in den *Handreichungen*

Auftaktseite

Lernziele und Lerninhalte:

Sprechen: Fotos beschreiben: Wie wohnen die Leute?, beschreiben, wo und wie man wohnt
Wortschatz: Wohnen, Wohnumfeld

Arbeitsbuch: Ü 1–4
Portfolioübung Ü 4: beschreiben, wo man wohnt und wo man gerne wohnen möchte

A Eine Wohnung suchen

Lernziele und Lerninhalte:

Sprechen: Telefongespräch mit einem Vermieter, über einen Umzug sprechen
Hören: Telefongespräch mit einem Vermieter, Wohnungsbesichtigung
Lesen: Wohnungsanzeigen
Wortschatz: Wohnung, Wohnungsanzeigen, Umzug
Grammatik: das Verb *lassen*

Kannbeschreibungen GER / Rahmencurriculum:

Kann sich in Tageszeitungen, Wochenblättern oder dem Internet über den Wohnungsmarkt informieren.
Kann in Wohnungsanzeigen die für ihn/sie wichtigen Informationen entnehmen.
Kann, auch telefonisch, mit einfachen Worten einen Besichtigungstermin vereinbaren.

Arbeitsbuch: Ü 5–9

B Der Umzug

Lernziele und Lerninhalte:

Sprechen: sagen, was in einem Zimmer ist und wohin die Sachen kommen, Dialog im Baumarkt
Hören: Dialog im Baumarkt
Wortschatz: Werkzeug
Grammatik: die Verben *legen/liegen* und *stellen/stehen*
Projekt: den Kursraum renovieren und dekorieren

Arbeitsbuch: Ü 10–13

C Die neuen Nachbarn

Lernziele und Lerninhalte:

Sprechen: ein Gedicht hören, nachsprechen, variieren
Hören: neue Nachbarn stellen sich vor
Schreiben: ein Gedicht, eine Beziehungsgeschichte
Wortschatz: Adjektive, um das eigene Befinden auszudrücken
Grammatik: reflexive Verben

Arbeitsbuch: Ü 14–17
Schreibtraining Ü 18: Groß- und Kleinschreibung
Arbeitsbuch – Deutsch plus Ü 19: eine Nebenkostenabrechnung verstehen
Arbeitsbuch – Wichtige Wörter: Ü 1–4
Arbeitsbuch Bildlexikon Ü 5–9: Wortschatz Wohnen/Aktivitäten beim Umzug

Phonetik: die Vokale *a, ä, e* und *i*

Kopiervorlagen in den Handreichungen:
KV 12: Auf Wohnungssuche
KV 13 A/B: Wechselspiel: Zimmer einrichten

Thema dieser Lektion sind Redemittel, um die eigene Wohnsituation zu beschreiben, Wohnungssuche, Umzug, Renovieren und Nachbarschaft. Die Grammatik behandelt die reflexiven Verben im Akkusativ, das Verb *lassen* sowie die Verben *legen/liegen* und *stellen/stehen*.

Lektion 6
Wohnen nach Wunsch

Auftaktseite
Lernziele und Lerninhalte:

Sprechen:	Fotos beschreiben: Wie wohnen die Leute? Beschreiben, wo und wie man wohnt
Wortschatz:	Wohnen, Wohnumfeld

1

Zunächst beschreiben die KT die Fotos im Plenum. Was sehen sie? – Wo ist das? Sammeln Sie dafür gemeinsam mit den KT vorab wichtigen Wortschatz, wobei der bereits gelernte Wortschatz zu den Themen Wohnen und Verkehr (*Pluspunkt Deutsch A1* Lektion 3, 14 und 9) wiederholt und ausgebaut werden kann.

In Aufgabe 1b beschreiben die KT die Wohnsituation, die auf diesen Fotos vielleicht deutlich wird. Basis ist der Schüttelkasten, der zur genaueren Beschreibung der Wohnsituation geeignet ist, und erweitert werden sollte, z. B.: *am Stadtrand – in der Natur – auf dem Dorf – anonym – Großstadt – Kleinstadt*.

Varianten:
- Die KT erarbeiten Wörternetze in Gruppenarbeit zum Thema Wohnen mit individueller Unterstützung durch den/die KL und beschreiben die Fotos dann in Gruppen, gemeinsame Auswertung im Plenum.
- Teilen Sie den Kurs in zwei Gruppen. Die eine Gruppe beschreibt zunächst das Leben in einer Großstadt, die andere in einer Kleinstadt / auf dem Dorf. Die KT erhalten einen Ball. KT A sagt auf Basis des Schüttelkastens und evtl. von weiterem erarbeiteten Wortschatz einen Satz über das Leben in der Großstadt/Kleinstadt und wirft den Ball KT B zu. KT B sagt ebenfalls einen Satz. Wenn alle KT einen Satz gesagt hat, wechseln die KT die Themen: Die Gruppe, die bisher über die Kleinstadt gesprochen hat, spricht über die Großstadt und umgekehrt. So können auch lernungeübte KT, die in einer großen Runde evtl. seltener zu Wort kommen, nicht nur in der Partner- oder Kleingruppenarbeit, sondern auch in einer etwas größeren Runde ihren Redebeitrag leisten.

Danach bewerten die KT die Wohnsituationen: Welche finden sie langweilig, welche gefällt ihnen, welche gefällt ihnen nicht, was sind die Vor- oder Nachteile der Wohnsituation, für Foto A z. B.: *Hier wohnt man zentral, das gefällt mir. Vielleicht ist die Straße sehr laut. Das gefällt mir nicht.*

2

Zunächst beschreiben die KT ihre eigene Wohnsituation, wie sie ihnen gefällt, ob sie zufrieden sind. Anschießend beschreiben die KT ihre Wünsche. Sie arbeiten in Partnerarbeit und berichten dann im Plenum über ihre Lernpartner/innen. Verweisen Sie auf die bereits bekannten Redemittel, um Wünsche auszudrücken (*ich möchte, ich möchte gern/lieber*), die hier wiederholt werden, und erinnern Sie noch einmal an den Gebrauch von *in* + Dativ.

Varianten:
- Die KT schreiben einen Text über ihr Traumhaus oder ihre Traumwohnung. Sammeln Sie die Texte ein und verteilen Sie sie neu. Jede/r KT liest den erhaltenen Text vor, die anderen KT raten, wer ihn geschrieben hat.
- Die KT sammeln in Prospekten oder Zeitschriften Fotos von Häusern oder Wohnungen, in denen sie gerne wohnen möchten, und kleben diese auf ihren Text. Die Texte werden im Kursraum aufgehängt.

Machen Sie für die Texte Vorgaben: Die KT sollen nur eine bestimmte Zahl von Sätzen schreiben, lernungeübte KT erhalten Formulierungshilfen, um möglichst einfache Sätze zu schreiben:

> Meine Traumwohnung hat ________ Zimmer.
> Das Haus hat einen Garten.
> Das Wohnzimmer hat viel Sonne.

Arbeitsbuch: Ü 1–4
Portfolioübung Ü 4: beschreiben, wo man wohnt und wo man gerne wohnen möchte

A Eine Wohnung suchen
Lernziele und Lerninhalte:

Sprechen:	Telefongespräch mit einem Vermieter, über einen Umzug sprechen
Hören:	Telefongespräch mit einem Vermieter, Wohnungsbesichtigung
Lesen:	Wohnungsanzeigen
Wortschatz:	Wohnung, Wohnungsanzeigen, Umzug
Grammatik:	das Verb *lassen*

Die KT lernen, nach Informationen über eine Wohnung in einem Telefongespräch mit dem Vermieter zu fragen und sie erhalten Unterstützung, wenn sie eine Wohnung besichtigen. In diesem Kontext wird das Verb *lassen* eingeführt.

1

Einleitend gibt es ein allgemeines Gespräch über die Wohnungssuche. Die KT berichten, wie sie ihre Wohnung gefunden haben und tauschen sich aus, wie man eine Wohnung finden kann: Anzeigen, Internet, über Bekannte, durch eine Genossenschaft, eine städtische Wohnungsgesellschaft, durch Kauf usw.

Information zur Landeskunde:
Viele Kommunen haben städtische Wohnungsbaugesellschaften, die günstigen Wohnraum anbieten. Wohnungsbaugenossenschaften haben ebenfalls das Ziel, ihre Mitglieder mit preisgünstigen Wohnungen zu versorgen. Um in einer Wohnungsbaugenossenschaft eine Wohnung zu bekommen, muss man Mitglied sein. Oft beträgt die Wartezeit auf eine Wohnung mehrere Jahre. In Deutschland gibt es heute mehr als 2000 Baugenossenschaften mit ca. 2,2 Millionen Wohnungen.

(Quelle für die Zahlen: http://web.gdw.de/der-gdw/unternehmenssparten/genossenschaften)

Weitere Informationen erhält man z. B. beim Bauverein Breisgau unter *www.bauverein-breisgau.de*

Wohnungsanzeigen kennen die KT bereits aus *Pluspunkt Deutsch A1*, Lektion 3. Lassen Sie die KT zur Wiederholung noch einmal die ihnen bekannten Abkürzungen in den Wohnungsanzeigen erläutern. Ziehen Sie dafür AB-Übung 5 heran.

Durch das Ausfüllen der Tabelle in 1b sollen die KT trainieren, in Anzeigen die wichtigsten Informationen zu erfassen. Nachdem die KT die Tabelle ausgefüllt haben, berichten sie über die Wohnungen und diskutieren, welche Anzeige sie interessant finden. Fordern Sie sie auf, Nebensätze mit *weil* zu benutzen, um diese zu wiederholen, z. B.
Ich finde Anzeige 3 interessant, weil meine Familie groß ist.

Es folgt das Telefongespräch in 1c. Lerngeübte KT schließen das Buch, lernungeübte KT lesen und hören den Text, um die Frage zu beantworten. Lassen Sie die KT in Partnerarbeit Fragen zu dem Dialog schreiben. Die KT reichen die Fragen an das nächste Lernpaar weiter, das sie beantwortet.

Vor den Dialogvariationen (1d) sollten die KT den Dialog in Partnerarbeit laut lesen und wichtige allgemeine Redemittel unterstreichen. Lernungeübte KT beschränken sich bei den Dialogvariationen auf die Anzeigen in 1b, lerngeübte KT schreiben zusätzlich weitere Anzeigen, um die Dialoge zu variieren.

Überlegen Sie gemeinsam mit (lerngeübten) KT, welche weiteren Fragen in einem Vermietergespräch wichtig sein könnten: Sonnenseite, Aufzug, Stockwerk, Renovierung usw.
Geben Sie Redemittel (Fragen und mögliche Antworten) vor, z. B.:

Wo hat man nachmittags Sonne?	*Im Wohnzimmer.*
In welchem Stock …	*Im vierten Stock.*
Gibt es einen … ?	
Ist die Wohnung renoviert?	*Ja, der Vormieter hat die Wohnung renoviert.*

Variante:
Die KT bringen Anzeigenblätter mit Wohnungsanzeigen mit in den Unterricht und suchen Anzeigen, die sie interessant finden, um mit diesen Anzeigen Dialoge zu spielen.

2

Dieses HV präsentiert eine Wohnungsbesichtigung. Bei 2a wird vorhandener Wortschatz zum Thema Wohnung gefestigt und neuer eingeführt (z. B. Arbeitszimmer).
(Lösung 2a: Wohnzimmer, Schlafzimmer, Arbeitszimmer, Küche; 2b: 1R, 2F, 3F, 4R, 5R, 6F)

Varianten:
- Die KT lesen dieses längere Gespräch im Anhang mit verteilten Rollen und variieren die Zimmer, indem sie selbst Dialoge sprechen: Das potenzielle Arbeitszimmer ist nicht klein und dunkel, sondern hell, man kann es als Gästezimmer benutzen, in der Küche ist keine Einbauküche oder eine neue Einbauküche, die Wohnung hat eine Terrasse / keinen Balkon usw.
- Die KT hören das Gespräch ein weiteres Mal, lerngeübte KT formulieren während des Hörens *W*-Fragen, die dann im Plenum oder in Gruppen die Runde machen.

Kopiervorlage 12 A/B Auf Wohnungssuche: Die Kärtchen, Anzeigen und Nachfragen sind verschiedenfarbig (weiß und grau) und sollten außerdem auf verschiedenfarbiges Papier geklebt werden, damit die KT sofort erkennen, welche Rolle sie haben. Schneiden Sie die Anzeigen aus und kleben Sie sie auf festes Papier oder Karton. Jede/r TN bekommt ein Kärtchen, die KT bewegen sich im Kursraum und suchen einen Partner / eine Partnerin. Zu zweit erstellen sie Dialoge, die sie danach im Kurs präsentieren. Bei größeren Gruppen müssen sie dann einige Kärtchenpaare zweimal verwenden. Auf der Vorlage sind die Kärtchen so nebeneinander angeordnet, dass sie zueinander passen. Mit 2c erfolgt der Übergang zur Grammatikarbeit. Einführung von *lassen*. Die KT lesen die Sprechblase in 2a und ordnen sie zu, sodass die Bedeutung klar wird. Lassen Sie die KT auch die beiden anderen Sätze mit *lassen* im Hörtext im Anhang suchen und markieren: *Wir lassen das noch machen. – Ich lasse die Wohnung renovieren. – Die Einbauküche lasse ich auswechseln.*

Erläutern Sie dann, dass *lassen* wie die Modalverben oft mit einem Infinitiv verbunden ist und dass es zu den unregelmäßigen Verben mit Vokalwechsel *a* → *ä* gehört. Verweisen Sie dafür auf den Grammatikkasten. Lassen Sie die Konjugationsformen zusätzlich von einem/einer KT an die Tafel schreiben.

3

Zunächst überlegen die KT, was sie selbst oder alleine machen können, bzw. bei welchen Aktivitäten sie Hilfe brauchen. Anschließend erneut Fragen und Antworten in Partnerarbeit, zunächst anhand der Vorgaben in 3a, dann anhand eigener Notizen (für die die KT vorab einige Minuten Zeit bekommen sollten) in 3b. Partner- oder Gruppenarbeit, individuelle Kontrolle durch den/die KL.

Mögliche Aktivitäten für 3b z. B. *Auto/Fahrrad reparieren lassen, Kleidung reinigen lassen, die Wohnung putzen lassen, sich (beim Kauf von Elektronik, Haushaltsgegenständen) beraten lassen* usw.

Varianten:

- Die KT werfen sich gegenseitig einen Ball zu und fragen und antworten im Kurs, z. B.:
  + *Lässt du / Lassen Sie dein/Ihr Fahrrad reparieren?*
  – *Nein, das mache ich selbst. / Nein, ich lasse das machen.* usw.
- Für lerngeübte KT: Erläutern Sie weitere Bedeutungen von *lassen (den Schirm zu Hause lassen, die Kinder fernsehen lassen* usw.).

Arbeitsbuch: Ü 5–9

B Der Umzug

Lernziele und Lerninhalte:

Sprechen:	sagen, was in einem Zimmer ist und wohin die Sachen kommen, Dialog im Baumarkt
Hören:	Dialog im Baumarkt
Wortschatz:	Werkzeug
Grammatik:	die Verben *legen/liegen* und *stehen/stellen*
Projekt:	den Kursraum renovieren und dekorieren

Im diesem Block geht es um Umzüge, Wortschatz für Werkzeug sowie ein Gespräch im Baumarkt. Außerdem werden die Verben *legen/liegen* und *stellen/stehen* eingeführt.

Die Geschichte von Frau und Herrn Balbay geht weiter. Nachdem sie in Block A die Wohnung besichtigt haben, ziehen sie nun in die Wohnung ein.

1

Das einleitende HV führt in die Situation ein. (Lösung: 1B, 2C, 3A)

2

Einführung der Verben *legen/liegen* und *stehen/stellen*. Zunächst beschreiben die KT das Bild in 2a, um die Wechselpräpositionen + Dativ zu wiederholen, wobei die KT besonders die Verben *liegen* und *stehen* verwenden sollten.

Die Wechselpräpositionen bereiten KT immer wieder Schwierigkeiten Lassen Sie die KT deshalb alle Wechselpräpositionen, die sie in *Pluspunkt Deutsch A1* Lektion 9 bzw. in Lektion 3 dieses Bandes kennen gelernt haben, sammeln und notieren sie diese an der Tafel. Demonstrieren Sie sie, indem Sie z. B. ein Buch auf/unter den Tisch legen oder einen Stuhl vor/hinter/neben den Tisch stellen. Bringen Sie auch wieder einen Ball mit, den Sie in verschiedene Richtungen rollen lassen. (s. hierzu Vorschläge in den Kommentaren zu Lektion 3, Variante nach A4, in den vorliegenden *Handreichungen*).

Anschließend schreiben die KT Sätze wie in der Arbeitsanweisung in 2b und im Heftausriss vorgegeben mit *legen* und *stellen*. Evtl. fällt lernungeübten KT diese Übung nicht leicht. Bilden Sie deshalb nach Lernstärke getrennte Gruppen, damit Sie die lernungeübten KT besser unterstützen können. Geben Sie weitere Hilfen, damit die KT leichter Sätze bilden können: … *auf den Boden – an die Wand – an das Fenster* usw. Danach berichten die KT im Kurs.

Erläutern Sie die weiteren grammatischen Unterschiede der Positionsverben, d. h. das Perfekt bzw. das Partizip II dieser Verben, also den Unterschied, dass *stehen/liegen* unregelmäßig sind, dass *stellen/legen* eine Akkusativergänzung haben.

Variante:
Die KT platzieren verschiedene Dinge im Raum, z. B. das Buch auf dem Tisch, die Stifte am Fenster, die Stühle neben der Tür usw. Die Sätze werden an die Tafel geschrieben. Zwei oder drei KT verlassen den Raum, die anderen KT räumen die Gegenstände um. Anschließend kommen die KT wieder herein und berichten, wohin die anderen KT die Dinge gelegt/gestellt haben.

Kopiervorlage 13 A/B enthält zwei Zimmergrundrisse. KT A zeichnet Möbel in einen leeren Grundriss (Mein Zimmer) und berichtet dann KT B wohin er/sie die Möbel stellt. KT B zeichnet die Möbel von KT A in den unteren leeren Grundriss ein. Und umgekehrt. Am Ende überprüfen die KT ihre Ergebnisse: Wo stehen die Möbel?
Zur weiteren Einübung der Wechselpräpositionen eignet sich auch (noch einmal) die Kopiervorlage 7.

3

In der abschließenden Übung geht es um Einkaufsdialoge im Baumarkt. (Lösung 3a: Farbroller, Wandfarbe)

Diese Übung ist auch zur Einführung von weiterem Wortschatz für Heimwerkerbedarf geeignet, der über die abgebildeten Gegenstände hinausgeht, z. B. in Form eines Wörternetzes, die KT nennen Werkzeuge, die ihnen bekannt sind, z. B.:

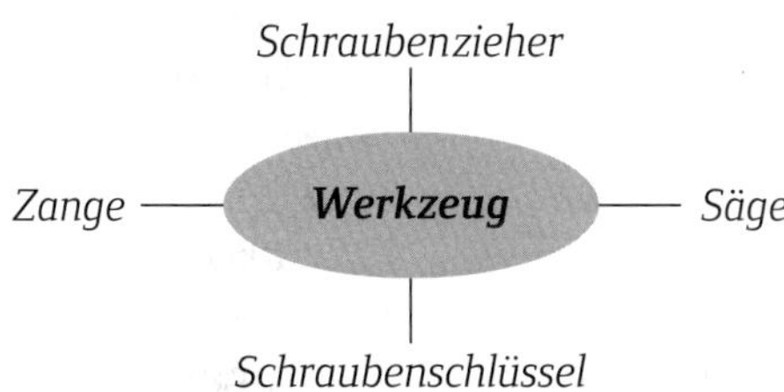

Außerdem berichten die KT, welche Werkzeuge sie zu Hause haben und wie oft, bzw. wofür sie diese brauchen.

Für die anschließende Dialogvariation in 3b ordnen die KT die erforderlichen Werkzeuge aus 3a den Aufgaben im Schüttelkasten zu und lesen den Hörtext von 3a im Anhang nach. Lernungeübte KT beschränken sich zunächst auf den ersten Vorschlag *die Wohnung streichen*, für den sie z. B. folgenden Lückentext verwenden können:

- *Guten Tag, können Sie mir helfen?*
+ *Ja, gern, was kann ich für Sie tun?*
- *Ich möchte* ________________ *und brauche* ________________________.
+ *Ja,* ________________ *haben wir da drüben und die* ________________ *Pinsel finden Sie links* ________________ *im Regal. Wir haben auch ein Sonderangebot:* ________________________ ________________________.
- *Ja, das nehme ich.*
+ *Brauchen Sie auch eine* ________________*?*
- *Nein, eine* ________________ *habe ich schon.*

Anschließend bearbeiten sie den Dialog mit Wohnung tapezieren.

Lerngeübte KT beginnen gleich mit diesem Dialog und arbeiten evtl. mit einer Dialoggrafik:

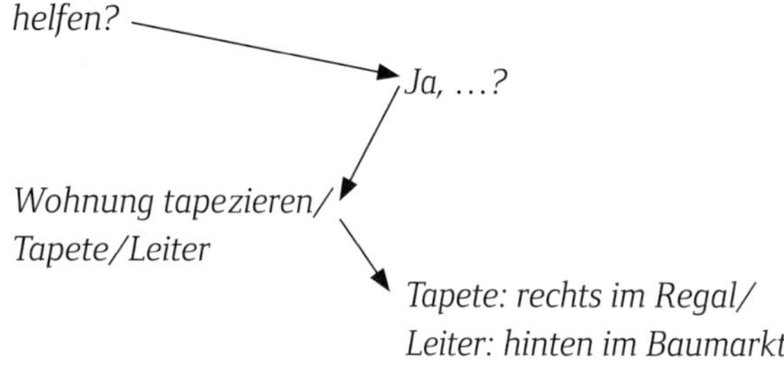

Weitere Möglichkeiten, um diesen Dialog zu erweitern: Der Kunde braucht auch Kleister, Abdeckfolie, einen Tapeziertisch, er sucht nach einer Tapete in einer bestimmten Farbe usw.

Zusätzlich zu den abgedruckten Vorschlägen spielen lerngeübte KT weitere Dialoge: Der Kunde möchte die Heizung lackieren, er braucht Werkzeug, weil er einen Teppichboden verlegen will usw.

4

Bei diesem abschließenden spielerischen Projekt ist die Kreativität der KT gefragt. Sammeln Sie zunächst im Plenum, was die KT im Kursraum gerne verändern würden, z. B. Teppichboden, Tapeten, Vorhänge, Kissen für die Stühle, Bilder an der Wand.

Die KT bilden Gruppen, jede Gruppe bearbeitet einen Renovierungsvorschlag. Zusätzlich sollen die KT das Budget von 300,– € im Auge behalten, d. h., sie sollen überlegen, wie viel ihre Renovierung kosten würde und möglichst nicht mehr als diesen Betrag ausgeben. Die Ergebnisse werden im Kurs gesammelt.

Verweisen Sie auf den Redemittelkasten, mit dem die KT lernen sollen, auf Deutsch zu diskutieren bzw. zuzustimmen, abzulehnen und (Gegen-)Vorschläge zu machen.

Arbeitsbuch: Ü 10–13

C Die neuen Nachbarn

Lernziele und Lerninhalte:

Sprechen: ein Gedicht hören, nachsprechen, variieren
Hören: neue Nachbarn stellen sich vor
Schreiben: ein Gedicht, eine Beziehungsgeschichte
Wortschatz: Adjektive, um das eigene Befinden auszudrücken
Grammatik: reflexive Verben

In diesem Block geht es um Nachbarschaftskontakte, nachdem Familie Balbay in die Wohnung eingezogen ist. Das Grammatik behandelt die reflexiven Verben im Akkusativ.

1

Vor dem ersten Hören beschreiben die KT die Fotos: Wer spricht mit wem, wer sieht freundlich aus, wer weniger freundlich? Lassen Sie die KT Vermutungen anstellen, warum die Personen zu den Nachbarn gehen. (Lösung 1a: Sie wollen sich vorstellen.)
Die Frage in 1b können Sie auch anders besprechen. Wie reagieren die Nachbarn: freundlich, unfreundlich, unfreundlich usw. Lassen Sie die KT Dialog 3 im Anhang nachlesen (Track 48) und weitere Fragen beantworten: *Woher kommen Herr und Frau Balbay? Was sagen die Personen über Rumänien? Wie reagiert der Nachbar auf die Einladung?*

2

Einführung der Reflexivpronomen im Akkusativ. Lassen Sie die KT zunächst die Reflexivpronomen im Dialog unterstreichen, bevor sie sie ergänzen. Erläutern Sie anhand eines der abgedruckten Sätze, dass mit *wir – uns, Sie – sich* und *ich – mich* dieselbe Person gemeint ist. Sie können die Nominativ- und die Akkusativergänzung an der Tafel nicht nur durch einen Pfeil, sondern zusätzlich durch Kreise verdeutlichen:

Wir möchten uns vorstellen.

Lassen Sie die KT den Dialog variieren, z. B.: Herr und Frau Balbay haben einen Sohn und eine Tochter, die Nachbarin hat auch einen Sohn und eine Tochter, die Kinder sind drei bis sechs Jahre alt, sie haben vorher auf dem Land gewohnt, aber die Wege waren so weit o. Ä. So üben die KT nach den Dialogen in *Pluspunkt Deutsch A1*, Lektion 14 eine weitere Gesprächssituation, die für gute Nachbarschaft wichtig sein kann.

Mit dem Würfelspiel werden die reflexiven Verben weiter geübt. Bringen Sie Würfel in den Unterricht mit oder benutzen Sie KV 3 aus den *Handreichungen* zu *Pluspunkt Deutsch A1* (Konjugationswürfel), auf dem anstelle der Zahlen die Personalpronomen stehen. Es werden Gruppen mit je vier Mitspielern/Mitspielerinnen gebildet. Die KT würfeln und bilden die korrekte Form, z. B. *ich freue mich*. Lassen Sie das Spiel evtl. mit weiteren reflexiven Verben üben, z. B. *sich ärgern, sich beeilen.*

3

Bei dieser Übung können sich besonders KT mit schauspielerischem Talent hervortun. Lassen Sie die KT das Gedicht mehrfach sprechen. Die Variationen schreiben die KT in Partnerarbeit, nachdem der Wortschatz in dem Redemittelkasten von 3b geklärt ist. KT, die Lust dazu haben, tragen ihr Gedicht im Plenum vor.

Varianten:

- Die KT tragen die Gedichte zu zweit vor, sie sprechen wechselweise je einen Vers.
- Wettstreit, an dem KT, die Spaß daran haben, ein Gedicht vorzutragen, teilnehmen. Jede/r KT trägt eine eigene Gedichtvariation vor, die anderen KT vergeben Punkte z. B. von 1 bis 5. Der KT mit den meisten Punkten hat gewonnen.
- Fragen und Antworten: Die KT bewegen sich im Raum und fragen andere KT: *Wie fühlst du dich?* – Die gefragten KT antworten und fragen nun ihrerseits. Diese Übung ist paarweise möglich. Je zwei KT fragen zwei andere KT: *Wie fühlt ihr euch?* Diese können z. B. antworten: *Wir fühlen uns gut.*

4

Auch diese Übung kann die Kreativität der KT herausfordern. Zunächst ordnen die KT die Verben zu, wobei unbekannter Wortschatz geklärt wird, anschließend schreiben sie die Geschichte in Einzelarbeit oder Partnerarbeit in einfachen Sätzen im Präsens. KT, die Lust dazu haben, tragen ihre Geschichte im Plenum vor.

Die Grundform dieser Geschichte lässt sich vielfach variieren, sodass sie nicht nur zur Festigung der Reflexivpronomen, sondern auch dazu dienen kann, die Wortstellung im Satz zu üben. Fordern Sie die KT auf, die Geschichte auch mit *zuerst, dann, danach, zum Schluss* oder mit *im Juli, im August*, im Perfekt zu schreiben:
Zuerst haben sie sich kennengelernt. Dann haben sie sich verliebt. usw.

Variante:
Die KT ergänzen: Wo haben sie sich kennengelernt, wo haben sie sich geküsst? usw. und können sich auch einen anderen Schluss überlegen.

Arbeitsbuch: Ü 14–17
Schreibtraining Ü 18: Groß- und Kleinschreibung
Arbeitsbuch – Deutsch plus Ü 19: eine Nebenkostenabrechnung verstehen
Arbeitsbuch – Wichtige Wörter: Ü 1–4
Arbeitsbuch – Bildlexikon Ü 5–9: Wortschatz Wohnen/Aktivitäten beim Umzug

Sprechen aktiv

1
Wörter sprechen: In dieser Übung werden die Adjektive zum Befinden aus Block C wiederholt. Lassen Sie die KT die Fragen und Antworten in 1b variieren:
+ *Wie fühlen sich Tim und Bea?*
– *Tim fühlt sich stark und Bea fühlt sich erschöpft.*
+ *Fühlst du dich auch erschöpft?*
– *Nein, ich fühle mich …*

2–3
Grammatik sprechen: Übung 2 übt weiter das Verb *lassen*. Auch diese Fragen und Antworten kann man variieren, z. B.
Meinst du, es ist gut, dass Pascal seine Hemden bügeln lässt?
Nein, er sollte sie selbst bügeln.
Nein es ist besser, wenn er …
Sollte wird zwar erst in Lektion 9 explizit eingeführt, dennoch können lerngeübte KT auch mit diesem Verb formulieren.

Übung 3 zu den reflexiven Verben, die auch mit dem Verb *sich ärgern* möglich ist.

4
Flüssig sprechen: Ein kurzer Text über einen Umzug wird vorgesprochen und die KT sprechen ihn nach. Es ist für KT häufig schwierig, mehrere zusammenhängende Sätze nacheinander zu sprechen. Das muss man systematisch und regelmäßig üben. Hier können die KT – anschließend an die Nachsprechübung – jede/r nach diesem Modell einen eigenen kleinen Text über einen Umzug überlegen und mündlich (nicht lesen!) vortragen. Die kleinen Texte sollten nicht sofort vor dem Kurs gesprochen werden. Jede/r sollte ihren/seinen Text mehrfach vor sich hin murmelnd für sich sprechen, bevor er im Kurs präsentiert wird.

5
Dialogtraining: Diese Übung baut auf Clip 8 zu Lektion 6 auf. Machen Sie evtl. Vorschläge für die Variation des Dialogendes: Sara und Tobia vereinbaren einen Termin, Tobias macht Vorschläge, wie groß das Regal sein und wie es aussehen soll, sie sprechen über das Material, z. B. *Wo kann man es bekommen? Wie viel kostet es?*

Phonetik: die Vokale *a, ä, e* und *i*, siehe Seite 145 in den *Handreichungen*.

Feste feiern

Auftaktseite

Lernziele und Lerninhalte:

Sprechen: über Feste sprechen, Feste auf Fotos beschreiben, deutsche Feste und Feiertage, Feste in der Heimat

Arbeitsbuch: Ü 1–3

A Einladungen

Lernziele und Lerninhalte:

Sprechen: Einladungsdialoge, über Geschenke sprechen
Lesen: Einladungen
Wortschatz: Geschenke
Grammatik: Ordinalzahlen im Nominativ, Verben mit Dativ und Akkusativ

Kannbeschreibungen GER / Rahmencurriculum:

Kann z. B. Kollegen, Freunde oder befreundete Eltern fragen, ob sie zu einer Feier mitkommen, und einen Termin mit ihnen ausmachen.
Kann sich für eine Einladung bei Kollegen oder Freunden bedanken und zusagen oder freundlich und mit einem Grund absagen.

Arbeitsbuch: Ü 4–10

B Hochzeit

Lernziele und Lerninhalte:

Sprechen: ein Brautpaar beschreiben, über Hochzeitskleidung sprechen, Komplimente machen, eine Hochzeitsgeschichte erzählen, über Hochzeitsgebräuche im Heimatland berichten
Hören: eine Hochzeit mit Pannen
Grammatik: Adjektivdeklination mit dem unbestimmten Artikel und *kein* im Nominativ und Akkusativ, *Was für ein-*

Kannbeschreibungen GER / Rahmencurriculum:

Kann mit einfachen Worten ein Kompliment machen und sich für ein Kompliment bedanken.

Arbeitsbuch: Ü 11–15

C Feiern interkulturell

Lernziele und Lerninhalte:

Sprechen: über Gewohnheiten bei Partys und Festen diskutieren, über Partys in Deutschland und im Heimatland berichten, eine Party planen
Lesen: drei Personen berichten über ihre Erfahrungen auf Festen in Deutschland
Schreiben: Glückwunschkarte
Wortschatz: Glückwünsche

Kannbeschreibungen GER / Rahmencurriculum:

Kann jemandem gratulieren und mit einfachen Worten gute Wünsche aussprechen und sich für gute Wünsche bedanken.

Arbeitsbuch: Ü 16–17
Schreibtraining Ü 18–19: Glückwünsche und Einladungen
Arbeitsbuch – Deutsch plus Ü 20–21: Der Karneval der Kulturen

D Festtage

Lernziele und Lerninhalte:

Sprechen: Feste in aller Welt
Lesen: Interkultureller Kalender
Wortschatz: Feste
Arbeitsbuch – Wichtige Wörter: Ü 1–4
Arbeitsbuch Bildlexikon Ü 5–7: Wortschatz Feste

Phonetik: Endungen hören und sprechen

Kopiervorlagen in den Handreichungen:

KV 14: Fragebogen Geschenke und Feste: Unterschriften sammeln
KV 15 A/B: Adjektivquartett

Themen dieser Lektion sind Feste, Geschenke und Einladungen. Die Grammatikthemen sind Datumsangaben im Nominativ, Verben + Dativ und Akkusativ sowie die Adjektivdeklination im Nominativ und Akkusativ mit dem unbestimmten Artikel und mit *kein* und Fragen mit *Was für ein-?*

Auftaktseite

Lernziele und Lerninhalte:

Sprechen: über Feste sprechen, Feste auf Fotos beschreiben, deutsche Feste und Feiertage, Feste in der Heimat

1–2

Zunächst betrachten die KT die Fotos in Partnerarbeit und tauschen ihr Wissen über die Feste aus. Abgebildet sind:
Weihnachten, Chanukka, das Chinesische Frühlingsfest, Silvester, Baseler Fastnacht / Karneval, Neujahrsfest/Silvester und Ramadan.

> Die Basler Fasnacht beginnt immer am Montag nach Aschermittwoch um 4.00 Uhr morgens mit dem Morgenstreich (Morgestraich) und endet am Donnerstagmorgen. Beim Morgenstreich gehen in der Baseler Innenstadt um 4.00 Uhr die Lichter aus. Dann ziehen maskierte Gruppen mit Laternen und Musik durch die Stadt.

Weitere Informationen zu Festen finden Sie unter Block D in den vorliegenden *Handreichungen*.

Lassen Sie KT, die die genannten Feste kennen und feiern, berichten. Informieren Sie über die Bedeutung von Weihnachten als das wichtigste religiöse und Familienfest in Deutschland neben Ostern. Thematisieren Sie auch, wie man in Deutschland den Geburtstag feiert. Für KT mit Kindern könnte es auch interessant sein, mehr darüber zu erfahren wie man Kindergeburtstage feiert. Auch hier sollten zunächst KT mit Kindern zu Wort kommen: *Waren Ihre Kinder schon auf Geburtstagen eingeladen? Welche Geschenke gab es für das Geburtstagkind?* Lassen Sie die KT auch überlegen, wie groß bzw. wie teuer die Geschenke sind, die man bei Geburtstagen normalerweise schenkt.

2

In den Sprechblasen kommen Datumsangaben im Dativ vor, die die KT bereits aus *Pluspunkt Deutsch A1*, Lektion 11 kennen. Indem Sie diese hier ausführlicher üben, bereiten Sie die Einführung der Datumsangaben im Nominativ im nachfolgenden Block A vor.

Schreiben Sie zur Wiederholung zunächst einige weitere Datumsangaben im Dativ an die Tafel, z. B.:

> *Am sechsten Dezember ist Nikolaustag.*
> *Am vierundzwanzigsten Dezember ist Heiligabend.*
> *Am einunddreißigsten Dezember ist Silvester.*

Die KT sollten die Sätze auch laut lesen. Lassen Sie dann die KT die bereits bekannten Ordinalzahlen u. a. dadurch wiederholen, dass sie ihre Geburtsdaten nennen, z. B. in Form einer Kettenübung: KT 1 nennt sein/ihr Geburtsdatum, KT 2 wiederholt es und nennt das eigene usw. Schreiben Sie die Geburtsdaten, die die KT nennen, an die Tafel. In großen Kursen sollte diese Übung in Gruppen aus fünf bis sieben Teilnehmern/Teilnehmerinnen erfolgen.

Zusätzlich empfiehlt es sich, auch die Regeln für die Ordinalzahlen noch einmal ins Gedächtnis zu rufen. Bereiten Sie ein entsprechendes Arbeitsblatt vor, s. *Pluspunkt Deutsch A1*, Lektion 11, A2.
eins – am ersten
zwei – am zweiten
usw.

Für 2b sollten KT gleicher Nationalität oder KT, die dieselben Feste feiern, in Gruppen zusammenarbeiten, um einen kleinen Vortrag vorzubereiten. Geben Sie dafür weitere Hilfen, z. B. indem Sie das Weihnachtsfest kurz beschreiben und dabei auch auf die Endungen der Datumsangaben aufmerksam machen:
Bei uns feiert man Weihnachten.
Das Fest ist ***vom*** *vierundzwanzigst****en*** *bis* ***zum*** *sechsundzwanzigst****en*** *Dezember.*
*Am vierundzwanzigst****en*** *Dezember gehen viele Leute in die Kirche. Danach …*
*Am fünfundzwanzigst****en*** *…* usw.

Anschließend berichten die KT im Kurs. Weitere Gelegenheiten, Ordinalzahlen, Datumsangaben (und temporale Präpositionen) zu üben, bietet der interkulturelle Kalender in Block D.

Arbeitsbuch: Ü 1–3

A Einladungen

Lernziele und Lerninhalte:

Sprechen: Einladungsdialoge, über Geschenke sprechen
Lesen: Einladungen
Wortschatz: Geschenke
Grammatik: Ordinalzahlen im Nominativ, Verben mit Dativ und Akkusativ

Neben den Themen Einladungen und Geschenke geht es in diesem Block um Verben mit Dativ und Akkusativ. In den Einladungen geht es um private Feste. Fragen Sie die KT einleitend und als Vorentlastung, welche privaten Feste sie kennen, wobei neben Hochzeit, Jubiläum und Geburtstag, die in diesem Block vorkommen, z. B. auch Taufe oder Namenstag genannt werden können.

1

Schreiben Sie für diese Übung eine Tabelle an die Tafel, damit die KT ihre *W*-Fragen systematisieren können:

	Text 1	Text 2	Text 3
Wer?			
Was?			
Wann?			
Wo?			

Nachdem die KT die Aufgabe in Einzelarbeit gelöst haben, stellen sie in Dreiergruppen Fragen. Jede/r KT bearbeitet einen Text, die andere beiden KT antworten, die Ergebnisse werden im Plenum gesammelt. Geben Sie lernungeübten KT Hilfen, um komplette Fragen zu formulieren, für eine Einladung z. B.:
Wer heiratet?
Wann ist die Trauung?
Wo ist die Hochzeitsfeier?

Lerngeübte KT überlegen, welche weiteren *W*-Fragen man stellen kann, bei Einladung 1 z. B.:
Welche Adresse hat das Standesamt?
Wie ist die Adresse vom Standesamt?
Bis wann soll man antworten?

Die anderen KT antworten. Die Ergebnisse werden im Plenum gesammelt.

Die Aufgabe ist auch dazu geeignet, die KT auf Lesestrategien aufmerksam zu machen. Weisen Sie darauf hin, dass es das Textverständnis oft erleichtert, wenn man eine Text mit *W*-Fragen erschließt (s. auch die Anmerkungen zu Lektion 2, Übung C7 und Lektion 3, Übung B4 in den vorliegenden *Handreichungen*.)

Variante:

Die KT schreiben in Partnerarbeit eine Einladung, z. B. für ein Geburtstagsfest. Lernungeübte KT tauschen einfach Datum, Alter, Adresse und Name bei Einladung 3 aus, lerngeübte KT schließen das Buch und schreiben die Einladung frei.

2

Hier geht es um Einladungsdialoge, wobei die Verstehensstrategie mit *W*-Fragen in 2a auf eine Hörübung angewendet wird. Es folgen die Dialogvariationen in 2b: Geändert werden sollen Datum und Uhrzeit, wobei hier Datumsangaben im Nominativ und Dativ das Grammatikthema sind.

Gehen Sie auf den Grammatikkasten neben 2b ein, und schreiben Sie die dortigen Daten an die Tafel, die KT lesen sie laut. Schreiben Sie dann Daten im Nominativ und im Dativ, die Sie z. B. bei Aufgabe 2a auf der Auftaktseite vorher im Dativ geschrieben haben:

> 6. Dezember – Der sechste Dezember ist Nikolaustag.
> 24. Dezember – Der vierundzwanzigste Dezember ist Heiligabend.
> 31. Dezember – Der einunddreißigste Dezember ist Silvester.

Verfahren Sie ebenso mit Daten, die in den Sprechblasen auf der Auftaktseite vorkommen.

Bei den Datumsangaben im Nominativ und im Dativ bereiten vielen KT die Endungen Probleme, weshalb sich eine Drillübung empfiehlt:
am ersten Januar – der erste Januar usw.

Schreiben Sie einige Daten an die Tafel, sprechen Sie diese vor, die KT sprechen nach.

Sammeln Sie für 2c für lerngeübte KT weitere mögliche Dialogvariationen, z. B.: Einladung zu einer Party, Hochzeit, Jubiläumsfeier oder zu einem Fest, weil man die Führerscheinprüfung bestanden hat.

Das Muster solcher Dialoge kennen die KT bereits aus *Pluspunkt Deutsch A1*, Lektion 5, Block D.

3

Schwerpunkt sind hier in Verbindung mit *schenken* Verben mit Dativ und Akkusativ. Die Struktur bzw. die Verben mit Dativ sind den KT bereits aus *Pluspunkt Deutsch A1*, Lektion 11, sowie aus Lektion 5 des A2-Bandes bekannt (*geben, bringen, erklären, zeigen*), hier wird sie bewusst gemacht.

Zunächst ordnen die KT die möglichen Geschenke den Einladungen aus 1 zu. Schreiben Sie dafür den ersten Beispielsatz aus der Sprechblase an die Tafel:

> Man kann Susanne Blumen schenken.

Die KT sollen hier lediglich die Namen und die Geschenke variieren. Wischen Sie zu diesem Zweck *Susanne* und *Blumen* weg:
Man kann ___________ ___________ *schenken.*

Die KT ergänzen die Lücken mit anderen Namen und Geschenken, jede/r KT sagt einen Satz.

Im zweiten Schritt ersetzen Sie die Namen durch die Personalpronomen im Dativ, die sie in Lektion 5 gelernt haben. Verweisen Sie dann auf den Grammatikkasten und erläutern Sie die Reihenfolge von Dativ- und Akkusativergänzung.

Varianten:

- Im Falle lerngeübter KT kann sich eine Diskussion anschließen, die sprachlich komplexer ist:
  Ich finde nicht, dass man Susanne Blumen schenken kann. Ich schenke ihr eine Kerze. usw.
- Zur weiteren Einübung können sich die KT auch selbst beschenken. *KT A hat Geburtstag. Was sollen wir ihr schenken? Vielleicht … KT B hat auch Geburtstag. Was sollen wir ihm schenken?*

4

Anschließend bilden die KT weitere Sätze mit *schenken*, um die soeben gelernte Form zu festigen. Zusätzlich sollte die Inversion, d. h. die Stellung der Dativergänzung in Position 1 geübt werden. Weisen Sie darauf hin und schreiben Sie einen Beispielsatz an die Tafel:

Pos. 1	Verb	
Ich	schenke	meinen Freunden Bücher zum Geburtstag.
Meinen Freunden	schenke	ich Bücher zum Geburtstag.

Erläutern Sie, dass bei Sätzen mit dem Dativ in Position 1 die wichtige Information darin liegt, *wem* man etwas schenkt und nicht, *wer* schenkt.

Anschließend Partnerarbeit, die KT fragen und antworten, machen Notizen und berichten schließlich über ihre Lernpartner/innen im Kurs, z. B.:
Er schenkt seiner Frau Blumen zum Geburtstag.
Ihrem Mann schenkt sie eine Krawatte zu Weihnachten.
u. Ä.

Lassen Sie die KT die Sätze in beiden Varianten sprechen: einmal mit vorangestelltem Nominativ und einmal mit vorangestelltem Dativ. Verweisen Sie auf die Präposition *zu/zum*, die man bei diesen Gelegenheiten verwendet.

So üben die KT mehrere Dinge zugleich: Possessivpronomen im Dativ, die Präposition *zu* und die Dativ- und Akkusativergänzung in Frage- und Aussagesätzen. Evtl. haben lernungeübte KT hier große Probleme. Diese sollten sich auf maximal zwei Fragen und Antworten beschränken.

Nennen Sie weitere Verben mit Dativ- und Akkusativergänzung oder andere Verben, die man mit Akkusativ alleine oder mit Dativ und Akkusativ verwenden kann (*kaufen, kochen, schreiben* usw.) und geben Sie Beispiele:
Er kauft seinem Freund eine CD.
Er kocht seiner Tochter eine Suppe.
Sie schreibt ihm einen Brief.

Variante:
Üben Sie mit Sätzen aus Situationen, die den KT bereits aus *Pluspunkt Deutsch A1* bekannt sind:
Was machen Sie, wenn Ihr Kind krank ist? Was machst du, wenn dein Sohn / deine Tochter krank ist / deine Kinder krank sind?
eine Geschichte vorlesen – Tee/Suppe kochen – Medikamente geben, Schokolade kaufen – …
Ich lese ihm eine Geschichte vor. usw.

5

In dieser abschließenden Übung geht es um einen interkulturellen Vergleich. Lassen Sie die KT einleitend berichten und machen sie eine Liste an der Tafel. Lassen Sie die KT dann berichten, was man zu besonderen Anlässen (z. B. Hochzeit, Geburtstag) schenkt, und ob Geldgeschenke z. B. bei Freunden/Freundinnen oder als Hochzeitsgeschenk passend sind. Fragen Sie die KT auch, ob sie Erfahrungen mit Geschenken in Deutschland haben. Greifen Sie das Thema in Block C noch einmal auf.

Kopiervorlage 14: Fragebogen Geschenke und Feste: Unterschriften sammeln
Die KT laufen durch den Kursraum, suchen für jede Frage auf ihrem Zettel KT, die mit Ja antworten und notieren die Namen. Geben Sie eine Zeitvorgabe (10 Minuten oder auch länger, je nach Größe der Gruppe). Danach berichten die KT, was sie erfahren haben.

Arbeitsbuch: Ü 4–10

B Hochzeit

Lernziele und Lerninhalte:

Sprechen: ein Brautpaar beschreiben, über Hochzeitskleidung sprechen, Komplimente, eine Hochzeitsgeschichte erzählen, über Hochzeitsgebräuche im Heimatland berichten
Hören: eine Hochzeit mit Pannen
Grammatik: Adjektivdeklination mit dem unbestimmten Artikel und *kein* im Nominativ und Akkusativ, Fragen mit *Was für ein-?*

1

Einleitend beschreiben die KT die Kleidung des Brautpaars und das Brautpaar auf Basis der Sprechblasen und des Schüttelkastens. Lassen Sie die KT diskutieren, wie sich die Braut und der Bräutigam fühlen bzw. welchen Gesichtsausdruck sie haben. So werden auch die in Lektion 6 gelernten Reflexivpronomen und Adjektive wiederholt. Aufgabe 1a dient der Vorbereitung von 1b. Lenken Sie für die Einführung der Adjektivdeklination zunächst die Aufmerksamkeit auf den Grammatikkasten und schreiben Sie ihn ohne Adjektivendungen an die Tafel. Die KT schreiben den Grammatikkasten ab und ergänzen die Endungen im Heft, wenn möglich farbig. Besprechen Sie die Lösungen im Plenum und ergänzen Sie die Endungen an der Tafel farbig. Diese Visualisierung ist insbesondere für lernungeübte KT eine Hilfe. Erläutern Sie die Signale, indem Sie die Deklination nach dem bestimmten Artikel der Deklination nach dem unbestimmten Artikel gegenüberstellen:

der graue Anzug → *ein grauer Anzug*
das weiße Kleid → *ein weißes Kleid*
die graue Hose → *eine graue Hose*
die kleinen Ohrringe → *kleine Ohrringe*

Anschließend hören die KT den Text und ergänzen die Endungen (1b). Wichtig ist, dass die KT den Text auch laut lesen, damit sie sich die Endungen bewusst machen.

Bereiten Sie bei 1c für lernungeübte KT Lückentexte vor, für den Bräutigam z. B.:
Der Bräutigam trägt einen elegant__ Anzug, ein weiß__ Hemd und eine schick__ Krawatte.
Verteilen Sie den Text und lesen sie ihn mit Adjektivendungen vor. Die KT ergänzen die Endungen.

Geben Sie für *die Ringe, die Hochzeitstorte* und *das Kleid* insbesondere für lernungeübte KT weitere Adjektive vor: *teuer, elegant, lecker, süß, schnell, golden, …*

Unmittelbar im Anschluss an 1 empfiehlt es sich, die Phonetik zu dieser Lektion im Anhang zu machen, wo die KT Adjektivendungen hören und (nach-)sprechen. Üben Sie die Adjektivdeklination auch mit Gegenständen im Kursraum. Nehmen Sie ein Buch, einen Kugelschreiber und eine Tasche, die KT beschreiben die Gegenstände: *Das ist ein grünes Buch.* usw.

Varianten:

- Die KT spielen Einkaufsdialoge, z. B.:
  - *Kann ich Ihnen helfen?*
  + *Ich suche ein weißes Kleid.*
  - *Hier haben wir weiße Kleider. / Hier ist ein weißes Kleid.*
  + *Tut mir leid, das weiße Kleid gefällt mir nicht.*
  Variationen: *Anzug, Hemd, Hose, …*

- Die KT beschreiben die Kleidung ihrer Lernpartner/innen, z. B.:
  Olga trägt eine blaue Hose, einen roten Pullover usw.

Kopiervorlage 15 A/B: Adjektivquartett: Vier Karten mit verschiedenen Adjektiven gehören immer zu einem Oberbegriff. Ziel ist, die Karten zu bekommen, die zur Bildung eines Quartetts fehlen. Dazu muss der/die Spieler/in die richtigen Adjektivformen nennen. Die Karten werden gemischt, jede/r Spieler/in bekommt zwei Karten.

Beispiel:
Spieler/in A hat die Karte

das Auto
<u>schnell</u>
langsam
groß
klein

Er/Sie braucht für sein Quartett die Karten

das Auto	das Auto	das Auto
schnell	schnell	schnell
<u>langsam</u>	langsam	langsam
groß	<u>groß</u>	groß
klein	klein	<u>klein</u>

Ich suche ein langsames Auto.
zu B: *Hast du ein langsames Auto?*
B: *Nein. Ich suche ein rotes Hemd.*
zu C: *Hast du ein rotes Hemd?*

Wenn B die Karte hat, gibt er sie Spieler/in A. Spieler/in A darf weiterfragen. Hat B sie nicht, fragt B weiter. Wer ein Quartett zusammen hat, legt es ab. Wer keine Karten mehr hat, wartet, bis das Spiel zu Ende ist. Wer am Schluss die meisten Quartette hat, hat gewonnen.

2a

Einführung von *Was für ein –*: Halten Sie z. B. ein Buch, einen Stift oder ein Heft hoch und fragen Sie: *Was für ein Buch ist das? – Ein grünes.* Erläutern Sie, dass man auf eine Frage mit *Was für ein-?* immer mit dem unbestimmten Artikel antwortet und geben Sie weitere Beispiele auch ohne Adjektive:

\+ *Was für ein Buch ist das? – Ein Deutschbuch.*
\+ *Was für ein Heft ist das? – Ein Heft für Notizen.*

Erläutern Sie außerdem die Deklination von *Was für ein-?*
der Stift: *Was für ein Stift ist das? Was für einen Stift haben Sie?*

Verweisen Sie für die anschließende Beantwortung der Fragen auf die Adjektive in 1 und fordern Sie die KT auch auf, Farben zu nennen.

Schreiben Sie für lernungeübte KT zwei oder drei Antwortmöglichkeiten an die Tafel, z. B.

> *Was für ein Kleid trägt eine Braut?*
> – *Ein schönes.*
> – *Ein weißes.*

Partnerarbeit, individuelle Kontrolle durch den/die KL.

Stellen Sie auch die Fragepronomen *Welch-* und *Was für ein-?* einander gegenüber. Halten Sie z. B. zwei Stifte hoch und fragen Sie:

\+ *Welcher Stift ist blau? – Dieser. / Der linke.*
\+ *Welcher Stift gehört Ilona? – Der blaue.*

Machen Sie den KT so bewusst, dass man auf Fragen mit *welch-* immer mit dem bestimmten Artikel oder Demonstrativartikel antwortet.

Variante:
Lerngeübte KT können das Fragepronomen *Was für ein-?* auch im Dativ üben:

\+ *Mit was für einem Stift schreibst du?*
– *Mit einem blauen.*
\+ *Mit was für einem Kleid bist du zur Hochzeit gegangen?*
– *Mit einem weißen.* usw.

2b

Informationsaustausch, durch den die KT die verschiedenen Kulturen näher kennen lernen sollen. Fragen Sie die KT, wie viele Gäste zu einer Hochzeit kommen und ob sie schon einmal eine „typisch deutsche" Hochzeit erlebt haben. Berichten Sie von den Hochzeitsbräuchen, die hierzulande üblich sind. KT können auch geeignete Fotos von der eigenen Hochzeit mitbringen; allerdings sollte dies freiwillig sein. Es gibt KT, die sehr gerne Fotos von ihrer Hochzeit der Familie zeigen, es ist aber auch möglich, dass KT zurückhaltender sind.

3

Diese Übung ist als Partner- oder als Plenumsaktivität möglich. Die KT bewegen sich im Raum, dazu spielt Musik. Wenn die Musik stoppt, sprechen sie mit dem/der KT, der/die in ihrer Nähe steht. Allerdings sollten Sie diese Übung nur machen, wenn die Kurssituation es zulässt.

4

Anstatt die Geschichte zu hören und dabei die Bilder zuzuordnen, können die KT auch umgekehrt vorgehen. Sie bringen die Bilder in Partnerarbeit in eine mögliche Reihenfolge und kontrollieren dann mit der CD. Die KT können die Geschichte in unterschiedlichen Variationen erzählen. Lernungeübte KT beschränken sich darauf, die Sätze zuzuordnen und dann vorzulesen, lerngeübte KT decken 4b ab und arbeiten mit einem Schüttelkasten, in dem nur Stichwörter vorgegeben sind, z. B.:
werfen – gehen – geschlossen sein – feiern – tauschen – suchen
Die Freunde und Verwandten – Reis – ins Restaurant – das Restaurant – Brautpaar/Ringe – ein anderes Restaurant

Schreiben Sie diese Stichwörter an die Tafel oder bereiten Sie ein Arbeitsblatt vor. Partner- oder Einzelarbeit.(Lösung 4a: Reihe oben: 4–6–1, Reihe unten: 2–5–3)

Variante:

- Die KT erzählen die Geschichte im Perfekt.
- Lerngeübte KT überlegen sich eine andere Lösung, nachdem das erste Restaurant geschlossen war.

Arbeitsbuch: Ü 11–15

C Feiern interkulturell

Lernziele und Lerninhalte:

Sprechen: über Gewohnheiten bei Partys und Festen diskutieren, über Partys in Deutschland und im Heimatland berichten, eine Party planen
Lesen: drei Personen berichten über ihre Erfahrungen auf Festen in Deutschland
Schreiben: Glückwunschkarte
Wortschatz: Glückwünsche

Dieser Block hat als Schwerpunkt private Feste in Deutschland, was auch zu einem interkulturellen Vergleich anregen soll, die Organisation einer Kursparty und Glückwünsche.

1

Einleitend geht es darum, wie man sich bei einer Einladung zu einem Fest in Deutschland, aber auch weltweit verhält. Die KT sollen ihre persönliche Meinung sagen.

Variante:

Lassen Sie die KT für verschiedene Feste ankreuzen, was passend ist: bei einer Hochzeit, einem Geburtstag oder einer Party, ob zu dem Fest nur Familienmitglieder kommen, oder überwiegend Freude/Freundinnen und Bekannte.

Geben Sie für den nachfolgenden Meinungsaustausch im Plenum Beispielsätze und Redemittel vor:

+ *Ich finde, dass man zu einer Party die Kinder mitbringen kann.*
– *Ich habe eine andere Meinung. / Ich stimme Dir/ Ihnen zu* usw.

Lassen Sie KT berichten, die bereits auf Partys mit überwiegend deutschen Gästen waren, was auch eine Vorentlastung für die nachfolgenden Texte sein kann. KT, die solche Partys kennen, erhalten für die Lektüre zusätzlich den Auftrag, ihre eigenen Erfahrungen mit denen der Personen in den Texten zu vergleichen.

2

Anschließend lesen die KT die Texte und ergänzen die Tabelle (2a). Auswertung im Plenum, die Ergebnisse werden in der Liste an der Tafel notiert.

2b und 2c sind Aufgaben für eine intensivere Textarbeit, die die KT bereits aus Block B von Lektion 3 kennen (Sonntag in Deutschland). Die KT sollen die Texte wiedergeben, indem sie sie in der 3. Person (2c) bzw. mit *dass*-Nebensätzen wiedergeben, wobei die Notizen aus 2a als Hilfe dienen. Für weitere Vorschläge siehe die Anmerkungen zu Lektion 3, Aufgabe B4 in den vorliegenden *Handreichungen*.

Anschließend berichten KT, die bereits mit Deutschen gefeiert haben, ob die Aussagen mit ihren Erfahrungen übereinstimmen, und die KT berichten über Partys in ihrem Heimatland und vergleichen sie mit Partys in Deutschland (2d).

3

Die Organisation einer Kursparty ist auch als Vorbereitung auf Teil 3 der mündlichen Prüfung des DTZ geeignet, in der die KT gemeinsam etwas planen. Erarbeiten Sie mit lernungeübten KT einen Musterdialog, z. B.:

+ *Wollen wir eine Party feiern?*
– *Das ist eine gute Idee. Ich habe eine große Wohnung mit Platz für _______ Leute.*
+ *Wen laden wir ein?*
– *Vielleicht ___________.*
  Ich kann die Getränke besorgen.
+ *Ich bringe einen Salat mit. Die anderen können auch Essen machen.*

Anschließend spielen sie ihren Dialog zweimal. Beim ersten Mal mit Hilfe des Musterdialogs, beim zweiten Mal ohne.

Verweisen Sie auf die Sprechblasen in 3b und sammeln Sie mit den KT weitere Redemittel, um die Fragen zu beantworten:

+ *Ich möchte gerne eine Party machen.*
  Hast du auch Lust?
– *Ja, klar. / Warum nicht?*
+ *Ich schlage vor, dass wir … einladen.*
– *Ich denke, Samstagabend ist eine gute Zeit für die Party.*

4–5

Hier lernen die KT in Deutschland übliche Glückwünsche kennen. Lassen Sie sie erzählen, was man bei diesen oder ähnlichen Anlässen in ihrer Muttersprache sagt, nachdem sie 4 gelöst haben. Bringen Sie evtl. weitere Karten mit anderen Glückwünschen in den Unterricht mit.

Varianten:

– Wenn die KT ihre kurzen Glückwünsche geschrieben haben, tauschen sie sie aus und korrigieren sie gegenseitig.
– Die KT bringen vorgedruckte Glückwunschkarten in den Unterricht mit, die sie dann in Gruppenarbeit ergänzen. Gemeinsam diskutieren sie, welche Formulierungen am besten passen.

Arbeitsbuch: Ü 16–17
Schreibtraining Ü 18–19: Glückwünsche und Einladungen
Arbeitsbuch – Deutsch plus Ü 20–21: Der Karneval der Kulturen

D Festtage

Lernziele und Lerninhalte:

Sprechen: Feste in aller Welt
Lesen: Interkultureller Kalender
Wortschatz: Feste

1–2

Der interkulturelle Kalender enthält Feste, die die KT den verschiedenen Religionen zuordnen sollen, außerdem verschiedene Gedenktage. Lassen Sie sie den Kalender gruppenweise nach Monaten bearbeiten.
Sofern es lerngeübte KT der jeweiligen Religionsgemeinschaften im Kurs gibt, sollten sie die Bedeutung der Feste erläutern.
Lassen Sie die KT die Fotos mit Festen rechts und links den Terminen im Kalender zuordnen.

Informationen zu ausgewählten Festen:

Pongalfest: tamilisches Erntedankfest

Neujahrsfest: Man feiert es in China zwischen dem 21. Januar und 21. Februar. Es zeigt den Beginn des neuen chinesischen Jahres. Es ist ein Familienfest. Die Jahre werden nach den chinesischen Tierzeichen benannt, am 8. Februar 2016 z. B. begann das Jahr des Affen, am 16. Februar 2018 das Jahr des Hundes. Das Neujahrsfest dauert 15 Tage, in der Volksrepublik China gibt es dann drei gesetzliche Feiertage.

Purimfest: Mit dem Purimfest erinnert das jüdische Volk an seine Errettung in Persien unter der Regierung des damaligen Königs Ahasveros. Vor dem jährlichen Purimfest fastet man einen Tag. Purim ist ein normaler Arbeitstag, an dessen Ende ein feierliches Essen steht. Man verteilt Geschenke und Süßigkeiten.

(Mehr Informationen unter: http://www.feste-der-religionen.de/feste/purim.html)

Holifest: Frühlingsfest in Indien, Fest der Farben. Das Fest dauert bis zu zehn Tage und fängt am Vollmondtag des Monats Phalguna an, nach westlicher Zeitrechnung im Februar oder März. In der ersten Nacht wird ein Feuer entzündet, in dem symbolisch Figuren der Holika verbrannt werden. Es gibt viele Prozessionen und Tänze.

(Basiert auf: http://www.feste-der-religionen.de/feste/holi.html)

Newroz: Kurdisches Neujahrsfest

Pessachfest: Das Fest erinnert an die Befreiung Israels aus Ägypten.

Songkran: Neujahrsfest in Thailand

Roter Mittwoch: Yesidisches Neujahrsfest

Schawuot: Das „Wochenfest“ findet sieben Wochen nach dem Pessachfest statt und ist auch ein Erntedankfest. Man schmückt die Synagogen, man isst Honig und trinkt Milch oder isst milchhaltige Speisen.

(Basiert auf: https://de.wikipedia.org/wiki/Schawuot)

Tag der Französischen Revolution in Frankreich: Der 14. Juli ist der französische Nationalfeiertag. Man feiert den Ausbruch der Französischen Revolution am 14. Juli 1789. Am Abend gibt es überall im Land große Feuerwerke.

Ramadan: Fastenmonat. Die Gläubigen essen und trinken vom Morgengrauen bis zum Sonnenuntergang nicht. Mahlzeiten werden ausschließlich in der Nacht eingenommen.

Ramadanfest (Fest des Fastenbrechens, in der Türkei auch Zuckerfest): Es wird im Islam zum Abschluss des Fastenmonats Ramadan gefeiert. Es ist ein religiöses und ein Familienfest. Man isst viele süße Speisen und es gibt Geschenke. Wichtig ist, dass auch den Armen Geschenke gemacht werden.

Bonfest: Bei diesem Fest gedenkt man in Japan der Toten.

Ganeshafest: In Indien Fest zu Ehren des Gottes Ganesha, der Weisheit, Glück und Erfolg symbolisiert. Besonders in Mumbai wird das Fest gefeiert.

Jom Kippur: Versöhnungstag, wichtigster jährlicher Festtag im Judentum. Er bildet den Höhepunkt und Abschluss der Bußzeit. Er ist ein Fasttag. Am Abend wird in den Synagogen das große Versöhnungsgebet (Kol nidre) gelesen.

Opferfest: Das Opferfest ist der Höhepunkt und Abschluss der jährlichen Pilgerfahrt der Muslime nach Mekka. Das Fest erinnert an den Propheten Ibrahim (Abraham), der auf Gottes Geheiß bereit war, seinen erstgeborenen Sohn Ismail zu opfern. Nach der Tradition soll jede Familie ein Opfertier, wie im Koran vorgeschrieben, auf rituelle Weise schlachten. Das dreitägige Opferfest gehört zu den höchsten Festen der Muslime.

Mondfest: Das Mittherbstfest fällt immer auf den 15. Tag des 8. Monats des chinesischen Mondkalenders, also auf die Mitte des mittleren Herbstmonats. Da am 15. Tag des Mondmonats Vollmond ist, erscheint der Mond am Mittherbstfest in besonders schönen und hellen Licht. An diesem Tag ehren die Chinesen den Mond, deswegen auch der Name Mondfest. Immer noch danken die Men-

schen an diesem Fest dem Mond für die reiche Ernte. Traditionell isst man Mondkuchen.
(Mehr Informationen unter: http://www.chinareise.com/infos/das-chinesische-mittherbstfest-oder-mondfest.php=)
Simchat Tora: Simchat Tora, deutsch „Freude der Tora", d.h. des Gesetzes) ist der letzte der jüdischen Feiertage, an deren Anfang das Laubhüttenfest (Sukkot) steht.
(Mehr Informationen unter: https://de.wikipedia.org/wiki/Simchat Tora)
Dussehrafest: Bei diesem Fest feiert man in Indien den Sieg über die Dämonen (vor allem der Sieg von Rama über Ravana) oder des Guten über das Böse.
Aschura-Tag: Fast- und Bußtag im schiitischen Islam.
Divalifest: Dieses Lichterfest ist ein wichtiges hinduistisches Fest, das mehrere Tage dauert. Man feiert es in Indien, Sri Lanka und Nepal. Die Menschen stehen früh auf, nehmen ein Bad mit gut riechendem Öl. Man zieht neue Kleider an, besucht sich, es gibt Geschenke, überall gibt es Lichterketten. In Nordindien ist Diwali auch der Beginn des neuen Jahres.
(Mehr Informationen unter: http://de.wikipedia.org/wiki/Divali)
Chanukkafest: Das Fest erinnert an die Wiedereinweihung des Tempels im Jahr 164 v. Chr. nach dem Sieg der Makkabäer über König Antiochos IV. Das Fest dauert acht Tage. Jeden Abend wird eine Kerze mehr auf dem Chanukka-Leuchter angemacht.

3

Dieses Plenumsgespräch bietet den KT die Möglichkeit, über die religiösen Traditionen des Heimatlandes und evtl. die eigene Familie zu berichten.
Damit möglichst alle KT zu Wort kommen, sollten die Einzelbeiträge eher kurz sein.

Der interkulturelle Kalender ist auch zur Wiederholung der Jahreszeiten, Monate und Datumsangaben geeignet (s. dazu die Kommentare zur Auftaktseite in dieser Lektion.)

Arbeitsbuch – Wichtige Wörter: Ü 1–4
Arbeitsbuch – Bildlexikon Ü 5–7: Wortschatz Feste

Sprechen aktiv

1

Grammatik sprechen: Wechselspiel. Diese Übung ist eine Mischung aus Grammatik- und Wortschatzübung. In Verbindung mit der Frage *Was für ein-* und der Adjektivdeklination mit dem unbestimmten Artikel werden Kleidungsstücke wiederholt, die die KT in *Pluspunkt Deutsch A1*, Lektion 12 gelernt haben.

2

Wörter sprechen: Übung mit dem Wortschatz Geschenke aus der Lektion. Auch diese Übung verknüpft Wortschatzarbeit mit Grammatik, indem die KT in 2c zum Thema *Wem schenken Sie was?* Fragen stellen und sie beantworten. Dabei bietet sich Gelegenheit, die Inversion zu üben: *Meinen Eltern schenke ich … Ich schenke meinen Eltern …*

3

Flüssig sprechen: Die Sprecherin erzählt von ihrer Geburtstagsfeier. Die KT wiederholen damit noch einmal den Wortschatz und Sätze mit *schenken* (Dativ und Akkusativobjekt). Auch dieser Text kann als Modell für einen eigenen Text dienen und den KT helfen, einen kurzen zusammenhängenden Text flüssig zu sprechen.

4

Dialogtraining: Diese Übung baut auf Clip 9 zu Lektion 7 auf. Thema sind Feste, Einladungen und Glückwünsche. Als weitere Übungsmöglichkeit bieten sich weitere Anlässe für Glückwünsche an (z.B. bestandenes Examen, bestandene Führerscheinprüfung, neuer Job) oder Terminänderungen oder auch, die Einladung abzusagen und dies zu begründen.

Phonetik: Endungen hören und sprechen, siehe Seite 146 in den *Handreichungen*

Dialoge spielen

In acht Sprechanlässen werden Situationen aus den Lektionen 1–7 wiederholt. Für die Situationen sind in den Lektionen Übungen, Modelldialoge, Redemittelkästen oder Textkaraoke im AB vorhanden. (Situation 1: Lektion 5, Situation 2: Lektion 3, Situation 3: Lektion 4, Situation 4: Lektion 5, Situation 5: Lektion 6, Situation 6: Lektion 6, Situation 7: Lektion 6, Situation 8: Lektion 7)

Sie können mit den KT zu einzelnen Situationen Dialoggrafiken erarbeiten, für die (telefonische) Einladung zum Geburtstag, Situation 8, z. B.

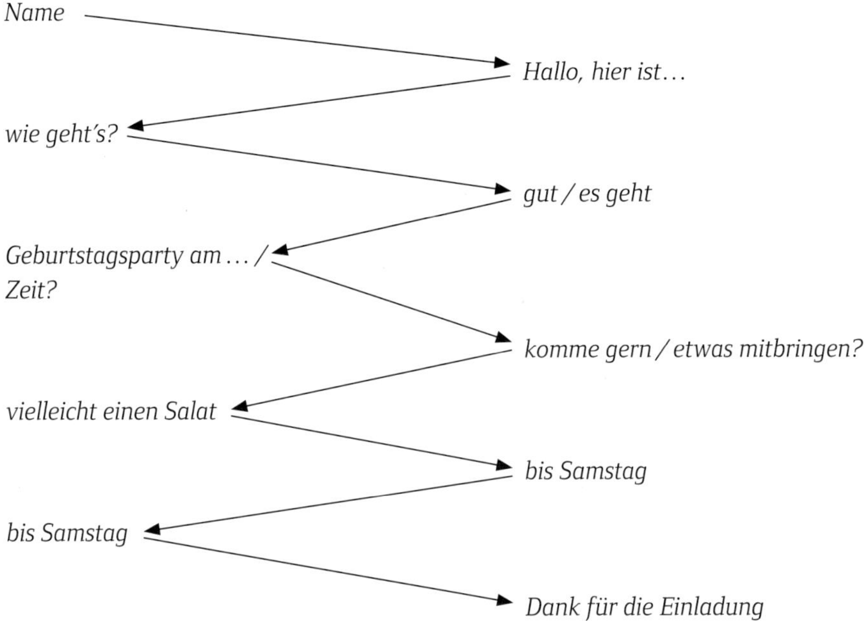

Weitere Variationsmöglichkeiten:
Situation 2: Die KT spielen die Situationen im *Restaurant bestellen und bezahlen* vor.
Situation 5: Andere Daten für die Wohnung, z. B.: 60 m², 2 Zimmer, 1. OG , Warmmiete 600 Euro.
Situation 6: Das Gespräch kann unterschiedlich lang sein. Lernungeübte KT beschränken sich auf kurze Repliken (+ *Guten Tag, wir sind die neuen Nachbarn. Wir heißen … – Freut mich.*), lerngeübte KT erweitern die Dialoge: Man spricht über das Haus, die Wohngegend, Einkaufsmöglichkeiten, die Kinder, evtl. folgt eine Einladung für den nächsten Sonntagnachmittag u. Ä.

Arbeit und Beruf

Handwerksberufe

1

Erstellen Sie ein Wörternetz mit weiteren Handwerksberufen, nachdem die KT die Aufgabe gelöst haben. Fragen Sie einleitend, ob die KT Erfahrungen oder evtl. eine Ausbildung in Handwerksberufen haben. Lassen Sie die KT gegebenenfalls auch über unterschiedliche Arbeitsbedingungen in Deutschland und im Heimatland berichten. (Lösung 1 c: 1 Gärtnerin, 2 Schreiner, 3 Elektrikerin)

Weisen Sie darauf hin, dass die offizielle Bezeichnung für „Installateur" eigentlich „Anlagenmechaniker/in – Sanitär-, Heizungs- und Klimatechnik" ist.

2

Im Interview wird ein kleiner Handwerksbetrieb vorgestellt. (Lösung: 1R, 2R, 3F, 4R, 5F)
Der Schwerpunkt dieser Übung liegt auf den Ausbildungs- und Weiterbildungschancen zum Handwerks-

meister, die in 2b erläutert werden, damit die KT einen weiteren Einblick in das deutsche System der Berufsausbildung erhalten.

Information zur Landeskunde:
Der Meistertitel ist in Deutschland rechtlich geschützt. Man unterscheidet zwischen zulassungsfreien und zulassungspflichtigen Handwerksberufen. Zwar dürfen sich in zulassungsfreien Handwerksberufen auch Handwerker, die keinen Meistertitel haben, selbstständig machen, sie dürfen ihre Betriebe dann aber nicht Meisterbetrieb nennen und sie dürfen nicht ausbilden. Der Malerberuf gehört zu den zulassungspflichtigen Handwerksberufen. Siehe dazu auch die Informationen des Zentralverbandes des deutschen Handwerks unter *http://www.zdh.de/*.

3

In dieser Übung geht es primär um die Redemittel des Handwerkers bei einem Kundengespräch. Die KT sollten den Modelldialog zunächst in Partnerarbeit laut lesen und spielen. Lernungeübte KT beschränken sich auf die leichtere Variation 1, lerngeübte KT decken den Modelldialog ab und spielen die Dialogvariationen frei.

4

Dieses Projekt ist vor allem für KT interessant, die handwerkliche Fähigkeiten oder eine Handwerksausbildung haben. Indem sie Adressen z. B. im Internet und evtl. weitere Informationen über Handwerksbetriebe sammeln, bekommen sie im Idealfall sogar Informationen über mögliche Arbeitgeber, bei denen sie sich bewerben können.

Diversität und Interkulturalität

Zusammenleben im Haus

2a

(Lösung: 2, 5, 6, 7 und 8 können in einer Hausordnung stehen)

2b

Eine Hausordnung können die KT auf diesem Sprachniveau noch nicht verstehen. Trotzdem ist eine Hausordnung aber für die meisten KT Realität und ist auch im Rahmencurriculum vorgesehen: „Kann die wichtigsten Informationen der Hausordnung verstehen".[2] Deshalb lernen die KT hier einige typische Regeln aus Hausordnungen kennen.

A bis G sind Ausschnitte aus einer Hausordnung mit Formulierungen wie sie für diese Textsorte typisch sind. Diese Ausschnitte sollten im Unterricht nicht im Detail erklärt werden. Es geht hier um ein inhaltliches Verständnis der Regelungen. Deshalb lautet die Aufgabe, die Ausschnitte A bis G den in einfacher Sprache formulierten Regeln 1–8 zuzuordnen. (Lösung: 1–F, 2–E, 3–A, 4–G, 5–B, 6–F, 7–A, 8–D)

3

In dieser Aufgabe geht es um den alltagspraktischen Transfer der in Aufgabe 2 erworbenen landeskundlichen Kenntnisse.

Variante: Sie können die KT die Situationen in kleinen Rollenspielen spielen lassen.

4

Diese Aufgabe ist anspruchsvoll. Achten Sie vor allem darauf, dass die KT nicht versuchen, die Hausordnungen Wort für Wort zu verstehen. Ziel muss es jeweils sein, die Regeln in einfachen Worten zu formulieren. Grammatische Korrektheit ist an dieser Stelle zweitrangig.

---

[2] Rahmencurriculum für Integrationskurse Deutsch als Zweitsprache, Fassung vom 21. 3. 2017, www.bamf.de, S. 156.

Prüfungsvorbereitung DTZ

Leseverstehen

Im Kursbuch wird Aufgabe 1 des Prüfungsteils Lesen, im *Arbeitsbuch* werden die Teile 2 und 3 geübt. Teil 4 folgt in *Pluspunkt Deutsch B1*, Teil 5 in der AB-Station 3 des A2-Bandes. Im DTZ besteht hat Teil 1 aus fünf Items, in diesem Modelltest sind es nur vier.

1

Besprechen Sie einleitend die Tipps zum Leseverstehen. Hier wird zum einen konkret erläutert, wie Aufgabe 1 des Prüfungsteils Lesen zu lösen ist, es gibt aber auch Tipps, die auch auf die anderen Aufgaben des Prüfungsteils Lesen anwendbar sind (z. B. zu ähnlichen oder identischen Wörtern.)
Wie beim Hörverstehen gilt auch beim Leseverstehen: Wenn man kein Kreuz macht, weil man die Antwort nicht weiß, verschenkt man in jedem Fall Punkte. Weisen Sie die KT darauf noch einmal darauf hin.
(Lösung: 1a, 2b, 3c, 4b)

Besprechen Sie anschließend, wo sich in den Aufgabenstellungen und im Lesetext die Signalwörter finden, und heben Sie hervor, dass Lesetexte immer solche identische oder ähnliche Signalwörter enthalten, in denen die richtige Lösung versteckt ist.

Besprechen Sie auch die Lösungen der Aufgaben im Arbeitsbuch im Kurs und sammeln Sie die Signalwörter in den Aufgabenstellungen und den Lesetexten gemeinsam mit den KT.

Wichtig: Wie im Teil Hören müssen auch im Prüfungsteil Lesen die Lösungen auf dem Antwortbogen markiert, also ausgefüllt werden. Auf keinen Fall darf man sie ankreuzen.

Neue Chancen

Auftaktseite

Lernziele und Lerninhalte:

Sprechen: Fotos beschreiben, über Erfahrungen im Berufsbildungsinformationszentrum sprechen
Wortschatz: Suche nach Ausbildungsmöglichkeiten, Stellen und Fortbildungen

Arbeitsbuch: Ü 1

A Ich interessiere mich für …

Lernziele und Lerninhalte:

Sprechen: Fragen und Antworten über Interessen, Träume usw. und darüber berichten
Hören: Dialog über Fortbildung
Schreiben: Text über Interessen, Träume usw.
Grammatik: Verben mit Präpositionen

Arbeitsbuch: Ü 2–6

B Etwas Neues lernen

Lernziele und Lerninhalte:

Sprechen: über die eigenen Ziele sprechen, sagen, wozu man etwas macht, sagen, welche Kurse man interessant findet
Hören: Interview mit einer Person, die einen Computerkurs macht
Lesen: Kursangebote, für Personen passende Kurse finden
Wortschatz: Kursangebote, Fortbildung
Grammatik: Nebensätze mit *damit*

Kannbeschreibungen GER / Rahmencurriculum:

Kann die wichtigsten Informationen über Aus- und Weiterbildungsinhalte verstehen.
Kann einfachen Anzeigen zu Aus- und Weiterbildungsangeboten wichtige Informationen entnehmen.

Arbeitsbuch: Ü 7–12

C Sich für einen Kurs anmelden

Lernziele und Lerninhalte:

Sprechen: Informationsgespräche über Fortbildungsangebote, berichten, was für einen Kurs man anbieten kann
Hören: Informationsgespräch über Fortbildungsangebote, Kursanmeldung
Lesen: Angebote für Erste-Hilfe-Kurs, Texte über Tai Chi- und Kochkurse
Schreiben: Kursangebot
Wortschatz: Kursangebote, Fortbildung
Projekt: Was für einen Kurs könnte man anbieten?

Kannbeschreibungen GER / Rahmencurriculum:

Kann die wichtigsten Informationen über Aus- und Weiterbildungsinhalte verstehen.
Kann einfachen Anzeigen zu Aus- und Weiterbildungsangeboten wichtige Informationen entnehmen.
Kann sagen, was er/sie kann, bisher gemacht hat und zukünftig machen möchte.
Kann einen einfachen, klaren Aushang schreiben und eine Dienstleistung anbieten

Arbeitsbuch: Ü 13–16
Schreibtraining Ü 17: Umlaute, Groß- und Kleinschreibung
Arbeitsbuch – Deutsch plus Ü 18–19: Menschen und ihre Hobbys
Arbeitsbuch – Wichtige Wörter: Ü 1–3
Arbeitsbuch Bildlexikon Ü 4–7: Wortschatz Kurse

Phonetik: Lange und kurze Vokale – Wichtige Wörter betonen und genau sprechen

Kopiervorlagen in den Handreichungen:
KV 16: Domino: Verben mit Präpositionen
KV 17: Satzpuzzle: Verben mit Präpositionen

Themen dieser Lektion sind Kurse und Weiterbildung. Die KT lernen Redemittel kennen, um sich für einen Kurs anzumelden, und sie sprechen über ihre eigenen Ziele. Die Grammatik behandelt Nebensätze mit *damit* und Verben mit Präpositionen.

Auftaktseite

Lernziele und Lerninhalte:

Sprechen: Fotos beschreiben, über Erfahrungen im Berufsbildungsinformationszentrum sprechen
Wortschatz: Suche nach Ausbildungsmöglichkeiten, Stellen und Fortbildungen

1

Die Fotos stellen verschiedene Situationen dar, die in der Bundesagentur für Arbeit möglich sind. Die KT sollen sich hier erstmals mit den entsprechenden Angeboten vertraut machen, was dann in Lektion 10 des vorliegenden Bandes und später in *Pluspunkt Deutsch B1* vertieft wird. Lassen Sie die KT die Fotos mit Hilfe des Schüttelkastens beschreiben.

Schließlich berichten KT, die das BIZ kennen, über ihre Erfahrungen, wobei es ihre Aufgabe ist, wenigstens zwei der Redemittel aus dem Redemittelkasten zu verwenden. Evtl. können diese KT anderen KT, die das BIZ oder die Bundesagentur für Arbeit noch nicht kennen, Tipps geben. Lassen Sie die KT sowohl positive als auch negative Erfahrungen nennen und notieren Sie wichtige Informationen an der Tafel.

Arbeitsbuch: Ü 1

A Ich interessiere mich für ...

Lernziele und Lerninhalte:

Sprechen: Fragen und Antworten über Interessen, Träume usw. und darüber berichten
Hören: Dialog über Fortbildung
Schreiben: Text über Interessen, Träume usw.
Grammatik: Verben mit Präpositionen

1

Der kurze Hörtext von Aufgabe 1a dient der Einstimmung auf das nachfolgende Gespräch über Fortbildungen. (Lösung: B)

Anschließend hören die KT den Dialog, der unter 1c auch abgedruckt ist, und beantworten die Fragen von 1b. 1c ist eine Wortschatzübung, damit sich die KT wichtigen Wortschatz für das Themenfeld Fort- und Weiterbildung einprägen.

Informationen zur Landeskunde:
Der Internationale Bund (IB) ist in der Jugend- und Sozialarbeit und in der Bildung engagiert. Er wurde 1949 gegründet. Zu ihm gehören u. a. Bildungszentren und vier Sprachinstitute. Beim Internationalen Bund gibt es auch Integrationskurse.
Weitere Informationen:
http://de.wikipedia.org/wiki/Internationaler_Bund

Aufgabe 1b können lerngeübte und lernungeübte KT unterschiedlich bearbeiten: Lerngeübte KT beantworten die Fragen nur nach dem Hören, lernungeübte KT lesen zusätzlich den Dialog und unterstreichen dort die Wörter, die die Antworten auf die Fragen enthalten.

2

Anschließend lesen die KT den Dialog noch einmal und unterstreichen die Verben mit Präpositionen im Text. Suchen Sie das erste Verb mit Präposition (*sich bewerben um*) gemeinsam mit den KT und unterstützen Sie lernungeübte KT.

Schreiben Sie anschließend die Sätze aus 2b an die Tafel, nachdem die KT die Aufgabe gelöst haben und unterstreichen Sie die Verben mit den präpositionalen Ergänzungen.

Ibolya hat sich um die Stelle beworben.
Sie interessiert sich für die neuen Softwareprogramme.
Sie nimmt an einer Fortbildung teil.
Sie musste lange auf einen Kurs warten.
...

Erläutern Sie anhand dieser Beispiele die Stellung der präpositionalen Ergänzungen. Heben Sie auch hervor, dass im Falle von Verben mit Präpositionen bei den Wechselpräpositionen die Regeln für Dativ und Akkusativ wie bei den Fragen *wo* und *wohin* nicht gelten und dass man immer Verb, Präposition und Kasus zusammen lernen sollte. Weisen Sie darauf hin, dass sehr viele Verben mit Präpositionen reflexiv sind und wiederholen Sie an dieser Stelle noch einmal die Reflexivpronomen, die die KT in Lektion 6 gelernt haben, wozu sich AB-Übung 2 eignet.

Lassen Sie die KT die Verben mit Präpositionen im Grammatikkasten bei 3 auswendig lernen. Fragen Sie sie in den darauffolgenden Tagen mehrfach ab. In einem separaten Heft sollten die KT neu gelernte Verben mit Präpositionen (inklusive Kasus der Präpositionen und Beispielsatz) notieren.

3

Diese Übung ist als Kursraumaktivität geeignet, bei der sich KT im Raum bewegen. Jede/r KT fertigt eine Karte mit zwei oder drei der vorgeschlagenen Fragen an und fragt die anderen KT, die antworten. Die KT notieren die Antworten und berichten anschließend im Plenum. Danach tauschen die KT die Karten aus und stellen erneut Fragen. Beachten Sie, dass an dieser Stelle nur *Ja-/Nein*-Fragen geübt werden sollen. Fragen mit *wo-(r)* + Präposition, der Unterschied zwischen Fragen nach Sachen und Personen sowie die Präpositionalpronomen werden in den Lektionen 13 und 14 eingeführt.

4

Einzelarbeit. Sammeln Sie die Texte ein, um sie außerhalb des Kurses zu korrigieren.

Varianten:

- Für lerngeübte KT bzw. KT, die schon länger in Deutschland leben: Erweitern Sie die Liste der Verben mit Präpositionen, z. B.: *anfangen mit/ schreiben an/ausgeben für* usw. Wichtig ist, dass man mit den Verben einfache *Ja-/Nein*-Fragen oder *W-Fragen (wer, wann, ...)* stellen kann, wie z. B.: *Gibst du viel Geld für Kleidung aus? – Schreibst du oft E-Mails an andere Leute? – Wann fangen Sie am Nachmittag mit den Hausaufgaben an?* Erarbeiten Sie mit den KT zu diesen Verben passende Fragen, sodass die KT in Gruppen fragen und antworten können.
- Verteilen Sie im Unterricht Zettel mit Satzanfängen, z. B. *Ich freue mich immer über ... / Ich freue mich immer auf ...* Die KT ergänzen die Sätze. Sammeln Sie die Zettel wieder ein und verteilen Sie sie neu. Jede/r liest den Satz vor, der auf dem erhaltenen Zettel steht. Die anderen KT raten, wer den Satz geschrieben hat.

In **Kopiervorlage 16** finden Sie ein Domino zu den Verben mit Präpositionen, das die KT in Kleingruppen spielen können. Jede Gruppe bekommt einen Satz Karten und versucht, die Sätze sinnvoll aneinanderzulegen. Auf der Vorlage sind die Karten so angeordnet, dass sie zueinander passen. Die erste und letzte Karte sind die Anfangs- bzw. Schlusskarte und haben deswegen nur ein beschriebenes Feld.

Kopiervorlage 17 enthält ein Satzpuzzle zum Ausschneiden mit Verben mit Präpositionen. Die Sätze 1–4 sind Aussagesätze im Präsens, die Sätze 5–7 *Ja-/Nein*-Fragen und die Sätze 8–12 sind im Perfekt bzw. mit Modalverben. Kopieren Sie die Satzteile und kleben Sie sie auf Karton. Die KT können die Sätze an ihrem Platz zusammenlegen oder an eine Pinnwand heften. Lerngeübte KT erhalten 2–3 Sätze gemischt, lernungeübte KT arbeiten nur mit einem Satz.

Arbeitsbuch: Ü 2–6

B Etwas Neues lernen

Lernziele und Lerninhalte:

Sprechen:	über die eigenen Ziele sprechen, sagen, wozu man etwas macht, sagen, welche Kurse man interessant findet
Hören:	Interview mit einer Person, die einen Computerkurs macht
Lesen:	Kursangebote, für Personen passende Kurse finden
Wortschatz:	Kursangebote, Fortbildung
Grammatik:	Nebensätze mit *damit*

Die KT machen sich mit typischen Kursangeboten z. B. von Volkshochschulen vertraut. Das Grammatikthema sind Nebensätze mit *damit*.

1

(Lösung 1b: Power Point für Anfänger, der Kurs gefällt ihm)
Lassen Sie die KT das Interview ein weiteres Mal hören und stellen Sie dazu Fragen zum Detailverstehen:
Warum macht Herr Thabit den Kurs?
Was kann er am Computer machen?
Was will er mit Power Point machen?
Was machen die Teilnehmer/innen manchmal nach dem Kurs?

Varianten:

- Ein/e lerngeübte/r KT notiert während des Hörens Fragen, die die anderen KT anschließend beantworten.
- Teilweise liegt der Wortschatz der Kursangebote über dem Niveau A2. Trotzdem lassen sich einige Fragen beantworten, auch ohne dass sie im Detail geklärt wurden, z. B.: *Wann findet der Kurs statt? – Wann beginnt er? – Wie viel Termine sind es? – Wie viel kostet der Kurs?* Bilden Sie dafür fünf Gruppen (für jedes Kursangebot eine). Die Gruppen tauschen ihre Fragen aus und beantworten sie. Abschließende Besprechung der Ergebnisse im Plenum.
- Für lerngeübte KT: Klären Sie den Wortschatz, damit diese KT auch Fragen zum Inhalt der Kursangebote stellen können und außerdem, welche Zielgruppen die Kurse haben: Anfänger/Fortgeschrittene, Personen mit guten Grundkenntnissen in Deutsch (B1) usw.

- Bringen Sie das Programmheft einer größeren Bildungsinstitution an ihrem Kurs- oder Wohnort in den Unterricht mit oder fordern Sie die KT auf, für den nächsten Kurstag welche mitzubringen. Die KT bearbeiten das Kursangebot in Gruppen, jede Gruppe übernimmt einen Fachbereich, z. B. Sprachen, Tanz/Bewegung, berufliche Weiterbildung usw. Sie einigen sich z. B. auf zwei Kurse, die sie interessant finden und stellen sie im Kurs vor.

Das Format von 1d entspricht dem Teil Lesen 2 des DTZ.

2

Einführung von *damit*. Zunächst Partnerarbeit, anschließende Besprechung der Lösungen im Plenum. Erläutern Sie anhand des Grammatikkastens die Funktion von *damit* und machen Sie darauf aufmerksam, dass dieses Wort wie die bereits bekannten Konnektoren *weil, dass* und *wenn* Nebensätze einleitet.

Variante:

Verteilen Sie ein Arbeitsblatt, auf dem die Nebensätze aus 2 ungeordnet stehen, die KT bringen sie in die richtige Reihenfolge:

1. *er – damit – bessere Chancen – hat – auf dem Arbeitsmarkt*
   Herr Thabit möchte einen Computerkurs machen, …

2. *sie – Handwerkerkosten – spart – damit*
   Frau Kutskowa möchte einen Heimwerkerkurs machen, …

3. *bei seiner Arbeit – damit – er – hat – keine Probleme mit Briefen*
   Herr Caruso möchte den Kurs „Gutes Deutsch – gute Briefe" machen, …

4. *nähen – sich schicke Kleidung – kann – sie – damit*
   Frau Finke möchte den Nähkurs machen, …

5. *bekommt – Informationen für seine eigene Firma – damit – er*
   Herr Yin möchte einen Existenzgründerkurs machen,

So bietet sich die Möglichkeit, die Endstellung des Verbs in Sätzen mit *damit* zu vertiefen.
Für lerngeübte KT: Heben Sie hervor, dass *wozu* das Fragewort für Nebensätze mit *damit* ist und machen Sie auf den Unterschied zu Sätzen mit *weil* und *wollen* aufmerksam, z. B. anhand von Satz 5 aus Aufgabe 2:

Herr Yin möchte einen Existenzgründerkurs machen,
damit er Informationen bekommt.
weil er Informationen bekommen will.

3

Geben Sie den KT einige Minuten Zeit, damit sie Fragen und Antworten einander zuordnen können. Bringen Sie einen Ball in den Unterricht mit. Die KT werfen sich den Ball zu und fragen und antworten. Weitere Fragen könnten sein: *Wozu haben Sie ein Auto? – Damit ich schneller zur Arbeit komme. / Wozu brauchst du das Wörterbuch? – Damit ich die Texte besser verstehe.* Auch hier können insbesondere lerngeübte KT Fragen und Antworten mit *wozu/damit* und *warum/weil … wollen* variieren.

4

Diese Übung ist wieder als Ratespiel angelegt, die Arbeitsanweisung gibt die Regeln vor.

Arbeitsbuch: Ü 7–12

C Sich für einen Kurs anmelden

Lernziele und Lerninhalte:

Sprechen:	Informationsgespräche über Fortbildungsangebote, berichten, was für einen Kurs man anbieten kann
Hören:	Informationsgespräch über Fortbildungsangebote, Kursanmeldung
Lesen:	Angebote für Erste-Hilfe-Kurs, Texte über Tai Chi- und Kochkurse
Schreiben:	Kursangebot
Wortschatz:	Kursangebote, Fortbildung
Projekt:	Was für einen Kurs könnte man anbieten?

In diesem Block lernen die KT Redemittel, um sich für einen Fortbildungskurs anzumelden. Berufliche Weiterbildung spielt eine sehr große Rolle für KT in Integrationskursen. Weisen Sie sie auf das Internetportal der Bundesagentur für Arbeit unter der Adresse *http://kursnet-finden.arbeitsagentur.de* hin, das einen umfassenden Überblick über Aus- und Weiterbildungsangebote im ganzen Bundesgebiet bietet. Wenn in Ihrer Institution ein Computerraum vorhanden ist, sollten Sie sich eine Unterrichtseinheit Zeit nehmen, damit die KT für sie passende Angebote suchen können.

Lektion 8
Neue Chancen

1

Geben Sie den KT zunächst Zeit, die Anzeige zu lesen, die viel unbekannten Wortschatz enthält. Sammeln Sie Fragen der KT zum Wortschatz an der Tafel und erläutern Sie ihn anschließend. Danach beantworten die KT die Fragen.

2

(Lösung 2a: So schnell wie möglich)
Lassen Sie die KT als Vorentlastung für Aufgabe 2c den Dialog anschließend im Anhang nachlesen und mit den anderen Kursangeboten in der Anzeige variieren. Die KT variieren auch die Termine bzw. den Beginn der Kurse.

Geben Sie den KT bei 2c Zeit, die Anzeigen in B1 und in diesem Block noch einmal zu lesen, bevor sie einen Dialog schreiben und spielen. Lernungeübte KT arbeiten zunächst mit einem Lückentext, für den Kurs MS Office z. B.:

\+ *Guten Tag, mein Name ist ______. Ich möchte mich für einen MS Office Kurs ______.*
\– *Sind Sie Anfänger oder Fortgeschrittener?*
\+ *Ich bin ______.*
\– *Dann empfehle ich Ihnen den Kurs ________.*
Für ein Telefongespräch:
\+ *Guten Tag, mein Name ist ________. Ich möchte einen ________ machen.*
\– *Sind Sie Anfänger oder Fortgeschrittener?*
\+ *Ich bin ______.*
\– *Dann empfehle ich Ihnen den ____________.*
\+ *Wie kann ich mich _______?*
\– *Sie können sich im __________ anmelden oder hier ____________.*
\+ *Vielen ____________ für Ihre ____________.*
\– *Gern ____________.*

Anschließend spielen sie die Dialoge noch einmal mit Hilfe des Redemittelkastens.

Für lerngeübte KT ist auch eine Dialoggrafik denkbar, die Sie außerhalb des Unterrichts vorbereiten. Eine Dialoggrafik kann z. B. wie folgt aussehen:

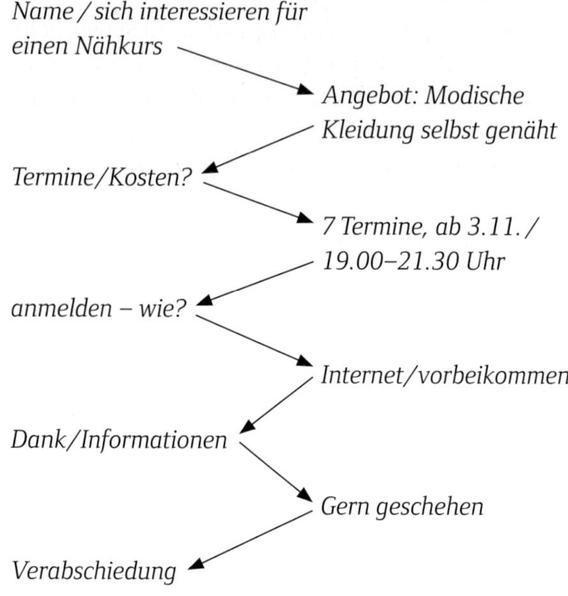

Schließlich formulieren die KT einen Dialog frei ohne weitere Unterstützung.

Kopieren Sie für 2c evtl. den Redemittelkasten, damit die KT nicht hin- und herblättern müssen, wenn sie Dialoge mit den Kursangeboten in B1 spielen.

3

Diese beiden Lesetexte dienen auch als Vorbereitung für das Projekt in 4. Sie sollen die KT ermuntern, über ihre eigenen Fähigkeiten nachzudenken und eigene Kursangebote zu formulieren. Beantwortung der Fragen in Partnerarbeit, anschließende Besprechung im Plenum.

Variante:
Die KT geben den Inhalt der Texte mit *dass*-Sätzen mündlich wieder: *Herr Yang erzählt, dass er …*

4

Lesen Sie zunächst gemeinsam mit den KT die Kursangebote und geben Sie den KT dann einige Minuten Zeit, Notizen zu dem zu machen, was sie können. Der Schüttelkasten soll als Anregung dienen. Anschließend schreiben sie ein eigenes Kursangebot. Die Kursangebote werden dann auf ein Plakat geklebt und im Kursraum aufgehängt.

Lernungeübte KT beschränken sich auf einen kurzen Text wie z. B. bei den abgedruckten Kursen: *Entspannung am Morgen: Yoga*, lerngeübte KT können nach dem Vorbild der Kursangebote in B 1 auch detaillierte Informationen zu ihrem Kursangebot geben, z. B.: *Für wen ist der Kurs geeignet?, Was lernt man?*

Varianten:

- Die KT berichten auf Basis ihrer Notizen darüber, was sie können und warum dies für andere interessant sein kann. Notieren Sie die Ideen mit den Namen der KT an der Tafel. Dann werfen sich die KT einen Ball zu. KT A (hat den Ball), formuliert mit Hilfe der Informationen an der Tafel einen Satz, z. B.: *Maria kann gut malen. Sie kann einen Malkurs anbieten* und wirft den Ball KT B zu.
- Wenn die KT ihre Kursangebote geschrieben haben, spielen sie mit ihnen Informations- und Anmeldedialoge wie in 3 und 4.

Arbeitsbuch: Ü 13–16
Schreibtraining Ü 17: Umlaute, Groß- und Kleinschreibung
Arbeitsbuch – Deutsch plus Ü 18–19: Menschen und ihre Hobbys
Arbeitsbuch – Wichtige Wörter: Ü 1–3
Arbeitsbuch – Bildlexikon Ü 4–7: Wortschatz Kurse

Sprechen aktiv

1

Wörter sprechen: Diese Übung ist eine Mischung aus Wortschatz- und Grammatikübung, die KT sprechen Sätze mit Verben mit Präpositionen. Die Übung lässt sich durch Minidialoge erweitern:

+ *Ich interessiere mich für Musik. Und Sie?*
– *Ich interessiere mich auch / nicht für Musik.*

2–3

Grammatik sprechen: Thema sind Finalsätze mit *damit* sowie Fragen mit *wozu*. Fordern Sie insbesondere lerngeübte KT bei Übung 3 auf, weitere Fragen zu schreiben, die die Lernpartner/innen ohne Vorgabe frei beantworten.

4

Flüssig sprechen: Flüssig sprechen trainiert anhand von Fragen die neue Grammatik der Verben mit Präpositionen. Wenn Sie explizit Intonationstraining machen möchten, können Sie hier auf die steigende Melodie der *Ja-/Nein*-Fragen hinweisen. Diese Melodie ist für Sprecher/innen aus vielen anderen Muttersprachen sehr ungewohnt. Der Satzakzent wird tief gesprochen von dort ausgehend bis zum Ende der Frage steigt die Melodie an.

Freuen Sie sich auch auf den Sommer? ↗

Freuen Sie sich auch über Geschenke? ↗
Ärgern Sie sich auch über Politiker? ↗
Ärgern Sie sich auch über das Wetter? ↗
Interessieren Sie sich auch für Fußball? ↗
Interessieren Sie sich auch für Mode? ↗

Diese fallend-steigende Melodie können Sie auch durch eine Handbewegung verdeutlichen (lassen).
In einem zweiten Durchgang können die KT die Fragen jede/r für sich beantworten. Das kann entweder der komplette Satz als Antwort sein, z. B. *Ja, ich freue mich auch auf den Urlaub*. Dann trainieren Sie noch einmal die grammatische Struktur. Oder Sie können kurze, emotional gefärbte Antwortmöglichkeiten sammeln und die KT reagieren lassen, z. B. *Ja, natürlich!* oder *Nein, überhaupt nicht!*. Dann üben Sie die flüssige Reaktion in Gesprächen.

5

Dialogtraining: Diese Übung baut auf der Videosequenz 10 zu Lektion 8 auf. Thema sind Fortbildungen. Sammeln Sie für 5b: *Was könnten die beiden zusammen machen?* gemeinsam mit den KT Ideen, bevor diese den Dialog weiterschreiben, z. B.: Sie machen zuerst gemeinsam einen Existenzgründerkurs, sie bauen die Tanzschule gemeinsam auf und teilen sich die Arbeit.

Phonetik: lange und kurze Vokale, wichtige Wörter betonen und genau sprechen, siehe Seite 146 in den *Handreichungen*.

Gesund leben

Auftaktseite

Lernziele und Lerninhalte:

Sprechen: über Fotos sprechen: Was ist gut für die Gesundheit?
sagen, wie man sich gut entspannt und gesund bleibt
Wortschatz: Entspannung, Gesundheit

Arbeitsbuch: Ü 1–2

A In der Arztpraxis

Lernziele und Lerninhalte:

Sprechen: über Ärzte sprechen,
berichten, wie oft man sein Kind untersuchen lässt
Hören: Gesundheits-Check,
Vorsorgeuntersuchungen,
Gespräch beim Kinderarzt
Wortschatz: Untersuchung beim Arzt

Kannbeschreibungen GER / Rahmencurriculum:

Kann im Gespräch mit dem Arzt einfache Informationen zum Gesundheitszustand geben und einfache Verhaltensweisen (Behandlung, Medikamente) verstehen.

Arbeitsbuch: Ü 3–8

B Medikamente

Lernziele und Lerninhalte:

Sprechen: Gespräche in der Apotheke über Medikamente,
über die Hausapotheke sprechen,
Ratschläge geben
Hören: Gespräche in der Apotheke über Medikamente
Schreiben: Fragen in der Apotheke
Wortschatz: Apotheke, Medikamente, Hausapotheke
Grammatik: *sollen* im Konjunktiv II + Infinitiv

Kannbeschreibungen GER / Rahmencurriculum:

Kann im Gespräch mit Apothekern relevante Informationen verstehen, z. B. Höhe der zu zahlenden Gebühr, Abholung des Medikaments.
Kann Ratgebern relevante Informationen zum Thema Gesundheit entnehmen.

Arbeitsbuch: Ü 9–11

C Ernährung und Gesundheit

Lernziele und Lerninhalte:

Sprechen: gesundes und ungesundes Essen,
Gespräch über Vegetarier und Veganer,
Gesundheitstipps und Ratschläge geben
Lesen: vegetarisch essen, Gesundheitstipps
Wortschatz: Lebensmittel

Arbeitsbuch: Ü 12–14
Schreibtraining Ü 15: Wörter in einem Entschuldigungsbrief ergänzen, einen Entschuldigungsbrief schreiben
Arbeitsbuch – Deutsch plus Ü 16: Rezept für Maultaschen
Arbeitsbuch – Wichtige Wörter: Ü 1–4
Arbeitsbuch Bildlexikon Ü 5–7: Im Ärztehaus

Phonetik: Ach-Laut und *k,* Ich-Laut und *sch,* Ach-Laut und Ich-Laut

Kopiervorlagen in den Handreichungen:
KV 18: Reaktionsspiel: Ratschläge geben
KV 19: Ernährungspyramide

Schwerpunkt dieser Lektion ist das Thema Gesundheit. Es geht um Ernährung, Entspannung, Gespräche beim Kinderarzt und in der Apotheke sowie um die Hausapotheke. Die Grammatik behandelt *sollte* + Infinitiv.

Auftaktseite

Lernziele und Lerninhalte:

Sprechen: über Fotos sprechen: Was ist gut für die Gesundheit?
sagen, wie man sich gut entspannt und gesund bleibt

Wortschatz: Entspannung, Gesundheit

1 a, b

Die Fotos beleuchten verschiedene Aspekte des Themas Gesundheit: gesunde Ernährung, Stress, Fitnessstudio, Verkehr/Lärm / schlechte Luft, Joggen, Massage und Entspannung bei Gartenarbeit oder im Café. Die KT beschreiben zunächst mit Hilfe des Schüttelkastens, was sie auf den Fotos sehen bzw. was die Personen machen. Sammeln Sie gemeinsam mit den KT weiteren geeigneten Wortschatz, für das Foto im Garten z. B.: *Blumen pflanzen, eigenes Gemüse ernten, Rasen mähen, Gartenarbeit, ruhig, kein Stress, entspannend oder* für Foto 5: *müde, angespannt, zu viel Arbeit, keine Lust mehr.*

Variante:

Die KT wählen ein Foto aus und schreiben in Partnerarbeit dazu einen kleinen Text.
(Lösung 1b: Herr Duarte: Foto 2 und Foto 5,
Frau Fischer: Foto 4 und Foto 8)

1 c

In dieser Übung berichten die KT, wie sie sich selbst entspannen oder was sie für ihre Gesundheit tun. Fordern Sie die KT auch auf zu berichten, was man in ihren Heimatländern unter einem gesunden Leben versteht. Sammeln Sie die Ideen und Aktivitäten der KT an der Tafel, die KT schreiben sie in ihr Heft. Es folgt eine Diskussion darüber, wie die KT die Ideen und Aktivitäten der anderen finden.

Da das Verständnis von dem, was gut für Entspannung und Gesundheit ist, von Kultur zu Kultur sehr unterschiedlich ist, ergibt sich evtl. eine interessante Diskussion.

Arbeitsbuch: Ü 1–2

A In der Arztpraxis

Lernziele und Lerninhalte:

Sprechen: über Ärzte sprechen, berichten, wie oft man sein Kind untersuchen lässt

Hören: Gesundheits-Check, Vorsorgeuntersuchungen, Gespräch beim Kinderarzt

Wortschatz: Untersuchung beim Arzt

In diesem Block geht es um Vorsorgeuntersuchungen sowie den Besuch beim Kinderarzt und um das Verb *lassen*, das in Lektion 6 eingeführt wurde.

1

Diese Aufgabe bietet die Möglichkeit, Wortschatz zum Thema Fachärzte, der in *Pluspunkt Deutsch A1*, Lektion 8, Auftaktseite eingeführt wurde, zu wiederholen (Kinderarzt, Zahnarzt, Augenarzt, Hausarzt). Erarbeiten Sie mit den KT eine Liste wichtiger Fachärzte: Hautarzt, Chirurg, Orthopäde, Urologe, Gynäkologe, HNO-Arzt usw. und diskutieren Sie, wann man diese Ärzte aufsucht, siehe auch das *Bildlexikon* im *Arbeitsbuch* zu dieser Lektion.
(Lösung 1b 1 Hausarzt, Blutdruck messen, 2 Augenarzt, Augenkontrolle, 3 Zahnarzt, Zahnkontrolle)

2

Die KT decken den Dialog zunächst ab. Der Kurs klärt gemeinsam die Checkliste rechts neben dem Dialog. Danach hören sie den Dialog, ohne ihn zu lesen und kreuzen in der Checkliste an. Anschließende Kontrolle der Lösungen, indem die KT den Dialog lesen. Es bietet sich an, dass im Kurs weitere Fragen zum Dialog formuliert werden, geben Sie dafür ggf. Fragewörter vor, z. B.: *Wie (alt ist die Frau?) Wie (sind die Cholesterinwerte?) Was (hat die Frau schon länger?)*

Sofern bei Aufgabe 1 noch nicht geschehen, sollten Sie an dieser Stelle auch relevanten Wortschatz zum Thema, z. B. *Rezept, Gesundheitskarte, Krankschreibung, Bonusheft* wiederholen, wofür auch AB-Übung 5 geeignet ist.

Außerdem bietet sich Gelegenheit, die Körperteile, die ebenfalls in *Pluspunkt Deutsch* A1, Lektion 8 eingeführt wurden, zu wiederholen, z. B. indem Sie eine Figur an die Tafel zeichnen und dann die KT die Körperteile ergänzen lassen oder in Form eines Wörternetzes (s. dazu die *Handreichungen* zu *Pluspunkt Deutsch A1*, Lektion 8, S. 56).

Anschließend lösen die KT Aufgabe 2b. Insbesondere für KT mit Kindern ist der Hinweis auf die neun Vorsorgeuntersuchungen in dem Text interessant. Lassen Sie KT mit Kindern evtl. berichten oder geben sie selbst weitere Informationen.

Informationen zur Landeskunde:

Vorsorgeuntersuchungen für Kinder und Jugendliche

Nur ein ausgebildeter Kinder- und Jugendarzt kann feststellen, ob die Entwicklung eines Kindes wirklich normal verläuft. Nach der Entlassung des neugeborenen Kindes aus der Klinik erhält die Mutter ein gelbes Kinder-Untersuchungsheft, in das alle Untersuchungsergebnisse eingetragen werden. Das gelbe Vorsorgeheft muss zu jeder Vorsorgeuntersuchung beim Kinderarzt mitgebracht werden. Deshalb sollte man es sicher aufbewahren.
Zusätzlich zum gelben Vorsorgeheft erhalten Eltern noch ein grünes Checkheft für weitere Vorsorgeuntersuchungen, die nicht im gelben Heft stehen, jedoch als sinnvoll angesehen werden. Im gelben Vorsorgeheft fehlen noch einige Vorsorgeuntersuchungen, da man es seit seiner Entstehung in den Siebzigerjahren kaum überarbeitet hat.
Der Berufsverband der Kinder- und Jugendärzte (BVKJ) hat zusätzliche Vorsorgeuntersuchungen, wie z. B. die U10, U11 und J2, die nicht im gelben Heft enthalten sind, im Vorsorgeheft „Paed.Plus®" zusammengefasst, um eine bessere Übersicht zu gewährleisten.
Die Vorsorgeuntersuchungen U1-U9 und J1 sind für die Kinder und Jugendlichen kostenlos. Die weiteren vom Berufsverband der Kinder- und Jugendärzte empfohlenen Gesundheitschecks U10, U11, J2 werden allerdings nicht von allen Krankenkassen erstattet. Viele Bundesländer haben für einen Großteil der Vorsorgeuntersuchungen eine Meldepflicht eingeführt. Die Vorsorgeuntersuchungen sind verpflichtend, und versäumte Termine werden angemahnt.
(Weitere Informationen unter: https://www.kinderaerzte-im-netz.de/vorsorge)

3

(Lösung 3a: Vorsorgeuntersuchung U 9, 3b:
1. Max kommt zur Vorsorgeuntersuchung.
2. Der Arzt kontrolliert die Augen.
3. Auf dem Bild spielt ein Junge mit dem Ball. Max spielt mit dem Hund.
4. Die Mutter möchte Informationen über die Impfung.)

Im Anschluss an das HV können KT mit Kindern zu Wort kommen und über ihre Erfahrungen berichten und ggf. auch darüber, ob der Kinderarzt die Kinder so untersucht bzw. behandelt hat, wie es die KT erwartet haben, bzw. ob es etwas gab, was sie überrascht hat. Geben Sie insbesondere für lernungeübte KT Redemittel vor, z. B.:
Ich war mit meinem Sohn / meiner Tochter / meinen Kindern schon oft beim Kinderarzt.
Er hat die Augen/Ohren … untersucht.
Mein Kind hatte Angst / keine Angst.
Der Kinderarzt war nett/freundlich …
Wir mussten nur kurz/lange im Wartezimmer warten.
Ich konnte gut / nicht gut verstehen, was der Kinderarzt / die Kinderärztin gesagt hat.
Ich hatte (keine) Probleme mit dem Kinderarzt / der Kinderärztin.

In 3c und 3d wird das Verb *lassen* wiederholt, das in Lektion 6 eingeführt wurde.

Arbeitsbuch: Ü 3–8

B Medikamente

Sprechen: Gespräche in der Apotheke über Medikamente, über die Hausapotheke sprechen, Ratschläge geben
Hören: Gespräche in der Apotheke über Medikamente
Schreiben: Fragen in der Apotheke
Wortschatz: Apotheke, Medikamente, Hausapotheke
Grammatik: *sollen* im Konjunktiv II + Infinitiv

1

(Lösung: 1a: Dialog 4, 1b: 1B, 2A, 3B, 4C)
Aufgabe1c dient als Vorentlastung für 2. Zusätzlich sollten die KT Dialog 4 im Anhang laut lesen.

2

Sammeln Sie die Fragen gemeinsam mit den KT im Plenum und schreiben Sie sie an die Tafel. Je nach Lernstärke der KT kann die Dialogarbeit unterschiedlich erfolgen. Lernungeübte KT beginnen mit einem Lückentext, lerngeübte KT mit einer Dialoggrafik.

Für einen Lückentext können die KT die Dialoge aus 1 bearbeiten, Dialog 4 z. B. wie folgt:
\+ *Guten Tag.*
– *Guten Tag, haben Sie dieses ____________?*
\+ *Ja, das haben wir. Hier, bitte schön.*
– *Wie oft muss ich die ____________ einnehmen?*
\+ *Moment, ich lese den ____________. Sie müssen die Tabletten ____________ ____________ nehmen. Wenn Sie einen empfindlichen ____________ haben, empfehle ich Ihnen, dass Sie die Tabletten nach dem ____________ nehmen.*

+ *Wieso? Welche ____________ haben sie denn?*
– *Meistens keine, aber es kann schon mal zu ____________ kommen. Selten haben Patienten auch ____________. Aber die meisten Patienten haben keine ____________.*
+ *Gut. Wie viel ____________ das?*
– *Fünf Euro, bitte.*

Eine Dialoggrafik kann wie folgt aussehen:

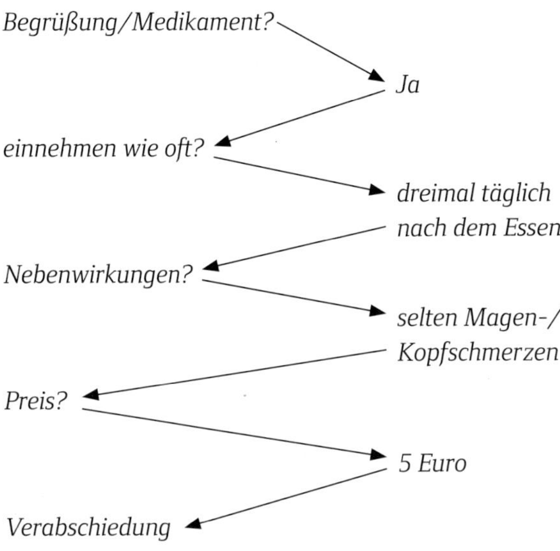

Ziehen Sie zur Vorbereitung der Dialoge auch die AB-Übungen 9 und 10 heran.

Variante:
Die KT spielen ein Beratungsgespräch für Medikamente ohne Rezept. Geben Sie entsprechenden Wortschatz vor, z. B.:

– *Ich suche ein Medikament gegen Rückenschmerzen/Halsschmerzen/Kopfschmerzen ….*
+ *Wie groß soll die Packung sein?*
– *10/20/30 Tabletten – 10/20 Milliliter …*
+ *Wie oft / Wie lange soll ich das Medikament nehmen?*
– *Einmal/zweimal/dreimal täglich – vor jeder Mahlzeit – eine/zwei Wochen*
+ *Wie viel kosten die Tabletten/Tropfen / das Medikament?*

3

Hier geht es um die Hausapotheke sowie um das Modalverb *sollen* im Konjunktiv II + Infinitiv für Ratschläge und Empfehlungen. Hauptziel des Textes in 3a ist die Einführung der neuen Grammatik.

Nachdem die KT Aufgabe 3a gelöst haben, heben Sie zunächst den Unterschied zur Präteritumsform *sollte*, hervor, indem Sie zwei Sätze in unterschiedlichen Kontexten einander gegenüberstellen:

Gestern sollte ich die Wohnung aufräumen, aber ich hatte keine Lust.
Wir bekommen am Sonntag Besuch und sollten deshalb die Wohnung am Samstag aufräumen.

Dann ergänzen die KT den Grammatikkasten in 3b.

Weisen Sie darauf hin, dass die KT nach höflichen Bitten mit *könnte* in Lektion 5, Block B hier eine weitere Anwendungsmöglichkeit des Konjunktiv II kennenlernen.

Bevor die KT bei 3c in Partnerarbeit fragen und antworten, sollten Fragen und Antworten zunächst im Plenum die Runde machen. Bei Aufgabe 3d bietet sich Gelegenheit, die Empfehlungen mit einer kleinen Diskussion zu verbinden, in der die KT Redemittel für Zustimmung, Ablehnung, Argumentieren usw. verwenden, was in der Sprechblase mit *Ja, das ist wichtig aber,…* auch angedeutet ist. Sammeln Sie dafür geeignete Redemittel an der Tafel.

Ja, der Vorschlag ist gut.
Ich finde es besser, wenn man …
Man sollte vielleicht lieber …
Aber man sollte auch … haben.

Varianten:

– Lassen Sie auch Ratschläge und Tipps z. B. zum effektiven Deutschlernen, zu Sehenswürdigkeiten im Heimatort, in Deutschland, Europa oder in aller Welt, zu Restaurants am Wohn- oder Kursort usw. geben.
– Die KT arbeiten z. B. in Dreier- oder Vierergruppen, jede/r KT formuliert ein Problem, die anderen KT geben Ratschläge.

Kopiervorlage 18 enthält Kärtchen mit Problemen und Kärtchen mit Ratschlägen. Die KT bewegen sich im Raum, suchen den passenden Partner / die passende Partnerin und sprechen Minidialoge. Die Kärtchen, sind verschieden farbig (weiß und grau) und sollten außerdem auf verschiedenfarbiges Papier geklebt werden, damit die KT sofort erkennen, welche Rolle sie haben. Sagen Sie den KT vor Durchführung der Aktivität, dass sie Ratschläge mit *sollte* geben sollen.

Weitere Übungsmöglichkeiten für *sollte* bieten der nachfolgende Block *Ernährung und Gesundheit* und die Ratschläge für ein Bewerbungsgespräch in Block C von Lektion 10.

Arbeitsbuch: Ü 9–11

C Ernährung und Gesundheit

Lernziele und Lerninhalte:

Sprechen: gesundes und ungesundes Essen, Gespräch über Vegetarier und Veganer, Gesundheitstipps und Ratschläge geben
Lesen: vegetarisch essen, Gesundheitstipps
Wortschatz: Lebensmittel

1

Die Übung eignet sich zur Wiederholung des Wortschatzes Lebensmittel, den die KT in *Pluspunkt Deutsch A1*, Lektion 6 kennengelernt haben. Gehen Sie mit den KT die Nahrungsmittel durch und erweitern sie den Wortschatz. Arbeiten Sie wie in den *Handreichungen* zu *Pluspunkt Deutsch A1* vorgeschlagen mit Lebensmittelprospekten (s. Block B, S. 46).

Nachdem der Lebensmittelwortschatz wiederholt wurde, sollten die KT bei 1a und 1b in den Gruppen möglichst frei und ungestört arbeiten, Sie sollten nur kontrollieren, ob die KT die Lebensmittel orthographisch korrekt und mit den richtigen Artikel bzw. der korrekten Pluralform notieren. Die Plakate werden im Kursraum aufgehängt.

Es folgt eine Diskussion, wie oft man die Nahrungsmittel essen sollte, wofür eine Ernährungspyramide hilfreich sein kann (1c). Diese finden Sie im Internet z. B. unter: *https://de.wikipedia.org/wiki/Ernährungspyramide*.

In **Kopiervorlage 19** finden Sie zur Veranschaulichung eine Ernährungspyramide. Auch hiermit lässt sich der Lebensmittelwortschatz noch einmal festigen und erweitern. Außerdem kann sie eine sinnvolle Vorbereitung auf die weiteren Diskussionen in Aufgabe 2 sein.

Wie beim Thema Gesundheit allgemein gilt auch für die Ernährung, dass die Ergebnisse je nach Land und Kulturkreis sehr unterschiedlich sein können, weshalb hier interkulturelle Vergleiche möglich sind.

Varianten:

- Sofern die KT entsprechende Rezepte auf Deutsch haben, können Sie sie auffordern, Rezepte aus der heimischen Küche in den Unterricht mitzubringen, die als besonders gesund gelten, und sie im Kurs vorzustellen. Kopieren Sie evtl. die Rezepte für die anderen KT.
- Für lerngeübte KT: Im Internet finden sich zahlreiche Tipps zur gesunden Ernährung, z. B. unter *www.dge.de* (Deutsche Gesellschaft für Ernährung). Wenn Sie bei einer Suchmaschine *10 Regeln der dge* eingeben, kommen Sie auf Ernährungstipps.
Verteilen Sie diese Tipps an die KT, damit sie darüber diskutieren können. Eine Vorbereitung stellt das Rezept für Maultaschen auf der *Deutsch-plus*-Seite im *Arbeitsbuch* in dieser Lektion dar.

2

Der Text informiert über fleischlose Ernährung bzw. Vegetarier und Veganer. Die KT beantworten die Fragen in 2a zunächst zu zweit, Auswertung im Plenum. Sofern Interesse besteht und die KT die entsprechenden Voraussetzungen mitbringen, kann sich eine Diskussion über moderne Massentierhaltung oder die Auswirkungen des Fleischkonsums auf die Ökologie anschließen. Aufgabe 2b empfiehlt sich als Plenumsgespräch.

3

Die Tipps in 3a widersprechen zum Teil den allgemeinen akzeptierten Regeln für die Gesundheit, zum Teil sind sie unterschiedlich interpretierbar, sodass sie ausreichend Gesprächsstoff bieten.

Bevor die KT nach dem Hören und Lesen der Tipps in 3b Ratschläge geben, sollte als Vorentlastung im Plenum näher auf die Tipps eingegangen werden, evtl. durch eine Gegenüberstellung mit anderen Gesundheitstipps, die sich im Internet sehr zahlreich finden, z. B. unter *https://www.for-me-online.de,* Link *Gesundheit*.
Lassen Sie die KT ihre Meinung zu den Tipps sagen, geben Sie dafür geeignete Redemittel vor, z. B.:

Ich finde den Tipp unsinnig. / nicht geeignet. / sehr gut.
Es ist kompletter Unsinn, dass ...
Es stimmt vielleicht, dass ...
Ich stimme (nicht) zu, dass ...
Findest du / Finden Sie auch, dass ...?
Ja, das finde ich auch (nicht). / Da habe ich eine andere Meinung.

Für 3b bieten sich verschiedene Varianten an, z. B.:

- Die KT diskutieren in Vierer- oder Dreiergruppen und notieren ihre Meinungen auf Zetteln, die im Kursraum aufgehängt werden. Dann lesen die KT die Zettel und notieren, mit welcher Meinung sie übereinstimmen und welche sie ablehnen. Auswertung im Plenum.
- Die KT übernehmen Rollen, z. B. in Vierergruppen. Jeweils zwei KT argumentieren für zwei oder drei Gesundheitstipps, die anderen dagegen.

Arbeitsbuch: Ü 12–14
Schreibtraining Ü 15: Wörter in einem Entschuldigungsbrief ergänzen, einen Entschuldigungsbrief schreiben
Arbeitsbuch – Deutsch plus Ü 16: Rezept für Maultaschen
Arbeitsbuch – Wichtige Wörter: Ü 1–4
Arbeitsbuch Bildlexikon Ü 5–7: Im Ärztehaus

Sprechen aktiv

1

Wörter sprechen: Wiederholung zum Thema Arzt und Apotheke. Diese Übung ist zugleich eine Phonetikübung. Lassen Sie die KT mit den Wörtern auch Sätze schreiben und laut lesen, z. B.:
Wenn ich Fieber habe, brauche ich ein Fieberthermometer.
Viele Salben bekommt man ohne Rezept.

2

Zum einen geht es hier um Nomen-Verb-Verbindungen, zum anderen werden Modalverben wiederholt, was auch zur Vorbereitung von Aufgabe 3 dient. Auch die Zuordnung in 2a und das Schreiben der Sätze sollte in Partnerarbeit erfolgen, evtl. können die KT auch Fragen formulieren: *Musst du / Müssen Sie die Augen kontrollieren lassen?* usw.

3

Grammatik sprechen: Es bietet sich an, dass die KT weitere Fragen schreiben, auf die mit *sollte* geantwortet werden kann.

Variante:
Jede/r KT schreibt einzeln drei bis vier weitere Fragen auf, dann bewegen sich alle KT im Raum, dazu wird Musik gespielt. Immer wenn die Musik stoppt, richten sie eine Frage an einen KT in ihrer Nähe, der / die antwortet und umgekehrt.

4

Flüssig sprechen: Fragen sind in einem Gespräch beim Arzt / einer Ärztin oder in der Apotheke besonders wichtig. Deshalb werden hier noch einmal die Fragen aus dem Hörtext in der Apotheke (Block B) geübt. Bei Bedarf können Sie auch die Wörter *Rezept, Tabletten* und *Medikament* an die Tafel schreiben und den Wortakzent markieren lassen. Es sind ausländische Wörter im Deutschen, sie haben den Wortakzent ungewohnterweise auf der letzten Silbe. Auch das lange Wort *Nebenwirkungen* können Sie zunächst isoliert vor- und nachsprechen lassen. Wie immer, wenn *Flüssig sprechen* Fragen präsentiert, können Sie die Übung öffnen und in einem zusätzlichen Durchgang kurze Antworten dazu sprechen lassen.

5

Dialogtraining: Diese Übung baut auf der Videosequenz 11 zu Lektion 9 auf. Thema sind Stress und Gesundheit. 5b ist auch eine Intonationsübung als Vorbereitung für 5c. Die KT lesen den Dialog zunächst in Partnerarbeit und wechseln die Rollen und KT, die Lust dazu haben, lesen den Dialog dann im Plenum vor

Phonetik: Ach-Laut und *k*, Ich-Laut und *sch*, Ach-Laut und Ich-Laut, siehe Seite 146 in den *Handreichungen*.

Arbeitssuche

Auftaktseite

Lernziele und Lerninhalte:

Sprechen: über die Möglichkeiten, Arbeit zu finden, diskutieren
Hören: drei Personen berichten über ihre Arbeitssuche
Wortschatz: Arbeitssuche, Bewerbung

Kannbeschreibungen GER / Rahmencurriculum:
Weiß, wo Stellenangebote zu finden sind.

Arbeitsbuch: Ü 1–2
Portfolioübung Ü 2: Wie hat man selbst oder haben Bekannte Arbeit gefunden?

A Stellenanzeigen lesen

Lernziele und Lerninhalte:

Sprechen: Arbeitnehmereigenschaften und Berufe, Wünsche für den Beruf
Hören: eine Personalberaterin erklärt wichtige Arbeitnehmereigenschaften
Lesen: Stellenanzeigen, Berufswünsche von Maria Pérez
Wortschatz: Arbeit, Bewerbung, Arbeitnehmereigenschaften
Grammatik: Konjunktiv II: Wünsche mit *würde gern(e)* plus Infinitiv

Kannbeschreibungen GER / Rahmencurriculum:
Kann die wichtigsten Informationen von Stellenanzeigen in Zeitungen, im Internet oder am Schwarzen Brett eines Supermarkts verstehen.

Arbeitsbuch: Ü 3–7
Portfolioübung Ü 7: drei Sätze über Wünsche für das Leben in Deutschland

B Der erste Kontakt

Lernziele und Lerninhalte:

Sprechen: Informationsgespräch über eine Arbeitsstelle am Telefon, Fragen und Antworten, berichten, was eine Person denkt
Hören: Informationsgespräch über eine Arbeitsstelle am Telefon
Schreiben: indirekte Fragen, Nebensätze mit und ohne Fragewort
Grammatik: Nebensätze mit *ob*

Arbeitsbuch: Ü 8–14

C Die Bewerbung

Lernziele und Lerninhalte:

Sprechen: sagen, was man bei einem Bewerbungsgespräch beachten sollte, mögliche Fragen von Arbeitgebern im Bewerbungsgespräch beantworten
Hören: Bewerbungsgespräch
Lesen: Lebenslauf
Schreiben: der eigene Lebenslauf
Wortschatz: Lebenslauf, Arbeit
Projekt: Stellensuche und Vorstellungsgespräch

Kannbeschreibungen GER / Rahmencurriculum:
Kann mithilfe einer Vorlage einen tabellarischen Lebenslauf schreiben.
Kann im Bewerbungsgespräch mit einfachen Worten sein/ihr Einverständnis mit bestimmten Arbeitsbedingungen ausdrücken oder eigene Vorstellungen äußern und Rückfragen stellen.

Arbeitsbuch: Ü 15–17
Schreibtraining Ü 18: Bewerbungsbrief
Arbeitsbuch – Deutsch plus Ü 19: Tipps für die Vorbereitung auf ein Vorstellungsgespräch
Arbeitsbuch – Wichtige Wörter: Ü 1–4
Arbeitsbuch Bildlexikon Ü 5–8: Adjektive

Phonetik: Konsonanten

Kopiervorlagen in den Handreichungen:
KV 20 A/B: Würfelspiel für Wünsche mit *würde (gern)* und *möchte (gern)*
KV 21: Formblatt Lebenslauf

Thema dieser Lektion ist die Arbeitssuche. Die KT lernen, Stellenanzeigen zu lesen, ein telefonisches Informationsgespräch über eine Stellenanzeige zu führen, einen Lebenslauf zu schreiben und Fragen in einem Vorstellungsgespräch zu beantworten. Die Grammatik behandelt indirekte Fragen mit *ob* und Wünsche mit *würde gern*.

Auftaktseite

Lernziele und Lerninhalte:

Sprechen: über die Möglichkeiten, Arbeit zu finden, diskutieren
Hören: drei Personen berichten über ihre Arbeitssuche
Wortschatz: Arbeitssuche, Bewerbung

1

Die KT lernen Möglichkeiten kennen, Arbeit zu finden. Diese Übung dient u. a. als Vorentlastung, damit die KT über die eigene Arbeitssuche oder Arbeitssuche von Bekannten oder Freunden/Freundinnen in Aufgabe 2 berichten können.
Diskutieren Sie, welche Vor- und Nachteile es dabei gibt, z. B.: Bei Praktika bekommt man keine Bezahlung und Zeitarbeitsfirmen zahlen nicht gut, aber man hat die Chance, Kontakte zu knüpfen.
(Lösung 1b: Frau Dimitrova: Aushang,
Herr Salama: Praktikum, Herr Alves: Bekannte)

Stellen Sie bei 1b für ein zweites Hören die Frage, wo die Leute jetzt arbeiten, bzw. welchen Beruf sie haben. (Lösung: Frau Dimitrova: im Supermarkt, Herr Salama: Gärtner, Herr Alves: Kellner in einem Restaurant)

2

Diese Aufgabe dient dem Erfahrungsaustausch. Die KT können sich Tipps zur Arbeitssuche geben und über positive oder negative Erfahrungen berichten.

Arbeitsbuch: Ü 1–2
Portfolioübung Ü 2: Wie hat man selbst oder haben Bekannte Arbeit gefunden?

A Stellenanzeigen lesen

Lernziele und Lerninhalte:

Sprechen: Arbeitnehmereigenschaften und Berufe, Wünsche für den Beruf
Hören: eine Personalberaterin erklärt wichtige Arbeitnehmereigenschaften
Lesen: Stellenanzeigen, Berufswünsche von Maria Pérez
Wortschatz: Arbeit, Bewerbung, Arbeitnehmereigenschaften
Grammatik: Konjunktiv II: Wünsche mit *würde gern(e)* + Infinitiv

1

Einleitend geht es um Arbeitnehmereigenschaften, die *soft skills*, die neben der fachlichen Qualifikation eine wichtige Rolle spielen und häufig in Stellenanzeigen auftauchen. Das Interview gibt dazu nähere Informationen und erklärt die Begriffe in 1a mit Beispielen.
(Lösung 1b: zuverlässig: Busfahrer, teamfähig: Köche und Kellner im Restaurant, belastbar: Verkäufer in der Weihnachtszeit)

Fordern Sie die KT auf, diese Arbeitnehmereigenschaften mit den Eigenschaften, die Arbeitgeber/innen in ihren Heimatländern erwarten, zu vergleichen. Welche Gemeinsamkeiten oder Unterschiede gibt es? Machen Sie evtl. eine Liste an der Tafel: Welche Eigenschaften sind für Arbeitgeber/innen im Heimatland sehr wichtig, wichtig, weniger wichtig?

2

Fordern Sie die KT für ein erstes globales Lesen auf, die Berufe zu notieren. Nach dem zweiten Lesen ergänzen sie die Detailinformationen in der Tabelle. Klären Sie unbekannten Wortschatz, nachdem die KT den Text zum zweiten Mal gelesen haben.

Dann berichten die KT in eigenen Worten über den Inhalt der Anzeigen. Geben Sie dafür geeignete Redemittel vor, z. B.:

> Die Firma ... sucht einen/eine ...
> Der neue Mitarbeiter / die neue Mitarbeiterin soll ...
> Die Firma erwartet, dass der neue Mitarbeiter / die neue Mitarbeiterin ...
> Der neue Mitarbeiter / Die neue Mitarbeiterin braucht
> Die Arbeitszeit ist ...
> Die Stelle ist eine Vollzeitstelle/Teilzeitstelle.

Mit dieser Übung sollen sich die KT nicht nur bewusst werden, welche Informationen Stellenanzeigen enthalten und welche nicht, bzw. welche Erwartungen Arbeitgeber an persönliche Eigenschaften, Qualifikation usw. haben, sondern auch, welche Erwartungen man als Arbeitssuchende/r angesichts der vorhandenen (und nicht vorhandenen) Informationen haben kann. Ziehen Sie dafür auch die Stellenanzeigen in AB-Übung 3 heran. Machen Sie auch darauf aufmerksam, dass nicht alle Stellenanzeigen seriös sind, z. B. wenn unrealistisch hohe Verdienstmöglichkeiten versprochen werden.

Erläutern Sie die Aushilfstätigkeit (Minijob) im Supermarkt auf 450-Euro-Basis.

Informationen zur Landeskunde:
Ein Minijob liegt vor, wenn der/die Arbeitnehmer/in mit seiner/ihrer Tätigkeit einschließlich aller Sonderzahlungen nicht mehr als 450 Euro im Monat verdient. Um dies festzustellen, nimmt man den Jahresverdienst und teilt ihn durch zwölf.
Für den Minijob gibt es besondere Regelungen im Bereich der Sozialversicherung und des Steuerrechts. Durch diese Sonderregeln soll erreicht werden, dass der/die Mini-Jobber/in das mit dem/der Arbeitgeber/in vereinbarte Entgelt brutto wie netto erhält, also ohne irgendwelche Abzüge. Der/Die Arbeitgeber/in zahlt neben dem Gehalt pauschalierte Sozialversicherungsbeiträge und eine pauschalierte Lohnsteuer.
Ein Minijob kann auch neben dem Hauptjob als nebenberufliche Tätigkeit ausgeübt werden.
Bei Minijobs gibt es keine Begrenzung der Wochenarbeitszeit. Es kann mehr als 15 Stunden in der Woche gearbeitet werden, wenn nur der monatliche Verdienst 450 Euro nicht überschreitet.
Bei mehreren Minijobs darf der Gesamtverdienst nicht mehr als 450 Euro betragen. Andernfalls, also ab 450,01 Euro, wird der Minijob bzw. werden die Minijobs zu einem normalen Job: Es fallen Steuern und Sozialversicherungsbeiträge an.
Arbeitet man in einem Minijob, also in einem 450-Euro-Job, so ist man von der Rentenversicherung, Krankenversicherung, Pflegeversicherung und Arbeitslosenversicherung befreit. Der/Die Arbeitgeber/in hingegen muss geringe Beiträge an die Rentenversicherung und Krankenversicherung leisten, pauschaliert.
Minijobber/innen haben die gleichen Rechte und Pflichten wie Vollzeitbeschäftigte. Der 450-Euro-Job unterscheidet sich nur im Sozialversicherungsrecht, nicht im Arbeitsrecht, vom normalen Vollzeitjob.

(Mehr Informationen unter: *http://www.sozialhilfe24.de*, Suchbegriff minijob eingeben)

Varianten:
- Die KT schreiben in Gruppen Fragen zu je einer oder zwei Anzeigen, die die anderen Gruppen beantworten.
- Die KT suchen in Zeitungen oder im Internet ähnliche kürzere Stellenanzeigen und ergänzen die Tabelle mit den Informationen in diesen Anzeigen.
- Die KT werten Anzeigen, die sie selbst gesucht haben, weiter aus: Was erwartet den/die Mitarbeiter/in, welche Fragen von Arbeitssuchenden beantwortet die Stellenanzeige, welche nicht, welche Angebote sind evtl. unseriös usw.

3

Diese Übung bietet zum einen eine Erweiterung des Wortschatzes zu Arbeitnehmereigenschaften, zum anderen gibt sie Gelegenheit, verschiedene Berufe genauer zu beschreiben. Zunächst klären die KT, welche Berufe abgebildet sind und sprechen dann über die Eigenschaften wie in den Sprechblasen vorgeschlagen. Geben Sie zwei bis drei weitere Berufe vor und lassen Sie die KT zu diesen Berufen kurze Sätze sagen. Anschließend sammeln sie selbst weitere Berufe, denen sie passende Eigenschaften zuordnen.

Variante:
Teilen Sie den Kurs nach Lernstärke getrennt in Gruppen auf, sodass Sie lernungeübte KT besser unterstützen können. Jede Gruppe beschäftigt sich mit einem Beruf und schreibt dazu einen kurzen Text. Die Ergebnisse werden im Plenum vorgestellt. Erarbeiten Sie mit den KT zunächst einen kurzen Beispieltext, z. B. für den/die Erzieher/innen: *Ein Erzieher / Eine Erzieherin muss kreativ sein. Er/Sie muss gute Ideen haben, damit sich die Kinder nicht langweilen.*

Geben Sie lernungeübten KT evtl. einen Lückentext, den sie ergänzen, bevor sie einen Text frei schreiben, z. B.:
zufrieden – freundlich
Ein Kellner muss ________ *sein. Das ist wichtig, denn die Gäste müssen* __________ *sein.*

In einem zweiten Lückentext sind dann die passenden Adjektive nicht vorgegeben. So haben lernungeübte KT eine Anleitung, um schließlich einen eigenen Text frei zu schreiben.

4

In dieser Übung lernen die KT den Konjunktiv II für Wunschsätze kennen. Das Hörverstehen in 4a dient der Einführung in das Thema und dem Globalverstehen. (Lösung: Sie hat im Tourismus gearbeitet. Jetzt hat sie keine Arbeit. Sie möchte eine Ausbildung machen.)

Während der Lektüre in 4b unterstreichen die KT die Wunschsätze und ergänzen die Sätze. Erläutern Sie, dass die KT hier nach den höflichen Bitten mit *könnte* in Lektion 5 Block B und den Vorschlägen mit *sollte* in Lektion 9 Block B eine weitere Konjunktiv-II-Form lernen und erläutern Sie sie. Weisen Sie darauf hin, dass *würde gern* und *möchte gern* die gleiche Bedeutung haben und stets mit dem Infinitiv stehen. Schreiben Sie die Konjugationsformen von *würde* an die Tafel. Heben Sie hervor, dass bei Wunschsätzen mit *würde* das zusätzliche Wort *gern(e)* nicht fehlen darf, bei Sätze mit *möchte* hingegen schon.

5

Diese Übung dient der Festigung der gelernten Form. Die KT berichten einander in Partnerarbeit (jede/r KT sagt zwei bis drei Sätze), anschließend berichten die KT über ihre Lernpartner/innen im Kurs.

Varianten:

- Schreiben Sie mehrere Stichwörter oder Satzbausteine, die für Wunschsätze geeignet sind, an die Tafel, z. B.:

  heute Abend ins Restaurant gehen
  fernsehen
  im Park spazieren gehen
  ein Eis essen
  Kaffee trinken

  Vermeiden Sie die Verben *sein* und *haben*, die man nur selten mit *würde* + Infinitiv benutzt.

  Mit Sätzen dieser Art haben Sie mehrere Möglichkeiten: Die KT werfen sich gegenseitig einen Ball zu, KT A, der/die den Ball wirft, stellt z. B. die Frage: *Was würdest du heute Nachmittag gerne machen?* KT B, der/die den Ball fängt, antwortet mit einem passenden Satz aus der Liste.

- Die KT bewegen sich zu Musik im Raum. Immer wenn die Musik stoppt, fragen sie eine/n andere/n KT in ihrer Nähe. Diese/r antwortet und stellt ebenfalls eine Frage.

- Die KT schreiben ihre Wünsche auf Zettel, diese werden eingesammelt, gemischt und neu verteilt Jede/r KT liest vor, was auf dem Zettel steht, den er/sie bekommen hat, die anderen raten, wer den Zettel geschrieben hat.

- **Kopiervorlage 20 A/B:** Sie können Wunschsätze mit *würde gern* und *möchte gern* auch als Würfelspiel spielen. Die Spielregeln sind dort erklärt.

Arbeitsbuch: Ü 3–7
Portfolioübung Ü 7: drei Sätze über Wünsche für das Leben in Deutschland

B Der erste Kontakt

Lernziele und Lerninhalte:

Sprechen:	Informationsgespräch über eine Arbeitsstelle am Telefon, Fragen und Antworten, berichten, was eine Person denkt
Hören:	Informationsgespräch über eine Arbeitsstelle am Telefon
Schreiben:	indirekte Fragen, Nebensätze mit und ohne Fragewort
Grammatik:	Nebensätze mit *ob*

1

In diesem Dialog geht es zunächst primär um die Grammatik. (Lösung 1a: Foto 2)
Erinnern Sie die KT daran, was sie in Lektion 5 (Block A) über Nebensätze mit Fragewort gelernt haben. Schreiben Sie ein Beispiel an die Tafel:

Wie spät ist es?
Können Sie mir sagen, wie spät es ist?

Erinnern Sie die KT an die Endstellung des Verbs. Schreiben Sie anschließend die Fragen aus dem Dialog an die Tafel. Erläutern Sie den Satz *Ist die Stelle noch frei?* mit Hilfe des Grammatikkastens und weisen Sie darauf hin, dass ein indirekter Nebensatz mit *ob* für indirekte *Ja-/Nein*-Fragen verwendet wird. Anschließend ergänzen die KT die Sätze in 1c, dann lesen die KT den Dialog und stellen die Fragen indirekt.

Schreiben Sie ähnlich wie in den *Handreichungen* zu Lektion 5 vorgeschlagen, Anmerkungen zu A 1–2, einige auf den Kurs bezogene Fragen an die Tafel. Die KT fragen sich gegenseitig (Einleitungssatz und indirekte Frage), z. B.:
Schreiben wir nächste Woche einen Test?
Hast du den Text verstanden?
Gibt es noch mehr Übungen zu dem Thema?

2

Diese Übung dient zum einen der weiteren Festigung, zum anderen lernen die KT hier die Redewiedergabe kennen. Erläutern Sie dies anhand eines der Sätze aus der Übung. Schreiben Sie die direkte Frage an die Tafel und markieren Sie *ich* und das Verb. Schreiben Sie dann die indirekte Frage an die Tafel und markieren Sie *er* und das Verb.

Nehme ich die Stelle an?
Er weiß nicht, ob er die Stelle annimmt.

Arbeitssuche

Erläutern Sie den Wechsel von der 1. zur 3. Person und erarbeiten Sie dann die Redewiedergabe für den Satz *Kann ich dann noch meine Freunde treffen?*, in dem auch das Possessivpronomen verändert werden muss, gemeinsam mit den KT und schreiben Sie ihn an die Tafel.

Verweisen Sie für 2b auf passende Einleitungssätze:
Er weiß (noch) nicht, …
Er kann nicht sagen, …
Er ist nicht sicher, …
Er hat sich noch nicht entschieden, …
Er überlegt noch, …
Er hat noch nicht gefragt …
usw.

Varianten:

- Machen Sie lerngeübte KT auf den Unterschied zwischen *dass* und *ob* bei der Redewiedergabe aufmerksam. Zur Erläuterung eignet sich AB-Übung 12.
- Eine andere Übungsmöglichkeit sind Fragen und Antworten im Rahmen einer Kettenübung. Erarbeiten Sie zunächst gemeinsam mit den KT geeignete Fragen: *Machen Sie / Machst du heute Nachmittag eine Spaziergang? Was kochst du / kochen Sie heute? Gehst du / Gehen Sie heute Abend ins Kino / einkaufen?* usw. Die KT werfen sich gegenseitig einen Ball zu und fragen, die Antworten erfolgen indirekt: *Ich weiß noch nicht, ob ich heute Nachmittag einen Spaziergang mache.* u. Ä.

3

In 3a werden zunächst indirekte Fragen geübt, geben Sie für lernungeübte KT Beispiele vor:
Welchen Führerschein braucht man für die Stelle als Fahrer?
Ich möchte gerne wissen, welchen Führerschein man für die Stelle als Fahrer braucht.

Für diese Übung empfiehlt sich Gruppenarbeit, Gruppe A formuliert für eine Anzeige indirekte Fragen, Gruppe B antwortet.

Bei 3b empfiehlt sich als Entlastung evtl. ein Lückentext oder eine Dialoggrafik, die gemeinsam mit den KT auf Basis des Redemittelkastens erarbeitet wird:

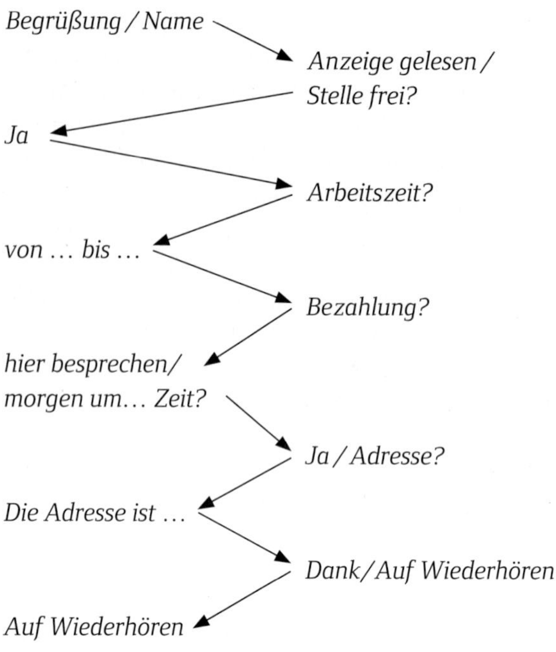

Als Vorbereitung eignen sich die AB-Übungen 13 und 14.

Variante:
Die KT suchen selbst passende Anzeigen z. B. in einem örtlichen Anzeigenblatt, mit denen sie Dialoge spielen.

Arbeitsbuch: Ü 8–14

C Die Bewerbung

Sprechen:	sagen, was man bei einem Bewerbungsgespräch beachten sollte, mögliche Fragen von Arbeitgebern im Bewerbungsgespräch beantworten
Hören:	Bewerbungsgespräch
Lesen:	Lebenslauf
Schreiben:	der eigene Lebenslauf
Wortschatz:	Lebenslauf, Arbeit
Projekt:	Stellensuche und Vorstellungsgespräch

1

Da der tabellarische Lebenslauf neben dem Anschreiben der wichtigste Teil einer Bewerbung ist, sollte diesem Thema viel Zeit gewidmet werden.

Erläutern Sie die wichtigsten Elemente und die Bedeutung des optischen Eindrucks eines Lebenslaufs, nachdem die KT 1a gelöst haben. Ein Porträtfoto sollte nicht fehlen und der Lebenslauf muss übersichtlich in Abschnitte eingeteilt sein.

Variante:
Tipps zu Bewerbungen und Lebenslauf als Internetprojekt. Die KT suchen passende Internetseiten und stellen wichtige Tipps in einer Liste zusammen, die an alle verteilt wird.

Erläutern Sie anhand des Infokastens auch, was außerdem zu einer Bewerbung gehört. Das Bewerbungsschreiben wird allerdings erst in *Pluspunkt Deutsch B1* (Lektion 5, Block B) geübt, weil auf der Niveaustufe A2 die notwendigen lexikalischen und grammatischen Voraussetzungen noch fehlen und davon auszugehen ist, dass viele KT Arbeitsstellen durch Mundpropaganda oder Kleinanzeigen, in denen oft nur Telefonnummern angegeben sind, suchen. Eine schriftliche Bewerbung ist also oft gar nicht nötig.

Informationen zur Landeskunde:

- Ein Lebenslauf informiert lückenlos über den persönlichen und beruflichen Werdegang. Er muss eine klare Gliederung haben, damit der/die Leser/in einen schnellen Überblick bekommt.
- Das Wesentliche muss übersichtlich und in der richtigen Reihenfolge dargestellt werden. Man darf nichts verfälschen oder verbergen! Man kann natürlich den Lebenslauf ein wenig „schminken". Es dürfen aber keine zeitlichen Lücken entstehen.
- Vermeiden Sie Angaben der Arbeitslosigkeit, wie zum Beispiel „seit 06/2012 arbeitslos", sondern geben Sie an, wie Sie die Zeit benutzt haben (zum Beispiel für Recherchen und Fortbildungen).
- Normalerweise schreibt man den Lebenslauf maschinell. Er sollte nicht länger als zwei Seiten sein.
- Der tabellarische Lebenslauf gliedert sich in einzelne Blöcke nach zeitlichen Kriterien, sodass man die Kenntnisse des Bewerbers / der Bewerberin deutlich erkennen kann.
- Es gibt keinen allgemeingültigen Muster-Lebenslauf. Sie müssen ihn immer auf das betreffende Unternehmen und die gewünschte Tätigkeit anpassen.
- Der tabellarische Lebenslauf gliedert sich in Kopf, Hauptteil und Abschluss.

1. Kopf
Einleitung ist die Überschrift „Lebenslauf".
Bei einem Lebenslauf ohne Deckblatt befestigen Sie oben rechts das Bewerbungsfoto mit Klebepunkten oder doppelseitigem Klebeband. Bei der Onlinebewerbung fügen Sie das Bewerbungsfoto digital ein.

2. Hauptteil *– Gliederung des Inhalts in Blöcken*
Links steht der Zeitraum und rechts die (berufliche) Station. Zeiträume geben Sie exakt im Format [Monat/Jahr] an. Bei Zeiträumen, die länger zurückliegen, z. B. bei Schulbesuchen, ist eine jahresgenaue Angabe ausreichend.
Diese Angaben können chronologisch oder antichronologisch (letzte Tätigkeit zuerst) sortiert erfolgen, antichronologisch, wenn Sie einen umfangreichen Berufsweg durchlaufen haben. Dann sieht der Personalverantwortliche sofort, was Ihr aktueller Arbeitsplatz ist.

Persönliche Daten
Hier werden Ihre Stammdaten angegeben (Vor- und Nachname, Wohnanschrift, Kontaktdaten mit E-Mailadresse und Telefonnummer, Geburtsdatum und -ort, der Familienstand und die Staatsangehörigkeit sowie der angestrebte Abschluss).

Beruflicher Werdegang
Vollständige Auflistung aller beruflichen Stationen mit Tätigkeitsdauer, Stellenbezeichnung und dem beschäftigenden Unternehmen. Finden Sie die berufliche Tätigkeit wichtig für Ihre Bewerbung, geben Sie auch drei Aufgabenschwerpunkte in Stichpunkten an.

Schulische Ausbildung
Auflistung der besuchten Schulen mit Name, Ort, Schulart, Zeitraum, Abschluss und Abschlussnote des höchsten Schulabschlusses.

Berufliche Ausbildung
Angabe des Unternehmens, evtl. des Ausbildungsorts, der Art der Ausbildung und des Abschlusses, evtl. auch der Ausbildungsschwerpunkte. Angabe der Abschlussnote. Bei nicht vollendeten Ausbildungen Angabe „ohne Abschluss".

Studium
Neben der Dauer des Studiums auch Angabe des Studiengangs/-faches und der Hochschule und des Abschlusses mit Abschlussnote. Eventuell auch Angabe des Themas der Abschlussarbeit/ Promotion und (falls Sie noch studieren) der vorgesehene Abschlusszeitpunkt.

Praktika
Bei jedem Praktikum Angabe von Zeitraum, Unternehmen, Ort und Tätigkeitsbereich.

Die Angabe von Praktika ist nur sinnvoll, wenn Sie sich dadurch einen Vorteil erhoffen oder wenn es bei Nichtangabe zu einer zeitlichen Lücke kommen sollte. Wenn relevant, können Sie inhaltliche Schwerpunkte des Praktikums angeben.
Abschlüsse und Befähigungen müssen belegt werden (Zeugnisse, Zertifikate, andere Nachweise).

3. Abschluss
Am Ende des tabellarischen Lebenslaufs steht Ihre Unterschrift mit Ort und Datum. Durch die Unterschrift bestätigen Sie, dass Ihre Angaben richtig und aktuell sind.

E-Mail-Bewerbung
Für die Onlinebewerbung ist eine Unterschrift in Maschinenschrift ausreichend. Sie können Ihre Unterschrift auch einscannen und dann einfügen.
(Mehr Informationen unter: http://www.bewerbung-tipps.com/lebenslauf.php)

Im Internet finden Sie zahlreiche weitere Informationen über den Aufbau eines Lebenslaufs, Musterlebensläufe und Vorlagen.

Anschließend beantworten die KT die Fragen in 1b. Abgesehen davon, dass es in 1b und 1c um Leseverstehen geht, sollen diese Übungen auch als Vorbereitung dienen, dass die KT ihren eigenen Lebenslauf (1d) schreiben. Dafür sammeln sie zunächst wichtige Daten zu ihrer Ausbildung, bisherigen Berufstätigkeit, Fortbildungen, Hobbys (sofern für den Beruf oder eine Arbeitsstelle relevant) usw. Achten Sie darauf, dass diese Sammlung nicht zu umfangreich wird und andererseits, dass keine relevanten Informationen fehlen. Soweit möglich, sollten die KT ihre Lebensläufe zu Hause am Computer schreiben.

Sie können auch die Vorlage in **Kopiervorlage 21** verwenden oder, sofern sie nicht zum individuellen Lebenslauf passt, als Orientierung nutzen.
Korrigieren Sie die Lebensläufe sorgfältig außerhalb des Unterrichts. Fordern Sie die KT auf, die Korrekturen in ihren Lebenslauf einzuarbeiten. Schauen Sie die korrigierten Versionen noch einmal durch und machen Sie auf verbliebene Fehler aufmerksam. Ziel ist ein tauglicher Lebenslauf, den die KT für Bewerbungen nutzen können.

2

In dieser Übung wird zum einen der Konjunktiv II von *sollen* für Ratschläge wiederholt, der in Lektion 9 eingeführt wurde, zum anderen können sich die KT gegenseitig Tipps geben bzw. Erfahrungen zum Thema Bewerbungsgespräche austauschen. Sammeln Sie zunächst wichtige Stichworte an der Tafel: *pünktlich sein, sich über die Firma informieren, passend anziehen* usw. Ziehen Sie dafür auch AB-Übung 19 (*Deutsch plus*) heran, in der es um die passende Vorbereitung auf Bewerbungsgespräche geht.

Anschließend geben sich die KT in Dreier- oder Vierergruppen gegenseitig Tipps, Auswertung im Plenum. Notieren Sie die Ergebnisse an der Tafel und lassen Sie die KT abstimmen, welchen Tipp oder welche Tipps sie am wichtigsten finden.

3

Primär geht es in dieser Übung darum, dass sich die KT mit möglichen Fragen im Bewerbungsgespräch vertraut machen. (Lösung: 3a: 1 Arbeitszeiten, Gehalt, Aufgaben, Fremdsprachen, 3b: Ich habe nach der Schule eine Ausbildung als Gesundheits- und Krankenpflegerin gemacht und habe dann in Bukarest an einem großen Krankenhaus gearbeitet. Die Arbeit war sehr interessant. Ich arbeite gerne mit Patienten. 2 Ich bin sicher, dass ich das schaffe. Stress kenne ich auch von meinen anderen Arbeitsstellen. 3 In Rumänien im Krankenhaus habe ich auch so gearbeitet.)

Lassen Sie die KT das Gespräch auch im Anhang nachlesen. Machen Sie auf den Beginn (allgemeine Einleitung zur Auflockerung / erster Kontakt) und auf das Ende des Gesprächs (positive Äußerung der Bewerberin) aufmerksam und heben Sie die Bedeutung dieser Gesprächsphasen hervor.

4

Hier sollen die KT mit Hilfe der Fragen und der Anzeigen in Aufgabe A2 selbst passende Antworten auf Fragen in einem Bewerbungsgespräch finden. Teilen Sie den Kurs in Gruppen auf, lerngeübte und lernungeübte KT arbeiten getrennt, damit Sie letztere besser unterstützen können. Zur Vorentlastung empfehlen sich die AB-Übungen 16 und 17.

Die KT bearbeiten die Arbeitgeberfragen in zwei Schritten. Im ersten Schritt erarbeiten sie in der Gruppe gemeinsame Antworten, die im Kurs vorgestellt werden, im zweiten Schritt überlegen sie, wie sie persönlich auf die Fragen antworten können.

Varianten:

- Für lerngeübte KT. Die KT erarbeiten weitere Arbeitgeber- und Arbeitnehmerfragen für die Anzeigen in A2.
- Lassen Sie lerngeübte KT mit den Fragen und den erarbeiteten Antworten aus Aufgabe 4 kurze Vorstellungsgespräche spielen.

5

Nun sollen die Arbeitnehmer- und Arbeitgeberfragen und evtl. auch ein Vorstellungsgespräch mit Hilfe von Stellenanzeigen geübt werden, die zu den Interessen oder der gewünschten Ausbildung oder Berufserfahrung der KT passen. Bringen Sie evtl. geeignete Zeitungen in den Kurs mit oder fordern Sie die KT auf, welche mitzubringen. Auch eine Internetrecherche ist möglich, sofern es an Ihrer Institution einen Computerraum gibt. Lassen Sie die KT kurze Dialoge schreiben, die Sie außerhalb des Unterrichts korrigieren.

Arbeitsbuch: Ü 15–17
Schreibtraining Ü 18: Bewerbungsbrief
Arbeitsbuch – Deutsch plus Ü 19: Tipps für die Vorbereitung auf ein Vorstellungsgespräch
Arbeitsbuch – Wichtige Wörter: Ü 1–4
Arbeitsbuch Bildlexikon Ü 5–8: Adjektive

Sprechen aktiv

1

Grammatik sprechen: In dieser Übung werden die indirekten Fragen und die Redewiedergabe zusammenfassend geübt. Immer drei KT arbeiten gemeinsam. Geben Sie den KT auch einige Minuten Zeit, um 6–8 *Ja-/Nein*-Fragen und *W*-Fragen zu schreiben, die über die Vorgaben hinausgehen.

2–3

Wörter sprechen: Geübt wird in 2 der Wortschatz zu Arbeitnehmereigenschaften. Lerngeübte KT können die Übung erweitern, indem sie auch die weiteren Adjektive aus Block A *erläutern: ehrlich, freundlich, kreativ.*

In Übung 3 geht es um Wortschatz zum Thema Bewerbung. Die Antworten in 3b können auch verneint werden, wobei die KT Gelegenheit haben, zusätzlich die Negation zu üben:
*Nein, ich habe **noch nie** einen / **keinen** Lebenslauf geschrieben.*
*Nein, einen Lebenslauf habe ich **noch nicht** geschrieben.*

4

Flüssig sprechen: Wenn man sich telefonisch um eine Stelle bewirbt, ist der mündliche Eindruck besonders wichtig. Deshalb werden wichtige Redemittel in dieser *Flüssig-Sprechen*-Übung noch einmal eingeübt, damit sie in einer „echten" Situation dann flüssig zur Verfügung stehen. Es lohnt sich hier auch am Ausdruck, an der Intonation zu arbeiten. Der Sprecher auf der CD spricht die Sätze sehr interessiert. Die KT können auch variieren und die Sätze gelangweilt/genervt, ... sprechen, so als ob sie die Stelle nicht haben wollten oder als ob es der xte Anruf wäre und man es leid ist, immer wieder dasselbe zu sagen. Das motiviert, die Sätze mehrfach zu sprechen und schult das Ohr für Nuancen im Ausdruck.

5

Dialogtraining: Diese Übung baut auf der Videosequenz 13 zu Lektion 10 auf. Die KT lesen und bearbeiten das Gespräch in Dreiergruppen, wobei es für lerngeübte KT folgende Variationsmöglichkeiten gibt: Statt eines Online-Shops geht es z. B. um einen Handwerker, der bislang selbstständig war, die Gesprächspartner/innen sind eher skeptisch gegenüber der Idee, eine feste Stelle zu suchen.

Phonetik: Konsonanten, siehe Seite 147 in den *Handreichungen*.

Lektion 11
Von Ort zu Ort

Auftaktseite

Lernziele und Lerninhalte:

Sprechen: Reisefotos beschreiben, von der letzten Reise erzählen
Wortschatz: Reisen

Arbeitsbuch: Ü 1–4
Portfolioübung Ü 4: über die letzte Reise berichten

A Reisevorbereitungen

Lernziele und Lerninhalte:

Sprechen: nach Informationen über Urlaubsorte fragen, eine Reise im Reisebüro buchen, sagen, wo verschiedene Sachen liegen
Hören: Dialog über den letzten Urlaub, Dialoge im Reisebüro
Schreiben: Personen und Sachen beschreiben
Wortschatz: Reisen und Urlaub
Grammatik: Relativsätze im Nominativ und Akkusativ

Kannbeschreibungen GER / Rahmencurriculum:

Kann eine Reise mit dem Zug oder Flugzeug am Schalter oder telefonisch buchen.
Kann einen Platz am Schalter oder telefonisch reservieren.

Arbeitsbuch: Ü 5–13

B Dialoge auf der Reise

Lernziele und Lerninhalte:

Sprechen: Dialoge: besetzter Platz im Zug, Autopanne auf der Autobahn
Hören: Dialoge: besetzter Platz im Zug, Autopanne auf der Autobahn
Wortschatz: Autopanne

Kannbeschreibungen GER / Rahmencurriculum:

Kann einen Notruf telefonisch oder an der Notrufsäule absetzen.
Kann äußern, dass er/sie einen bestimmten Platz reserviert hat.

Arbeitsbuch: Ü 14–16

C Reiseplanung

Lernziele und Lerninhalte:

Sprechen: eine Reise planen, über interessante Reiseziele sprechen
Lesen: Informationen über Feriengebiete/-orte
Schreiben: Informationen aus Texten notieren
Wortschatz: Reisen, Reiseplanung
Projekt: einen Urlaub in der Umgebung planen

Arbeitsbuch: Ü 17–19
Schreibtraining Ü 20: Zeichensetzung, Groß- und Kleinschreibung
Arbeitsbuch – Deutsch plus Ü 21: Website Schönes-Wochenende-Ticket
Arbeitsbuch – Wichtige Wörter: Ü 1–4
Arbeitsbuch Bildlexikon Ü 5–7: Urlaubsaktivitäten

Phonetik: die Vokale *e/ö* und *i/ü*

Kopiervorlagen in den Handreichungen:
KV 22: Dialogkarten
KV 23: Relativsatz-Domino

In Lektion 11 geht es um die Buchung von Flugtickets, Dialoge auf Reisen und Reiseplanung. Die Grammatik behandelt Relativsätze im Nominativ und Akkusativ.

Auftaktseite

Lernziele und Lerninhalte:

Sprechen: Reisefotos beschreiben, von der letzten Reise erzählen
Wortschatz: Reisen

1

Teilen Sie den Kurs in Gruppen auf. Jede Gruppe bearbeitet ein Foto. Geben Sie den KT zunächst einige Minuten Zeit, um die Fotos zu betrachten und sich mit Hilfe des Schüttelkastens Notizen zu machen. Anschließend berichten die Gruppen im Kurs.

Machen Sie mit den KT ein Wörternetz zum Thema Reisen, das z. B. wie folgt aussehen kann:

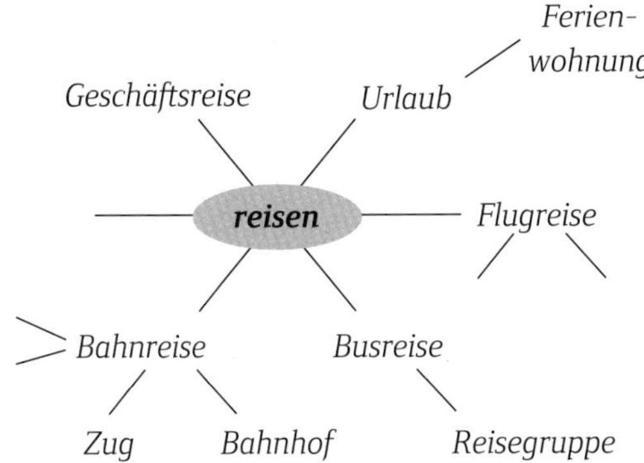

So können die KT bereits bekannten Wortschatz z. B. aus *Pluspunkt Deutsch A1*, Lektion 13 aktivieren und den Wortschatz aus dem Schüttelkasten erweitern.

Variante:

Die KT erarbeiten in verschiedenen Gruppen Wörternetze zu verschiedenen Reisethemen, z. B. Busreise, Flugreise, Bahnreise, Reise mit dem Auto, Urlaubsreise, Geschäftsreise. Jede Gruppe notiert vier bis fünf passende Wörter zu ihrem Thema. Die Ergebnisse werden auf einem Lernplakat gesammelt, das im Kursraum aufgehängt wird und den KT während der Bearbeitung der Lektion als Referenz dienen kann.

2

Diese Übung ist auch zur Wiederholung des Perfekts geeignet. Als Vorentlastung eignen sich die AB-Übungen 2 und 3. Insbesondere lernungeübte KT sollten hier keinen ausführlichen Bericht abliefern. Es reicht, wenn sie die drei Fragen in der Arbeitsanweisung beantworten. Die KT führen die Übung als Partnerinterview durch. Anschließend berichten sie über ihre Lernpartner/innen im Plenum.

Arbeitsbuch: Ü 1–4
Portfolioübung Ü 4: über die letzte Reise berichten

A Reisevorbereitungen

Lernziele und Lerninhalte:

Sprechen: nach Informationen über Urlaubsorte fragen, eine Reise im Reisebüro buchen, sagen, wo verschiedene Sachen liegen
Hören: Dialog über den letzten Urlaub, Dialoge im Reisebüro
Schreiben: Personen und Sachen beschreiben
Wortschatz: Reisen und Urlaub
Grammatik: Relativsätze im Nominativ und Akkusativ

1

Das kurze HV dient der Einführung der Relativpronomen im Nominativ. (Lösung 1a: 2)

Nach dem zweiten Hören ergänzen die KT die Sätze in 1b und sprechen die Sätze dann nach (1c). Erläutern Sie die Relativpronomen im Nominativ mit Hilfe des Grammatikkastens bei Aufgabe 2 und weisen Sie darauf hin, dass sie den Artikeln im Nominativ entsprechen. Schreiben Sie das Beispiel aus dem Kasten an die Tafel und markieren Sie das Relativpronomen, das Bezugswort und das Verb im Relativsatz wie dort. Schreiben Sie dann die übrigen Sätze aus 1b in Form von zwei Hauptsätzen an die Tafel. Lassen Sie unter den Sätzen etwas Platz, damit jeweils ein/e KT ein Satzgefüge mit Hauptsatz und Nebensatz schreiben kann, wobei er/sie die Relativpronomen und das Verb im Relativsatz markiert. Die KT schreiben die Sätze auch ins Heft.

Erläutern Sie die Funktion des Relativsatzes und die Grammatik des Relativpronomens, die Funktion des Relativsatzes z. B. wie folgt:
Das ist das Museum. – Welches Museum? / Was wissen wir über das Museum?
Das Museum war fast immer geschlossen
Das ist das Museum, das fast immer geschlossen war.

Verfahren Sie ähnlich mit den übrigen Sätzen aus 1b.

2

Diese Übung zur weiteren Festigung machen die KT in Partnerarbeit. Helfen Sie ihnen dabei. Lassen Sie die KT auch hier Relativpronomen, Bezugswort und das Verb im Relativsatz markieren.

3

Mündliche Übung für die Relativsätze. Geben Sie den KT etwas Zeit, passende Satzteile zuzuordnen, bevor sie fragen und antworten. Partnerarbeit mit individueller Kontrolle durch den/die KL.

Variante:
Fertigen Sie Kärtchen mit den einzelnen Worten von Satzgefügen mit Haupt- und Nebensatz aus Aufgabe 3 oder auch mit anderen Verbindungen von Hauptsatz und Relativsatz an und verteilen Sie diese an die KT. Die KT heften sie anschließend in der richtigen Reihenfolge an eine Pinnwand oder kleben sie auf ein Lernplakat, auf dem sie dann wie in 1 und 2 markieren.

4–5

Das HV in Aufgabe 4 dient der Vorbereitung von Dialogen der KT im Reisebüro. (Lösung in Aufgabe 4: 1R, 2F, 3F, 4R, 5F, 6R)

Die KT hören die Dialoge ein weiteres Mal. Stellen Sie weitere Fragen:

zu Dialog 1:
Wann ist der Hinflug?
Wann ist der Rückflug?
Wie viel kostet der Flug?
Wer bezahlt die Reise?
Was für ein Hotel sucht Frau Bloch?

zu Dialog 2:
Wo wollen Herr und Frau Maffei wohnen?
Wo fliegen sie ab?
Wann fliegen sie ab?
Wie viel kostet die Reise?

Mit diesen Fragen üben die KT zugleich Wortschatz für die Dialogarbeit in Aufgabe 5.

Variante:
Die KT schreiben in Partnerarbeit zu einem der Dialoge Fragen und tauschen sie dann aus, um sie zu beantworten.

Für die Dialogvariationen in 5 lesen die KT zunächst die Dialoge aus 4 im Anhang in Partnerarbeit. Je nach Lernstärke üben die KT wieder unterschiedlich: Lernungeübte KT zunächst mit einem Lückentext und unter Heranziehung von AB-Übung 8, lerngeübte KT beginnen unter Heranziehung des Redemittelkastens mit einer Dialoggrafik, z. B. der in AB-Übung 10.

Ein Lückentext für Dialog 1 kann z. B. wie folgt aussehen:

+ *Guten Tag, ich möchte einen ________ von ________ nach ________ buchen.*
– *Wann wollen Sie ________?*
+ *Ich möchte den ________ am ________ und den Rückflug am ________.*
– *Ich kann Ihnen einen Flug ab ________ ________. Er kostet nur ________.*

Anschließend spielen sie die Dialoge mit Hilfe des Redemittelkastens.

Die KT sollten jede Variation in Partnerarbeit mit wechselnden Rollen spielen, sodass jede/r KT einmal die Rolle des Reisebüromitarbeiters und einmal die des Kunden übernimmt.

Beachten Sie, dass *sollen* im Redemittelkasten in der Bedeutung einer Absicht / eines Plans vorkommt: *Der Hinflug soll am … und der Rückflug am … sein.* Sie können diese Bedeutung von *sollen* mit Hilfe von AB-Übung 9 erläutern.

Variante:
Bieten Sie den KT weitere Dialogvariationen an, z. B.: Sie wollen eine Geschäftsreise nach New York machen, die vier Tage dauert, sie wollen ab München fliegen und brauchen ein Hotel o. Ä.

Einen komplexeren Dialog können lerngeübte KT mit Hilfe der Rollenkarten zu Dialog 1 in **Kopiervorlage 22** spielen. Die Kopiervorlage enthält Rollenkarten für die Situationen: Reisebuchung, Fahrkartenkontrolle/Zugverspätung, Reiseplanung.
Die Rollenkarten sind besonders für lerngeübte KT geeignet. Schneiden Sie die Kärtchen aus und geben Sie jeweils zwei KT Kärtchen eines Dialogs mit den verschiedenen Rollen. Geben Sie den KT einige Minuten Zeit, damit sie sich für ihre Rollen Notizen machen können, bevor sie mit den Dialogen beginnen.

6–7

Einführung der Relativpronomen im Akkusativ. Gleichzeitig ist die Übung zur Wiederholung der Wechselpräpositionen (mit Dativ) geeignet. Einleitend ordnen die KT die Wörter zu, es folgen die Fragen und Antworten in Partnerarbeit. Sammeln Sie die Antworten an der Tafel und erläutern Sie ggf. noch einmal die Wechselpräpositionen mit Dativ und Akkusativ (s. dazu auch die Anmerkungen zu Lektion 3, Block A in den vorliegenden *Handreichungen* und zu Lektion 9, Block B in den *Handreichungen* zu *Pluspunkt Deutsch A1*, S. 63 f.).

Anschließend lösen die KT 7a. Erläutern Sie mit Hilfe des Grammatikkastens die Relativpronomen im Akkusativ. Weisen Sie darauf hin, dass sie dem bestimmten Artikel im Akkusativ entsprechen.

Nachdem die KT die Fragen in 7b geschrieben haben, kann die Frage- und Antwortrunde 7c in Partnerarbeit folgen und z. B. wie in folgendem Musterdialog aufgebaut sein:

+ *Wo sind die Badesachen?*
– *Welche Badesachen?*
+ *Ich meine die Badesachen, die ich gestern aus dem Schrank geholt habe.*
– *Die liegen auf dem Sofa.*

Varianten:

- Nachdem die Partnerarbeit beendet ist, fragen sich die KT noch einmal im Plenum der Reihe nach, oder indem sie sich einen Ball zuwerfen: *Wo ist der gelbe Sonnenhut, den ich immer am Strand trage? – Er liegt auf dem Sofa.* usw.
- Schreiben Sie Zettel mit Hauptsätzen und dem Anfang eines Relativsatzes, z. B.: *Ich möchte eine Wohnung kaufen, die … / Ich suche eine Mantel, der … / Ich möchte in einer Wohnung wohnen, die …* usw. und verteilen Sie diese an die KT. Die KT ergänzen die Sätze. Sammeln Sie die Zettel erneut ein und verteilen Sie sie neu. Die KT lesen den Satz, den sie bekommen haben, vor, die anderen KT raten, wer ihn geschrieben hat.

Eine weitere Übungsmöglichkeit bietet **Kopiervorlage 23**. Sie finden hier ein Domino mit Relativsätzen, das die KT in Kleingruppen spielen können. Jede Gruppe bekommt einen Satz Karten und versucht, die Sätze sinnvoll aneinanderzulegen. Auf der Vorlage sind die Karten so angeordnet, dass sie zueinander passen. Die erste und letzte Karte sind die Anfangs- bzw. Schlusskarte und haben deswegen nur ein beschriebenes Feld.

Arbeitsbuch: Ü 5–13

B Dialoge auf der Reise

Lernziele und Lerninhalte:

Sprechen:	Dialoge: besetzter Platz im Zug, - Autopanne auf der Autobahn
Hören:	Dialoge: besetzter Platz im Zug, - Autopanne auf der Autobahn
Wortschatz:	Autopanne

In diesem Block üben die KT Dialoge, um Situationen, die auf Reisen vorkommen können, sprachlich zu bewältigen.

1

(Lösung 1a: Dialog 1: Foto 1, Dialog 2: Foto 2, 1b: 1 C, 2 C)

Weisen Sie auf den Infokasten hin und fragen Sie die KT, ob sie ähnliche Situationen im Heimatland oder in Deutschland schon einmal erlebt haben, und was sie gegebenenfalls gemacht haben.

2a

Die Sätze im Schüttelkasten entsprechen den Dialogen in 1. Lassen Sie die KT die Dialoge aus 1 noch einmal zur Kontrolle hören und die Dialoge im Anhang sowie die Dialoge in dieser Übung in Partnerarbeit laut lesen, nachdem sie die Aufgabe gelöst haben.

2b

Für diese Dialogvariationen empfiehlt sich wieder eine differenzierte Vorgehensweise. Lernungeübte KT können Situation 1 spielen, indem sie zunächst einfach den Dialog im Anhang mit den veränderten Informationen variieren, während für Situation 2 ein Lückentext geeignet ist, der z. B. wie folgt aussehen kann:

+ *Entschuldigen Sie bitte, ich glaube, Sie* ____________
– *Haben Sie eine* ____________________*?*
+ *Ja, Wagen* _______ *Platz* _______*. Hier steht es.*
– *Meine Reservierung ist auch in Wagen* _________*, aber ich habe Platz* ________*! Entschuldigen Sie bitte!*
+ *Das*_________________*. Das ist mir* ______________________.

Eine Dialoggrafik kann für Situation 2 wie folgt aussehen:

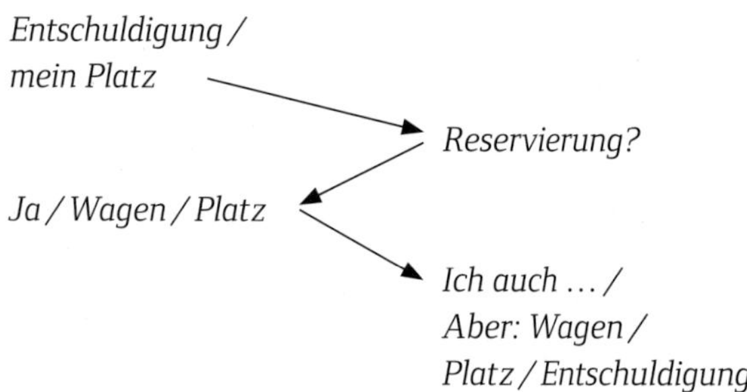

Arbeitsbuch: Ü 14–16

C Reiseplanung

Lernziele und Lerninhalte:

Sprechen:	eine Reise planen, über interessante Reiseziele sprechen
Lesen:	Informationen über Feriengebiete/-orte
Schreiben:	Informationen aus Texten notieren
Wortschatz:	Reisen, Reiseplanung
Projekt:	einen Urlaub in der Umgebung planen

In diesem Block lernen die KT einige Regionen aus dem deutschsprachigen Raum kennen. Außerdem eignet er sich als Vorbereitung auf den Prüfungsteil Sprechen 3 im DTZ.

1

Geben Sie den KT ausreichend Zeit, die Texte zu lesen. Die Lösung von 1a ist auch ohne detaillierte Klärung von unbekanntem Wortschatz möglich. Während der zweiten Lektüre notieren die KT unbekannten Wortschatz, der dann im Plenum geklärt wird. Anschließend notieren die KT in Partnerarbeit Informationen aus den Texten, die sie wichtig finden und berichten im Plenum. Geben Sie geeignete Redemittel vor:

Uns/Mir gefällt es, dass man ...
Ich finde / Wir finden besonders interessant, dass man ...

Varianten:

- Die KT schreiben in Gruppen weitere Fragen zu den Texten, die anderen Gruppen beantworten sie.
- Für lerngeübte KT: Die KT lesen sich die Texte ein weiteres Mal durch, machen sich Notizen und berichten dann auf Basis ihrer Notizen über die Regionen und Orte.
- Machen Sie im Kurs eine Abstimmung. Welche Orte / Welche Region finden die KT am interessantesten?
- Sofern an Ihrem Kursort die Möglichkeit besteht, können die KT im Internet weitere Informationen über die Orte und Regionen sammeln, aus denen sie evtl. ein Lernplakat anfertigen.

Fragen Sie die KT, ob sie einen der Orte oder eine Region kennen, und lassen Sie sie berichten.

Informationen zur Landeskunde:
Die Geburtsstadt Mozarts **Salzburg** nahe der deutschen Grenze hat knapp 150.000 Einwohner. Sie ist Hauptstadt des gleichnamigen Bundeslandes Salzburg.
Zermatt im Schweizerischen Kanton Wallis liegt 1.608 Meter über dem Meeresspiegel am Nordostfuß des Matterhorns und hat ca. 5.800 Einwohner. Der Ort ist ein bekannter Ferienort mit Skigebieten und ist der Ausgangspunkt für Bergsteiger/innen und Wanderer. Mit Hotels und Ferienwohnungen haben 17.500 Gäste Platz. In Zermatt ist Autofahren verboten, Ausnahme: Elektrofahrzeuge, mit einer Höchstgeschwindigkeit von 20 km/h und Pferdetaxen.
Das **Münsterland** umfasst ca. 6.500 km^2 und liegt im Nordwesten des Bundeslandes Nordrhein-Westfalen. In dem beliebten Radwandergebiet gibt es ausgeschilderte Radwanderwege wie z. B. den Europaradwanderweg R1 und die 100-Schlösser-Route. Die Stadt Münster hat ca. 275.000 Einwohner, die Universität (Westfälische Wilhelms-Universität) ist mit rund 45.300 Studierenden (WS 2017/18) eine der größten Universitäten Deutschlands.
Helgoland ist die einzige deutsche Hochseeinsel, ca. 40 km vom Festland entfernt. Sie ist eine Gemeinde im Landkreis Pinneberg in Schleswig-Holstein. Zu Helgoland gehört auch die *Düne*, die ca. einen Kilometer von der Hauptinsel entfernt ist und als Badeinsel benutzt wird. Helgoland gehört zwar zu Deutschland, ist aber Zollausland, weshalb es keine deutschen Verbrauchssteuern und keine Mehrwertsteuer auf dort verkaufte Waren gibt. Die meisten Gäste auf der Insel sind Tagesgäste.

2

Bei dieser Aufgabe sollten die KT nach Lernstärke getrennt arbeiten, damit Sie mehr Zeit für lernungeübte KT haben. Nachdem sich die KT auf ein Reiseziel geeinigt haben, sammeln sie zunächst, was sie für ihre Reise brauchen und welche Aufgaben vor der Reise zu erledigen sind.

Weisen Sie anschließend auf den Redemittelkasten hin, in dem Redemittel vorkommen, um etwas auszuhandeln bzw. sich zu einigen, die im Prüfungsteil Sprechen Teil 3 des DTZ beherrscht werden müssen. Lernungeübte KT sollten zusätzlich AB-Übung 18 machen.

Erarbeiten Sie gemeinsam mit den KT mit Hilfe des Redemittelkastens kleine Dialoge, die Sie an der Tafel notieren, z. B.:

– Ich schlage vor, dass wir fünf Tage bleiben.
\+ Ich möchte aber lieber eine Woche bleiben.

– Fahren wir mit dem Auto?
\+ Wir sollten lieber den Zug nehmen.
– Einverstanden.

Anschießend organisieren die KT ihre Reise und stellen sie im Kurs vor. Geben Sie auch dafür einige Redemittel vor, z. B.:

Wir wollen nach ... fahren.
Die Reise soll ... dauern. / Wir wollen ... bleiben.
Wir fahren mit ...
Wir nehmen ... mit.
Wir wollen (Radtouren) machen / ... besichtigen.

3

Fordern Sie die KT für dieses Projekt auf, geeignetes Material mitzubringen, z. B. Prospekte von der örtlichen Touristeninformation, Anzeigen aus Zeitungen oder Angebote der örtlichen Verkehrsbetriebe oder von Busunternehmen und der Deutschen Bahn. Die Gruppen können ihre Ergebnisse auch auf einem Lernplakat präsentieren, das im Kursraum aufgehängt wird.

Arbeitsbuch: Ü 17–19
Schreibtraining Ü 20: Zeichensetzung, Groß- und Kleinschreibung
Arbeitsbuch – Deutsch plus Ü 21: Website Schönes-Wochenende-Ticket
Arbeitsbuch – Wichtige Wörter: Ü 1–4
Arbeitsbuch – Bildlexikon Ü 5–7: Urlaubsaktivitäten

Sprechen aktiv

1

Wörter sprechen: Geübt werden hier Nomen-Verb-Verbindungen mit Reisewortschatz. Lassen Sie die KT im Anschluss an 1c auch Sätze schreiben, machen Sie dafür Vorgaben, damit die KT z. B. auch Satzverbindungen mit *wenn* schreiben:
Wenn man eine Autopanne hat, muss man ...
Wenn man im Stau steht, ... usw.

2–3

Grammatik sprechen: Hier werden Relativsätze im Nominativ und Akkusativ geübt (Ü 2: Nominativ, Ü 3: Akkusativ). Sammeln Sie als Vorentlastung ggf. geeignete Vorgaben für die Fragen: Woher kommen die KT? Sind die KT verheiratet? Haben sie Kinder? Wie viele? Was sind sie von Beruf? Das trägt auch dazu bei, dass die KT besser miteinander vertraut werden, denn es ist durchaus möglich, dass im Verlauf eines Kurses Heimatländer, evtl. sogar Namen anderer Kursteilnehmer/innen, vergessen werden.
Bei 3 ist es empfehlenswert, dass die KT zunächst geeignete Fragen schreiben, bevor sie fragen und antworten.

4

Flüssig sprechen: Die grammatische Struktur der Relativsätze ist für die KT nicht einfach, insbesondere, wenn sie Sprachen sprechen, die keine vergleichbaren Strukturen kennen. Die Struktur ist in der Kommunikation aber häufig hilfreich. Deshalb werden hier ganz einfache Fragen mit Relativsätzen geübt, die von den KT leicht abgewandelt in vielen Situationen verwendet werden können. Wie immer können Sie die Übung in einem zusätzlichen Durchgang öffnen und die KT kurze Antworten sprechen lassen und damit die flüssige Reaktion in Gesprächen trainieren.

5

Dialogtraining: Diese Übung baut auf der Videosequenz 14 zu Lektion 11 auf. Variationsmöglichkeiten: andere Zielländer, weitere Ratschläge z. B. zu Spezialitäten oder Sehenswürdigkeiten, Übernachtungsmöglichkeiten usw. in den verschiedenen Ländern. Lassen Sie KT aus unterschiedlichen Herkunftsländern zusammenarbeiten, die sich gegenseitig Tipps geben.

Phonetik: die Vokale *e/ö* und *i/ü*, siehe Seite 147 in den *Handreichungen*.

Wiederholungsspiel

In dem Spiel werden Wortschatz, Dialogsituationen und Grammatik von Lektion 1–11 wiederholt. Am Tag, bevor die KT das Spiel im Kurs spielen, sollten sie sich zu Hause die Lektionen noch einmal anschauen.

Variante:
Die KT gehen im Kurs noch einmal die Lektionen 1–11 durch und schreiben für ein eigenes Spiel in Gruppen selbst eine oder zwei Aufgaben pro Lektion.

Arbeit und Beruf

Pflegeberufe

1

Erstellen Sie ein Wörternetz mit weiteren Berufen im Gesundheitsbereich (z. B. Logopäde, Krankengymnast, Ärztin, Psychologe), nachdem die KT die Aufgabe gelöst haben.
Gehen Sie auf den Beruf der Krankenschwester näher ein, denn so können Sie das Interview mit einer Krankenschwester in 2 vorentlasten.

2

Fragen Sie einleitend, ob die KT Erfahrungen in diesen Berufen haben und lassen Sie KT berichten, die in Pflege- bzw. Gesundheitsberufen gearbeitet oder eine Ausbildung haben. Lassen Sie die KT gegebenenfalls auch über unterschiedliche Arbeitsbedingungen in Deutschland und in anderen Ländern berichten.

Fordern Sie die KT auf, ihre Meinung zu begründen. Außerdem bietet sich Gelegenheit, Wunschsätze mit *würde (gern)* zu üben, die in Lektion 10 eingeführt wurden, z. B.:
Ich finde den Beruf Hebamme interessant, weil,…
Ich würde gern den Beruf Hebamme lernen / als Hebamme arbeiten, weil …

3

Das Interview mit der Krankenschwester und der anschließende Lesetext bieten Informationen über den Beruf sowie die Anerkennung einer ausländischen Krankenpflegeausbildung in Deutschland. Der Lesetext in 3c, in dem detaillierte Informationen aus dem HV von 3 abgedruckt sind, geht über das Niveau A2 hinaus und ist insbesondere für lerngeübte KT geeignet, die eine derartige Ausbildung haben bzw. daran interessiert sind.
(Lösung 3a: Frau Arkaeva arbeitet gern als Krankenschwester; 3b: 1 R, 2 R, 3 F, 4 F, 5 R, 6 R, 7 F)

Gehen Sie im Anschluss an die Übung auch auf den Infokasten ein und erläutern Sie wie evtl. anlässlich der Handwerksberufe in Station 2, dass man in Deutschland in einigen Berufen wie z. B. den Gesundheitsberufen oder auch einigen Handwerksberufen eine Anerkennung für eine Ausbildung im Ausland braucht, wenn man in Deutschland in diesen Berufen arbeiten möchte. Sehr ausführliche und differenzierte Informationen zu den reglementierten Berufen, zur Anerkennung von Ausbildungen in EU- und Nicht-EU-Staaten sowie zu den Zuständigkeiten in den 16 Bundesländern findet man auf dem Internetportal *www.berufliche-anerkennung.de.*

4

(Lösung 4a, von oben nach unten: 4–3–2–5–1) Die Dialogübung in 4b ist nicht nur für KT, die an Pflegeberufen interessiert sind, relevant, insofern jeder in die Situation eines Krankenhausaufenthaltes kommen kann. Vor der Dialogvariation sollten die KT den Modelldialog in Partnerarbeit laut lesen und spielen

Kommunikation am Arbeitsplatz

Dieses Thema wird auch in den Lektionen 5 und 10 des A2-Bandes behandelt. Hier werden Vorgaben nach den Änderungen des Rahmencurriculums 2017 umgesetzt. Es geht primär um die Bewältigung bestimmter Kommunikationssituationen wie die Entschuldigung bei Missverständnissen, Fragen nach Informationen, ein Beratungsgespräch mit dem Betriebsrat, schriftliche Wegbeschreibungen etc.[3]

5

Die KT hören vier Dialoge, es sind pro Dialog zwei Sequenzen zuzuordnen.
(Lösungen: 5a: Dialog 1–B / Dialog 2–C / Dialog 3–A / Dialog 4–D
5b: 1–B / 2–E / 3–A / 4–D / 5–F / 6–G / 7–H / 8–C)

Nachdem die KT die Aufgaben 5a und 5b gelöst haben, lesen sie die Dialoge in Partnerarbeit als Vorbereitung für Übung 6, in der die KT ähnliche Situationen wie in Übung 5 spielen sollen.

6

Mit Ausnahme von Situation 1 entsprechen alle Situationen Dialogen aus Übung 5. Lassen Sie die KT zunächst in Übung 5 geeignete Redemittel für diese Situationen suchen, für Situation 2, die Dialog 3 aus Übung 5 entspricht, z. B.: Ich hatte vor ... ein Gespräch mit ... Er hat mir gesagt, dass ... etc.
Die Redemittel werden an der Tafel gesammelt.
Situation 3 entspricht Dialog 4 und Situation 4 entspricht Dialog 1. Anschließend schreiben und spielen die KT die Dialoge in Partnerarbeit, der/die KL unterstützt insbesondere lernungeübte KT.

7

Mündliche Wegbeschreibungen kennen die KT bereits aus Lektion 9 des A1-Bandes. Hier geht es um schriftliche Wegbeschreibungen. Die KT hören zunächst den Dialog in Übung 7a und beantworten die Frage. (Lösung: Simon soll die Wegbeschreibung per SMS schreiben.)

Fordern Sie die KT auf, die Wegbeschreibung noch einmal genau nachzulesen, nachdem sie 7b gelöst haben, bevor sie dann in 7c eine eigene Wegbeschreibung schreiben.
Lassen Sie die KT vorab auch noch einmal alle Redemittel, die sie für Wegbeschreibungen kennen, in Partnerarbeit notieren; die Ergebnisse werden an der Tafel gesammelt.

Variante:
Die KT machen weitere schriftliche Wegbeschreibungen, z. B. von zu Hause zur Sprachschule oder zum nächsten Supermarkt.

[3] Vgl. ebd., S. 83, S. 87, S. 89

Prüfungsvorbereitung DTZ

Schreiben

Der Prüfungsteil Schreiben wird sowohl in der Kursbuch- als auch in der *Arbeitsbuch*station geübt, damit insbesondere KT, denen das Schreiben schwer fällt, möglichst viele Übungsmöglichkeiten haben. Der Unterschied zum eigentlichen DTZ ist, dass die KT auf dem Niveau A2 nur 3 Inhaltspunkte bearbeiten sollen, in der Prüfung selbst sind es vier.

1

Gehen Sie gemeinsam mit den KT die Tipps zum Schreiben durch und vergewissern Sie sich, dass sie von allen KT verstanden werden. Erarbeiten Sie evtl. einen Mustertext an der Tafel und verweisen Sie dafür auch auf die Redemittel in den Punkten 3–6. Der Mustertext für Aufgabe A kann z. B. wie folgt aussehen:

Sehr geehrte Frau Hansen,

ich schreibe Ihnen, weil Timo nicht in die Schule kommen kann,
denn er ist krank. Bitte entschuldigen Sie das Fehlen von Timo.
Ich denke, dass er am Donnerstag wieder kommen kann.

Mit freundlichen Grüßen

Mariana Guidi

Wenn die KT bereits mit dem *Pluspunkt Deutsch A1* gearbeitet haben, ist ihnen ein Entschuldigungsbrief für die Schule bereits aus Lektion 8, Block C vertraut.

Auftaktseite

Lernziele und Lerninhalte:

Sprechen: Fotos beschreiben, erzählen, wo man in Deutschland Leute kennengelernt hat, Möglichkeiten, im Heimatland Leute kennenzulernen

Kannbeschreibungen GER / Rahmencurriculum:

Kann auf einfache Weise seine/ihre Meinung über erlebte und beobachtete Aspekte des Lebens in Deutschland mitteilen.
Kann sich in einfachen Worten über seine/ihre Erfahrungen austauschen.

Arbeitsbuch: Ü 1–2

A Ehrenamtlich arbeiten

Lernziele und Lerninhalte:

Sprechen: Engagement im Nachbarschaftshaus, ehrenamtliche Aktivitäten
Hören: Aktivitäten im Nachbarschaftshaus, ein Projekt im Nachbarschaftshaus
Lesen: Konzept und Angebote im Nachbarschaftshaus

Arbeitsbuch: Ü 3–5

B Vereine

Lernziele und Lerninhalte:

Hören: Interview über Vereinsmitgliedschaften
Lesen: Vereine in Deutschland
Wortschatz: Vereinsleben
Projekt: Vereine im Wohnort
Grammatik: Relativsätze im Dativ und mit Präpositionen
Projekt: Vereine in Deutschland / am Wohnort

Arbeitsbuch: Ü 6–14
Portfolioübung Ü 14: Sind Sie Mitglied in einem Verein?

C Telefonieren

Lernziele und Lerninhalte:

Sprechen: Dialoge am Telefon
Hören: Dialoge am Telefon
Lesen: Dialoge am Telefon
Wortschatz: Kommunikation am Telefon

Kannbeschreibungen GER / Rahmencurriculum:

Kann sich telefonisch verbinden lassen.

Arbeitsbuch: Ü 15–16
Schreibtraining Ü 17: Groß- und Kleinschreibung, Satzzeichen
Arbeitsbuch – Deutsch plus Ü 18: Beitrittserklärung für einen Verein
Arbeitsbuch – Wichtige Wörter: Ü 1–3
Arbeitsbuch – Bildlexikon Ü 4–8: Wortschatz Vereine

Phonetik: *r* und *l*

Kopiervorlagen in den Handreichungen:
KV 24 A/B: Wechselspiel Relativsätze
KV 25: Telefonieren

In Lektion 12 geht es um die Themen Kontakte knüpfen, Vereine, ehrenamtliches Engagement und den Austausch interkultureller Erfahrungen. Die Grammatik behandelt Relativsätze im Dativ und Relativsätze mit Präpositionen.

Treffpunkte

Auftaktseite

Lernziele und Lerninhalte:

Sprechen: Fotos beschreiben, erzählen, wo man in Deutschland Leute kennengelernt hat, Möglichkeiten, im Heimatland Leute kennenzulernen

1

Geben Sie einleitend einige Orte vor, die auf den Fotos abgebildet sind: Diskothek / privates Fest – Kinderspielplatz – Straßenecke – Zug usw. Die KT ordnen die Fotos zu.

Teilen Sie den Kurs dann in Gruppen auf. Jede Gruppe bearbeitet ein Foto. Geben Sie den KT einige Minuten Zeit, um sich in Gruppenarbeit die Bilder anzuschauen und Notizen zu machen bzw. die Fragen in der Arbeitsanweisung von 1b mit Hilfe der Redemittelkästen zu beantworten. Unterstützen Sie die KT, sofern sie weiteren Wortschatz brauchen. Anschließend beschreiben die KT die Fotos bzw. die Personen auf dem Foto, das sie bearbeitet haben, im Plenum.

Es kann eine Diskussion folgen, welche Möglichkeiten es gibt, in den abgebildeten Situationen Leute kennenzulernen. Geben Sie geeignete Redemittel vor, für die Situation auf dem Kinderspielplatz, z. B.:

Wenn man Kinder hat, kann man schnell neue Leute kennenlernen / Freunde finden.

Ein Spielplatz ist nicht nur für Kinder ein guter Treffpunkt.

Auch Eltern können sich hier kennenlernen und Freunde werden, weil ...

Ich war auch schon auf dem Kinderspielplatz und habe gute Erfahrungen gemacht / nette Leute kennengelernt.

Mit der Mutter / dem Vater von ...
habe ich viel Kontakt /
treffe ich mich auch zu Hause /
mache ich jetzt viel zusammen.

Variante:

Die KT wählen eine Situation aus und schreiben einen kleinen Dialog. Vorbild dafür kann das Gespräch auf dem Kinderspielplatz in *Pluspunkt Deutsch A1*, Lektion 14 C2 sein. So können die KT auch bereits gelernte Redemittel wiederholen.

2a

Diese Übung soll als Erfahrungsaustausch dienen und die KT können sich Tipps geben, wie man in Deutschland Leute kennenlernen kann. Sprechen Sie hier auch den Deutschkurs oder andere Kurse als geeignete Treffpunkte an und lassen Sie die KT weitere Möglichkeiten suchen, z. B. die Arbeit, Reisen, Konzerte, Hobbys.

Es ist gut möglich, dass viele KT gar keine oder nur sehr wenige Kontakte zu Deutschen haben, sondern nur zu Landsleuten. Die verschiedenen in Deutschland vertretenen Nationalitäten haben zahlreiche Netzwerke, in denen sie sich gegenseitig helfen und beraten und zu denen Deutsche nicht zuletzt aufgrund der fehlenden Sprachkenntnisse kaum Zugang haben. Lassen Sie die KT gegebenenfalls auch darüber berichten.

2b

Diese Übung bietet Gelegenheit zu einem interkulturellen Vergleich. Geben Sie den KT einige Minuten Zeit, um über Gemeinsamkeiten und Unterschiede nachzudenken und sich Notizen zu machen. Lernungeübte KT beschränken sich darauf, die Sprechblasen zu ergänzen, lerngeübte KT berichten ausführlicher.

Arbeitsbuch: Ü 1–2

A Ehrenamtlich arbeiten

Lernziele und Lerninhalte:

Sprechen: Engagement im Nachbarschaftshaus, ehrenamtliche Aktivitäten
Hören: Aktivitäten im Nachbarschaftshaus, ein Projekt im Nachbarschaftshaus
Lesen: Konzept und Angebote im Nachbarschaftshaus

Mit den Informationen über das Nachbarschaftshaus sollen die KT angeregt werden, sich am Leben in ihrer Umgebung bzw. ihrem Wohnort zu beteiligen.

1

Die Aufgaben werden in Partner- oder Gruppenarbeit gelöst, Auswertung im Plenum. Notieren Sie die Antworten der KT zu 1b an der Tafel in einer Tabelle, die z. B. so aussehen kann:

Was ist das Nachbarschaftshaus?	Wer kommt ins Nachbarschaftshaus?	Was kann man dort machen?
Treffpunkt im Berliner Stadtteil Kreuzberg	Kinder, Jugendliche, Erwachsene aus der Nachbarschaft	Kurse, Leute kennenlernen, Sport, sich beraten lassen

Anschließend schließen die KT das Buch und berichten auf Basis der Stichwörter über das Nachbarschaftshaus.

2

Zunächst lesen die KT die Angebote. Klären Sie im Plenum, was die einzelnen Angebote bedeuten bzw. in welchen Situationen sie relevant sein können. Anschließend lösen die KT 2a und 2b.
(Lösung 2a: Herr Stankovic: Seniorentreff, Rechtsberatung, Frau Moik: internationale Frauengruppe, Singkreis; 2b: 1F, 2R, 3R, 4F)

2c zunächst als Partnerinterview, anschließend berichten die KT im Plenum über den/die Lernpartner/in. Dabei bietet sich eine weitere Gelegenheit, Wunschsätze mit *würde gern* und Nebensätze mit *weil* zu wiederholen: *Samya würde gern in der Theatergruppe mitmachen, weil sie Theater mag.*

Die Berichte über ähnliche Angebote in der Nachbarschaft der KT (2d) sind auch als Projekt möglich. Die KT sammeln z. B. im Internet Informationen über Stadtteilzentren am Kurs- oder Wohnort und über die Angebote oder sie informieren sich vor Ort. Sie erstellen eine Adressenliste bzw. eine Liste mit Angeboten, die vom / von der KL kopiert und dann als Informationstext an die KT verteilt wird.

3 a

(Lösung: Foto C) Besprechen Sie im Anschluss an 3a, welche Situationen auf den anderen Fotos abgebildet sind und zu welchen Angeboten in 2a sie passen. Anschließend beschreiben KT die Fotos. Geben Sie dafür Redemittel vor, z. B. für Foto D:

Die Frau hilft ...
Sie erklärt etwas.
Die beiden anderen möchten wissen, ...

3 b

Die KT hören das Gespräch noch einmal und beantworten die Fragen. Diese Aufgabe ist für lernungeübte KT evtl. nur mit Schwierigkeiten zu lösen, weshalb sie die Texte nach dem zweiten Hören noch einmal im Anhang nachlesen sollten.

Wenn andere KT schon früher fertig sind, können sie in Gruppenarbeit die Texte im Anhang nachlesen, Fragen formulieren und gegenseitig beantworten, z. B.:
Wie oft besucht Ulyana Frau Bauer?
Was macht sie bei Frau Bauer?
Warum findet Frau Bauer das Leben oft langweilig?
Warum freut sie sich auf die Besuche von Ulyana?

(Lösung 3b:
- Das Projekt ist für ältere Menschen, Kinder und Menschen mit Behinderungen.
- Ulyana liest Frau Bauer vor.
- Ulyana arbeitet ehrenamtlich und bekommt kein Geld.
- Ulyana ist auch in der Theatergruppe und ihre Schwester ist in der Fußballmannschaft.
- Frau Bauer kennt das Projekt, denn Ulyana kommt im Rahmen dieses Projekts zu ihr.
- Frau Bauer kann vieles nicht mehr machen.
- Ulyana hilft als Jugendliche Frau Bauer.)

4 a

Hier ist Gelegenheit, den KT die Arbeit mit einem einsprachigen Wörterbuch zu erläutern. Lassen Sie einen lerngeübten KT den Eintrag genauer erklären: Silbentrennung, Wortklasse, Worterklärung und Beispiel.

Darüber hinaus ist er für einen Lerntipp geeignet: Empfehlen Sie den KT, nicht nur mit einem zweisprachigen, sondern – je besser ihre Deutschkenntnisse werden und je mehr Wortschatz sie haben – zunehmend auch einem einsprachigen Wörterbuch zu arbeiten.

Sammeln Sie für das nachfolgende Gespräch zunächst gemeinsam mit den KT weitere ehrenamtliche Aufgaben: Engagement in einem Verein, bei der freiwilligen Feuerwehr, in der Schule oder im Kindergarten als Elternbeirat, ehrenamtliche Helfer bei öffentlichen Veranstaltungen, in der Flüchtlingshilfe, beim

Katastrophenschutz und evtl. auch bei Wahlen als Wahlhelfer und als Schöffen im Gericht.

Weitere Informationen zum Ehrenamt finden Sie unter zahlreichen Internetadressen z. B. unter *http://www.ehrenamtsportal.de/*.

Warum engagieren sich Menschen ehrenamtlich? Notieren Sie zusammen mit den KT Gründe an der Tafel. Neben dem Motiv, dass man anderen Leuten helfen kann, sind auch andere Motive denkbar: Ehrenämter sind gut für den Lebenslauf und helfen evtl. bei der Arbeitssuche, man erweitert den eigenen Erfahrungshorizont, man lernt neue Leute und Menschen in anderen Lebenslagen kennen, ein Ehrenamt kann Hobby oder Freizeitbeschäftigung sein und es verbessert das Selbstwertgefühl.

Insgesamt sollten bei dem Gespräch Tätigkeiten im Vordergrund stehen, die auch für die KT möglich und sinnvoll sind, z. B. Mitarbeit im Kindergarten oder in der Schule, wenn die KT Kinder haben, oder Engagement bei der Freiwilligen Feuerwehr, wenn ihr Wohnort klein ist. Die KT sollten nicht nur die Möglichkeiten des ehrenamtlichen Engagements besprechen, sondern sich auch über die Vorteile bewusst werden, die für sie selbst als Migranten/Migrantinnen wichtig sein können: Ehrenämter erleichtern die Integration und man verbessert evtl. die Sprachkenntnisse.

4b

Der abschließende interkulturelle Vergleich sollte im Falle lernungeübter KT eher knapp ausfallen, da das Thema ziemlich komplex ist: Der Stellenwert von Ehrenämtern ist von Land zu Land und Kultur zu Kultur sehr unterschiedlich und z. B. kann auch familiäre Hilfe darunter verstanden werden, und auch je nachdem, ob die KT aus einer großen Stadt oder vom Land kommen, können Ehrenämter unterschiedlich aufgefasst werden.

Arbeitsbuch: Ü 3–5

B Vereine

Lernziele und Lerninhalte:

Hören: Interview über Vereinsmitgliedschaften
Lesen: Vereine in Deutschland
Wortschatz: Vereinsleben
Grammatik: Relativsätze im Dativ und mit Präpositionen
Projekt: Vereine in Deutschland / am Wohnort

1

(Lösungen 1a: Turnverein, Fußballverein, Musikschulverein, Karnevalsverein;
1b: Turnverein: Sie ist in einer Gymnastikgruppe. Fußballverein: Ihr Sohn und ihr Mann spielen Fußball, ihr Mann trainiert ehrenamtlich eine Kindermannschaft. Musikschulverein: Ihr Sohn spielt Gitarre und hat in der Musikschule Unterricht. Karnevalsverein: Sie weiß auch nicht, warum. Früher hat sie gerne Karneval gefeiert.)

Erarbeiten Sie mit den KT Wortschatz, um die Aktivitäten in den genannten Vereinen zu beschreiben, nachdem die KT die Aufgaben zum Hörverstehen gelöst haben, für den Kleingartenverein z. B. *der Garten, Blumen, Gemüse pflanzen, Obstbäume, Rasen (mähen), für den Musikverein z. B. die Trompete, die Geige, das Klavier, im Orchester spielen.*
Die KT können auch kurze Texte über die Vereine schreiben.

2

Die KT lesen den Text und ordnen die Zahlen zu (2a), dann beantworten sie die Fragen in 2b.

Variante:
Notieren Sie zur weiteren Auswertung außer den Zahlen weitere Stichwörter *interkulturelle Freundschaftsvereine / soziale Vereine* zu denen die KT Informationen aus dem Text notieren. Auf Basis ihrer Notizen berichten die KT in eigenen Worten über die Informationen im Text.

Informationen zur Landeskunde:
Gegründet wurde der VdK als „Verband der Kriegsbeschädigten, Kriegshinterbliebenen und Sozialrentner Deutschland" in Düsseldorf im Jahre 1950. Im Mittelpunkt seiner Arbeit stehen die Werte soziale Gerechtigkeit und Solidarität, Hilfe zur Selbsthilfe und der Erhalt der sozialen Sicherungssysteme. Der Verband hat bei seiner Arbeit zahlreiche Schwerpunkte, von der Renten-, Gesundheits- und Sozialpolitik bis zur Bioethik und den Rechten von Patienten und Patientinnen. Als unabhängige Organisation ist der Sozialverband VdK in der deutschen Sozialpolitik aktiv und engagiert sich mit seinen Vorstellungen in den Gremien der Bundes- und Landespolitik. Bundesweit hat der Verein ungefähr 60.000 ehrenamtliche und 1500 hauptamtliche Mitarbeiter.

(Mehr Informationen unter: https://de.wikipedia.org/wiki/Sozialverband VdK Deutschland)

3

Einführung der Relativsätze mit Präpositionen. Zunächst ergänzen die KT die Sätze in 3a, dann markieren sie die Relativpronomen mit Präpositionen und die Verben.

Erläutern Sie anschließend diese Relativsätze anhand des Grammatikkastens und nach dem Muster der Einführung der Relativpronomen im Nominativ und Akkusativ in Lektion 11, Block A (s. Seite 86–88 in den vorliegenden *Handreichungen*).

Erläutern Sie die Relativsätze z. B. wie folgt näher:
Es gibt ungefähr 600.000 Vereine.
Was wissen wir über die Vereine?
In den Vereinen sind viele Menschen aktiv.
→ *Es gibt ungefähr 600.000 Vereine, in denen über eine Millionen Menschen aktiv sind.*

Machen Sie darauf aufmerksam, dass der Kasus des Relativpronomens, also Dativ oder Akkusativ von der Präposition abhängt. Machen Sie den KT anhand des Grammatikkastens auch bewusst, dass sie hier die Relativpronomen im Dativ kennenlernen, und dass sich das Relativpronomen nur im Dativ Plural vom bestimmten Artikel unterscheidet. Verweisen Sie auf die Übersicht auf der *Gewusst-wie*-Seite und lassen Sie eine/n KT die Tabelle mit den Relativpronomen im Nominativ, Akkusativ und Dativ an die Tafel schreiben. Die übrigen KT schreiben die Tabelle in ihr Heft. Geben Sie Beispiele für Relativsätze im Dativ ohne Präpositionen:
Die Frau, der Ulyana hilft, heißt Frau Bauer.
Wem hilft Ulyana?

Menschen, denen soziale Vereine helfen, haben oft große Probleme.
Wem helfen soziale Vereine?

Der Schüler, dem dieses Buch gehört, heißt Ahmed.
Wem gehört das Buch?

Anschließend formen die KT die Sätze aus 3a in Hauptsätze um (3c).

Üben Sie die Relativsätze mit Präpositionen mit der Aufgabe 1 unter Sprechen aktiv weiter.

Kopiervorlage 24 A/B enthält ein Wechselspiel, in dem alle behandelten Formen der Relativpronomen gemischt vorkommen: Nominativ, Akkusativ, Dativ und Relativpronomen mit Präpositionen. Deshalb bietet sich das Wechselspiel für lerngeübte KT an. Die KT haben je vier Fragen zu zwei Häusern und ihren Bewohnern/Bewohnerinnen und je vier Antworten zu zwei anderen Häusern und ihren Bewohnern/Bewohnerinnen. Aufgabe ist es, die Fragen des Partners / der Partnerin mit Relativsätzen zu beantworten.

Das abschließende Gespräch in 3d soll Gelegenheit zu einem gegenseitigen Austausch bieten und es dient als Überleitung zu dem Projekt in Aufgabe 4. Die Portfolioübung 14 im AB bietet dazu eine schriftliche Variante.

4

Geben Sie den KT unterschiedliche Aufträge je nach Interesse. An Sport interessierte KT informieren sich über die Sportvereine vor Ort und ihre Angebote, an Kultur interessierte KT über Kulturvereine und je nach Hobbys und Interessenlage können die KT auch recherchieren, welche Wandervereine, Kleingartenvereine oder Vereine für Besitzer von Hunden oder anderen Haustieren es gibt. Fordern Sie die KT auf, in Erfahrung zu bringen, ob es z. B. an den Schulen oder anderen Institutionen zusätzliche Vereine gibt, die die Institution unterstützen. Die KT präsentieren ihre Ergebnisse im Kurs und sammeln sie evtl. auf einem Lernplakat. Lexikalische Hilfe bietet das *Bildlexikon* im *Arbeitsbuch* zu dieser Lektion.

Arbeitsbuch: Ü 6–14
Portfolioübung Ü 14: Sind Sie Mitglied in einem Verein?

C Telefonieren

Lernziele und Lerninhalte:

Sprechen:	Dialoge am Telefon
Hören:	Dialoge am Telefon
Lesen:	Dialoge am Telefon
Wortschatz:	Kommunikation am Telefon

Telefongespräche mit Personen, die Deutsch als Muttersprache haben, stellen für viele Deutschlernende eine besondere Schwierigkeit dar. Deshalb werden in diesem Block einige Situationen am Telefon geübt.

1

Zunächst hören die KT das einleitende Gespräch (Track 41) und beantworten die Frage in 1a.
Dann betrachten die KT die Zeichnungen und stellen Vermutungen über den weiteren Verlauf an. Geben Sie dafür geeignete Redemittel und Wortschatz vor, z. B.:

zufrieden, geduldig, ungeduldig, verärgert, wütend

Auf Bild 1 sieht Frau ... aus
Auf Bild 2 wirkt sie ...
Auf Bild 3 ist sie ...
Ich denke, dass sie ...
Vielleicht hat sie ...
Bild 4 zeigt, dass sie ...

Anschließend hören die KT die Telefongespräche, um ihre Vermutungen zu überprüfen und die Frage zum globalen HV in 1b zu beantworten.

Variante:
Die KT hören die Dialoge und beantworten weitere Fragen:
Warum kann Frau Badi nicht mit Herrn Schlüter sprechen?
Welche Telefonnummer hat Herr Schlüter?
Warum kann Herr Schlüter nicht weiterhelfen?
Welche Durchwahlnummer hat Frau Costa?

Erläutern Sie bei dieser Gelegenheit auch das Adverb *gerade* in dem Satz *Frau Schlüter spricht gerade.* und geben Sie weitere Beispiele. Anschließend lesen und spielen die KT die Dialoge, um die Dialogvariationen in Aufgabe 3 vorzubereiten.

2
Auch diese Übung dient der Vorbereitung der Dialogvariationen. Partnerarbeit, anschließend lesen die KT die Minidialoge im Plenum vor.

3
Gehen Sie mit den KT zunächst den Redemittelkasten durch und lassen Sie die KT die passenden Redemittel aus den Aufgaben 1 und 2 ergänzen. Anschließend erarbeiten und spielen die KT die Dialoge. Als Abschluss spielen zwei Lernpaare die Dialoge im Kurs vor. Da diese Dialogarbeit in den vorangegangenen Übungen sehr gründlich vorbereitet wurde, sollten auch lernungeübte KT versuchen, die Dialoge ohne weitere Unterstützung zu erarbeiten.

In **Kopiervorlage 25** finden Sie zwei weitere Situationen zum Thema, unterstützt durch Dialoggrafiken.

1. Der Anrufer bittet darum, dass eine andere Person ans Telefon kommt. Diese ist nicht da. Er will später noch einmal anrufen.
2. Der Anrufer bittet darum, dass eine andere Person ans Telefon kommt. Diese ist nicht da. Er bittet auszurichten, dass man zurückrufen soll.

Arbeitsbuch: Ü 15–16
Schreibtraining Ü 17: Groß- und Kleinschreibung, Satzzeichen
Arbeitsbuch – Deutsch plus Ü 18: Beitrittserklärung für einen Verein
Arbeitsbuch – Wichtige Wörter: Ü 1–3
Arbeitsbuch – Bildlexikon Ü 4–8: Wortschatz Vereine

Sprechen aktiv

1
Grammatik sprechen: In diesem Spiel geht es um Relativsätze mit Präpositionen. Wie bereits oben erwähnt, sollte es unmittelbar im Anschluss an Aufgabe B3 gespielt werden, um diese neue grammatische Form zu festigen

2
Wörter sprechen: Hier geht es um Redemittel bzw. Wortschatz in Telefongesprächen. Lernungeübte KT sollten die Antwortsätze zuerst schreiben, bzw. gemeinsam mit den/der KL erarbeiten, lerngeübte KT antworten spontan und erfinden ggf. weitere Situationen.

3
Flüssig sprechen: Relativsätze mit Präpositionen sind für die KT auf dieser Lernstufe ein schwieriges Thema. Das Ziel ist nicht, dass die KT beliebige Relativsätze mit Präpositionen fehlerfrei bilden können, sondern, dass sie im Textverständnis nicht über diese Strukturen stolpern. Es gibt allerdings ein paar Relativsätze mit Präpositionen, die wir im Deutschen sehr häufig verwenden. Das sind die Sätze mit den Präpositionen *in* und *mit*. Auch die *Grammatik-sprechen*-Übung auf Seite 142 fokussiert auf diese beiden Formen.

4
Dialogtraining: Diese Übung baut auf der Videosequenz 15 zu Lektion 12 auf. Thema ist ehrenamtliches Engagement am Beispiel einer „Leihoma“. Da dieser Begriff in der Lektion selbst nicht vorkommt, sollten Sie ihn zur Vorentlastung erklären oder die KT Vermutungen anstellen lassen, was eine Leihoma ist. Es empfiehlt sich, dass lernungeübte KT den Dialog erst hören, bevor sie ihn ordnen.

Phonetik: *r* und *l*, siehe Seite 147 in den *Handreichungen*.

Auftaktseite

Lernziele und Lerninhalte:

Sprechen: über Bankgeschäfte sprechen
Wortschatz: Bankgeschäfte

Arbeitsbuch: Ü 1–3

A Auf der Bank

Lernziele und Lerninhalte:

Sprechen: ein Konto eröffnen
Hören: Dialog über Kontoeröffnung
Lesen: Dialog über Kontoeröffnung
Wortschatz: Bankgeschäfte
Grammatik: Fragepronomen bei Verben mit Präpositionen

Kannbeschreibungen GER/Rahmencurriculum:

Kann sich über Banken und Versicherungen informieren.
Kann sich über Bankdienstleistungen informieren.
Kann am Schalter beim Kauf von Bankdienstleistungen die erforderlichen Auskünfte geben.

Arbeitsbuch: Ü 4–8

B Versicherungen

Lernziele und Lerninhalte:

Sprechen: über Versicherungen sprechen, Wörter erklären
Lesen: Texte über Versicherungen
Wortschatz: Versicherungen
Grammatik: Komposita

Kannbeschreibungen GER/Rahmencurriculum:

Kann sich über Banken und Versicherungen informieren.
Kann kurzem und klarem Informationsmaterial wichtige Informationen entnehmen.

Arbeitsbuch: Ü 9–12

C Kaufen und reklamieren

Lernziele und Lerninhalte:

Sprechen: über Vorteile und Nachteile sprechen, etwas vergleichen
Reklamationsdialoge
Hören: Beratungsgespräch über Waschmaschinen, Reklamationsdialog

Kannbeschreibungen GER/Rahmencurriculum:

Kann grundlegende Informationen zu Produkten erfragen.

Arbeitsbuch: Ü 13–15
Schreibtraining Ü 16: Reklamationsbrief
Arbeitsbuch – Deutsch plus Ü 17: Erfahrungsberichte über elektronische Geräte
Arbeitsbuch – Wichtige Wörter: Ü 1–4
Arbeitsbuch – Bildlexikon Ü 5: Geldautomat, Ü 6–8: Haushaltsgeräte

Phonetik: Silbengrenzen erkennen

Kopiervorlagen in den Handreichungen:

KV 26: Partnerinterview: Worüber, Über wen …
KV 27: Dialogkarten: Reklamationen

In dieser Lektion lernen die KT Wortschatz zu Banken kennen, es geht um Dialoge in der Bank, Versicherungen, Verkaufsgespräche und Reklamationen. Die Grammatik behandelt Fragepronomen bei Verben mit Präpositionen und Komposita.

Auftaktseite

Lernziele und Lerninhalte:

Sprechen: über Bankgeschäfte sprechen
Wortschatz: Bankgeschäfte

1

Auf den Fotos sind mehrere Situationen mit Bankgeschäften abgebildet Zuordnung und Beschreibung der Fotos in Partnerarbeit, Auswertung im Plenum. Heben Sie dafür die Redemittel in den Sprechblasen von 1a hervor und erweitern sie diese. In 1b berichten die KT über eigene Bankgeschäfte, um den Wortschatz aus 1a zu festigen.
(Wortschatz zum Thema Banken wurde bereits in *Pluspunkt Deutsch A1*, Lektion 7B eingeführt: *Geldautomat, EC-Karte, Kontonummer, Kontoauszug, IBAN, Überweisungsformular*)

Arbeitsbuch: Ü 1–3

A Auf der Bank

Lernziele und Lerninhalte:

Sprechen: ein Konto eröffnen
Hören: Dialog über Kontoeröffnung
Lesen: Dialog über Kontoeröffnung
Wortschatz: Bankgeschäfte
Grammatik: Fragepronomen bei Verben mit Präpositionen

1

Der Wortschatz in Aufgabe 1a ist zum Teil neu, viele Wörter dürften den KT trotzdem bekannt sein. Klären Sie den Wortschatz vor dem Hören gemeinsam. (Lösung: Girokonto, Kreditkarte, EC-Karte, Geheimnummer).

Gehen Sie bei der Besprechung von 1b auf weiteren Wortschatz zum Thema ein: *kostenlos, bargeldlos, Buchung, Schalter, Geschäftskonto, Privatkonto.*

Bevor die KT den Dialog lesen, empfiehlt sich eine Ausspracheübung. Lesen Sie einige Begriffe vor und lassen Sie sie nachsprechen: *ein Girokonto eröffnen, das Privatkonto, das Geschäftskonto, Gebühren bezahlen, bargeldlos bezahlen, Geld abheben, die Geheimnummer für den Geldautomaten.*

2

Verben mit Präpositionen kennen die KT bereits aus Lektion 8, hier lernen sie Fragepronomen mit *wo(r)-* + Präposition kennen. Wiederholen Sie einleitend die Verben mit Präpositionen, die die KT schon kennen. Eine Übersicht gibt es u. a. auf der *Gewusst-wie*-Seite von Lektion 8. Außerdem kommen in Lektion 9 *impfen gegen* und *verzichten auf* vor. Erinnern Sie die KT daran, dass sie Verb, Präposition und Kasus immer zusammen lernen sollten (siehe Anmerkungen zu Lektion 8, A2). Beachten Sie, dass mit *brauchen für, mit der EC-Karte* und *bezahlen mit* auch Verbindungen vorkommen, bei denen es sich nicht um feste Verbindungen Verb + Präposition handelt. Aber auch hier braucht man die neu eingeführten Fragewörter, um Fragen stellen zu können.

Erklären Sie anhand des Grammatikkastens bei 2b den Unterschied der Fragen, nachdem die KT 2a gelöst haben mit weiteren Beispielen:

> *Woran denkst du / denken Sie oft? – An wen denkst du / denken Sie oft?*
> *Worauf wartest du / warten Sie? – Auf wen wartest du / warten Sie?*

Die Teilnehmer/innen erläutern, welche Frage für Personen und welche für Sachen ist. Anschließend ergänzen sie die Fragen in 2b in Einzelarbeit, es folgen Fragen und Antworten in Partnerarbeit (2c).

Kopiervorlage 26 ist ein Partnerinterview. Die KT stellen sich gegenseitig Fragen mit Verben + Präpositionen und üben dadurch noch einmal frei den Unterschied zwischen Sachen und Personen. Sollten Sie diese Fragen für Ihren Kurs zu persönlich finden, können die KT die Fragen auch für sich in Einzelarbeit schriftlich beantworten, bzw. nur diejenigen Fragen, die sie beantworten möchten.

3

Dialogarbeit: Auch hier kann eine Dialoggrafik helfen, z. B.:

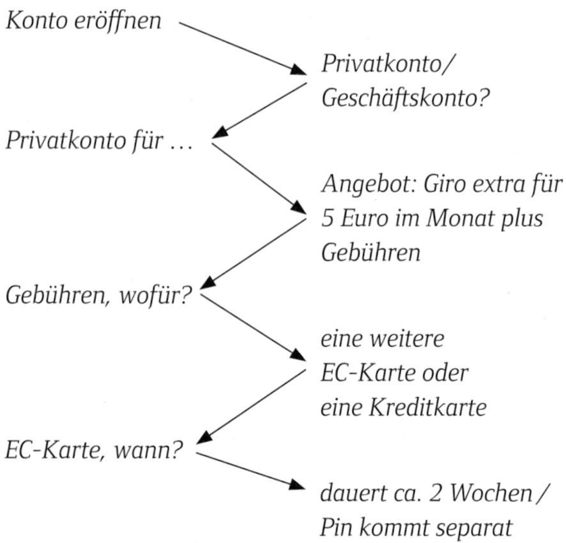

Lerngeübte KT bekommen eine weitere Dialogvariante:

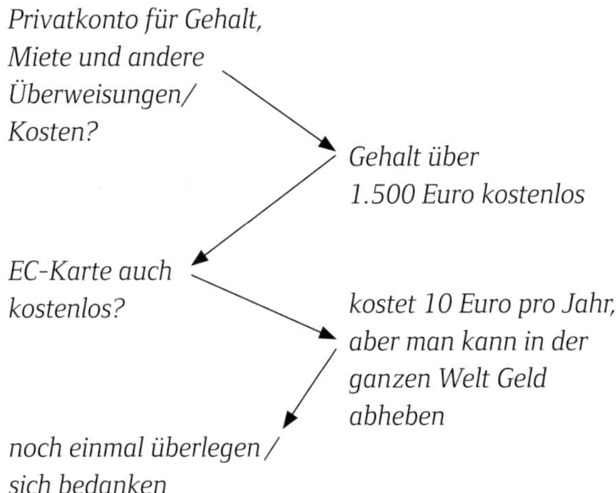

Lassen Sie die Dialoge mehrmals spielen. Zunächst mit Unterstützung durch die Übungen im KB und im AB (Übungen 4 und 5) bzw. die Dialoggrafik, anschließend ohne.

Variante:
Überlegen Sie mit den KT weitere Situationen, in denen man Dialoge in der Bank führt, wie z. B. Informationen über Geldanlagen, Kredite, Einrichtung eines Dauerauftrags, Auslandsüberweisung/Verlust, Sperrung eine EC-Karte, Adressenänderung bei Umzug u. Ä. Lassen Sie die KT z. B. auch Dialoge für die Situationen Verlust der EC-Karte und Umzug spielen. Lerngeübte KT erarbeiten für die Adressänderung in Partnerarbeit selbst eine Dialoggrafik, lernungeübte KT arbeiten zunächst mit einem Lückentext, z. B.:

Umzug / neue Adresse
\+ *Guten Tag, ich bin ______________________ / ich habe ______________________*
– *Wie lautet die ______________________*
– *______________straße Nummer ______, die Postleitzahl ist ______, hier in ______________*

Für die Kartensperrung empfiehlt sich für alle KT zunächst ein Lückentext, z. B.:
\+ *Ich heiße ____________ Ich habe meine EC-Karte ______________ (verloren) und möchte sie sperren lassen.*
– (Telefongespräch:) *Sagen Sie mir bitte Ihr Geburtsdatum?*
(Gespräch in der Bank:) *Darf ich bitte Ihren ________________ (Ausweis) sehen?*
– *Vielen Dank. Dann sperre ich jetzt die ________________ (Karte).*
\+ *______________ (Kostet) das etwas?*
– *Ja, es gibt eine __________ (Gebühr) von 5 Euro.*

Minidialoge, z. B. für Geld einzahlen, abheben, überweisen, wechseln, für lernungeübte KT z. B. nach folgendem Muster:
\+ *Guten Tag, ich möchte gern Geld wechseln.*
– *Natürlich, kein Problem, wie viel?*
\+ *100 Euro.*

Vorschläge für lerngeübte KT: Beim Thema Geld wechseln bzw. Geld abheben kann dann auch gefragt werden, in welchen Scheinen man das Geld haben möchte, oder es erfolgt die Aufforderung, einen Kassenbeleg zu unterschreiben. Es ist möglich, dass der Bankangestellte / die Bankangestellte die gewünschte Währung nicht vorrätig hat oder die Währung, die man wechseln möchte, nicht annimmt.

Arbeitsbuch: Ü 4–8

B Versicherungen
Lernziele und Lerninhalte:

Sprechen:	über Versicherungen sprechen, Wörter erklären
Lesen:	Texte über Versicherungen
Wortschatz:	Versicherungen
Grammatik:	Komposita

1
Die KT lernen einige wichtige Versicherungen in Deutschland kennen. Zuordnung in Partnerarbeit, Auswertung im Plenum. Erläutern Sie auch die Unterschiede der Versicherungen. Weisen Sie darauf hin, dass neben der Krankenversicherung auch die Pflegeversicherung, die Rentenversicherung und die Arbeitslosenversicherung Pflicht sind, wenn man eine feste Stelle hat, und dass in diesem Fall ein Teil der Versicherungen von den Arbeitgebern/Arbeitgeberinnen bezahlt wird. Weitere Einzelheiten insbesondere zur Sozialversicherung sind an dieser Stelle nicht erforderlich, denn das deutsche Sozialsystem gehört zu den Lerninhalten des Orientierungskurses.

2
Die KT erhalten weitere Informationen darüber, in welchen Fällen welche Versicherung hilft, aber auch, dass bestimmte Versicherungen nicht in jedem Fall notwendig sind, dass Versicherungen in Schadensfällen nicht ohne Vorbehalt zahlen, und dass es keine Garantie für Zahlungen gibt. Machen Sie darauf aufmerksam, dass es sehr unterschiedliche Tarife und Versicherungen gibt, z. B. eine Haftpflichtversicherung für Einzelpersonen oder für Familien, wenn Sie mit den KT die Frage in 2a besprechen. Aufgabe 2b lösen die KT in Partnerarbeit, Auswertung im Plenum.

Geben Sie für 2c geeignete Redemittel vor, z. B.:
Ich finde die … Versicherung wichtig / nicht wichtig, weil…

Sammeln Sie die Aussagen der KT an der Tafel und machen Sie eine kleine Auswertung: Welche Versicherung finden die KT sehr wichtig, welche finden sie weniger wichtig?

Sammeln Sie weitere Versicherungen, die in bestimmten Fällen relevant sein können, z. B. Lebensversicherung, Reiserücktrittsversicherung, Krankenversicherung bei Auslandsreisen und lassen Sie die KT überlegen, wie wichtig diese Versicherungen sind.

Darüber hinaus sollten die KT die Versicherungen bzw. Versicherungsangebote mit der Situation in ihrem Heimatland vergleichen. Hier können sich interessante Diskussionen z. B. zum Sozialversicherungssystem ergeben, das es oft in anderer Form und in vielen Ländern für die Mehrheit der Bevölkerung gar nicht gibt.

AB-Übung 10 enthält einen Dialog: Anruf bei der Kfz-Haftpflichtversicherung wegen einer Schadensmeldung. Lassen Sie die KT den Dialog im Kurs spielen. Bieten Sie Varianten an: andere Versicherungsnummer, andere(r) Geschädigte(r), anderer Schaden, z. B. kaputte Scheinwerfer hinten oder vorne.
Oder eine Schadensmeldung für die Familienhaftpflichtversicherung, z. B.: Jemand hat bei einem Verwandtenbesuch eine Lampe kaputt gemacht, jemand hat das Fahrrad eines Bekannten/Freundes beschädigt.

3

In *Pluspunkt Deutsch A1*, Lektion 12 wurden bereits Komposita mit zwei Nomen geübt, hier geht es u. a. um die Kombination von mehr als zwei Wörtern sowie um Komposita mit Adjektiven oder Verben und um Fugenzeichen (*s* und *n*).

Erläutern Sie die Komposita mit Hilfe des Grammatikkastens und geben Sie weitere Beispiele. Schreiben Sie alle Komposita aus dem Text in 3a an die Tafel und markieren Sie die Bestandteile farbig. Notieren Sie auch die Wörter, aus denen sich die Komposita zusammensetzen, und wiederholen Sie die Genusregeln, die im A1-Band erläutert sind: Das letzte Wort bestimmt den Artikel.

4

Hier wird die Unterscheidung zwischen dem Grundwort und dem Bestimmungswort eines Kompositums näher erklärt. Auswertung im Plenum. Auch bei dieser Übung sollten die KT die Bestandteile der Komposita markieren und getrennt notieren. Lassen Sie die KT auch bestimmen, worum es sich bei den Dingen handelt, die kein Fahrzeug sind, bzw. was sie mit einem Fahrzeug zu tun haben.

4b bietet Gelegenheit, die Relativsätze, die die KT aus Lektion 11 und 12 kennen, zu wiederholen. Schreiben Sie einleitend ein Beispiel an die Tafel:
Ein Kleinwagen ist ein Wagen, der klein ist.
Ein Mietwagen ist ein Wagen, den man mieten kann.

Geben Sie auch Beispiele für Erklärungen ohne Relativsatz:
Ein Familienwagen ist ein Wagen für eine Familie.

Es empfiehlt sich eine differenzierte Vorgehensweise. Lernungeübte KT erklären Komposita, die relativ einfach mit einem Relativsatz zu erklären sind (Neuwagen, Kleinwagen, Gebrauchtwagen), oder beschränken sich auf Erklärungen ohne Relativsatz (Familienwagen, Wagenreparatur), lerngeübte KT geben umfangreichere Erklärungen, z. B.:
Ein Familienwagen ist ein Wagen, in dem eine ganze Familie Platz hat.

Lassen Sie die KT in nach Lernstärke getrennten Gruppen zusammenarbeiten.

Varianten:

- Ratespiel: KT 1 fragt KT 2: *Wie nennt man einen Wagen, der klein ist?* KT 2 antwortet: *Das ist ein Kleinwagen.* Dann stellt KT 2 eine Frage usw.
- Weitere Komposita, z. B. für Blumen. Erarbeiten Sie mit den KT ein Wörternetz, z. B.

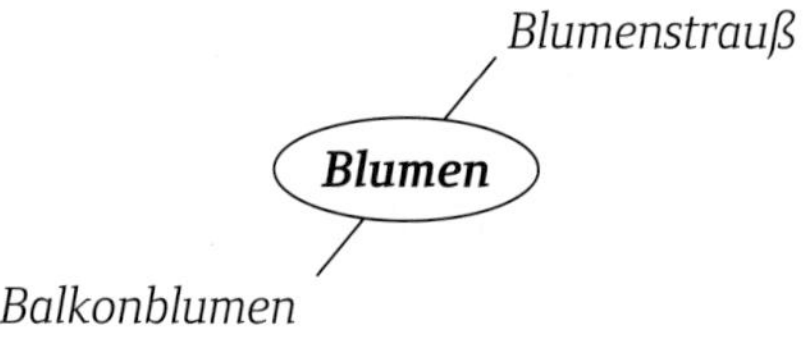

Weitere mögliche Ergänzungen: *Laden, Herbst, Erde, Duft, Erde, Topf.*

Die KT bilden Komposita nach dem Muster von 4a und erklären sie wie in 4b. Auch hier sollte bei den Erklärungen nach Lerngeübtheit der KT differenziert werden. Mögliche Komposita und Erklärungen für lernungeübte KT:
Blumenstrauß (Strauß mit Blumen) – Blumenverkäufer (ein Mann, der Blumen verkauft) – Blumenduft (der Duft von Blumen) – Blumenerde (Erde für Blumen)

Für lerngeübte KT:
Balkonblumen (Blumen, die auf dem Balkon stehen), Blumentopf (Topf, in dem Blumen wachsen) – Herbstblumen (Blumen, die im Herbst blühen) – Blumenladen (Laden, in dem man Blumen kaufen kann)

- Fordern Sie die KT auf, in den vorangegangenen Lektionen z. B. in den Wörterlisten der AB-Lektionen nach weiteren Komposita zu suchen, wobei je zwei KT eine Lektion bearbeiten. Die KT notieren die Komposita in derselben Weise wie oben beschrieben und stellen dann mit einem oder zwei Beispielen ihre Ergebnisse im Plenum vor. Jede Lektion von 1–12 enthält in den Wortschatzlisten im AB mehrere Komposita, sodass die Suche in jedem Fall ergiebig ist.

- Die KT schreiben die Bestandteile von einem oder zwei Komposita auf separate Zettel. Die Zettel werden gemischt. Jede/r KT nimmt einen Zettel. Dann heften sie sie an eine Pinnwand oder legen sie auf einen Tisch. Wenn andere KT meinen, dass sie passende Bestandteile für das Wort haben, heften oder legen sie ihren Zettel je nach Wort vor oder hinter den Zettel, der bereits an der Pinnwand hängt oder auf dem Tisch liegt. Auch Fehlgriffe sind erlaubt, denn so haben die KT Gelegenheit zu diskutieren, welche Worte im Deutschen möglich oder sinnvoll sind.

Arbeitsbuch: Ü 9–12

C Kaufen und Reklamieren

Lernziele und Lerninhalte:

Sprechen: über Vorteile und Nachteile sprechen, etwas vergleichen, Reklamationsdialoge

Hören: Beratungsgespräch über Waschmaschinen, Reklamationsdialog

1

Einleitend Klärung der unbekannten Wortschatzes, danach Gespräch über die Waschmaschinen und Vergleich von Maßen, Preis, Kapazität, Garantie usw. Dabei bietet sich Gelegenheit, den Komparativ zu wiederholen (siehe *Pluspunkt Deutsch A1*, Lektion 13)
Die Bella WM 15 ist billiger als ...
Das Kurzprogramm von der Technika ist kürzer als ...
Die Bella WM 18 schleudert stärker als ... usw.

Anschließend hören die KT den Dialog und beantworten die Fragen in 1a und 1b.
(Lösung: 1b: Bella WM 15, Bella WM 18; 1c: 1 R, 2 F, 3 F, 4 R, 5 F)

Zum Thema Energieeffizienzklassen, die angeben, ob ein Gerät vergleichsweise viel oder wenig Strom verbraucht, s. *http://www.umweltbundesamt.de/themen/* Suchbegriff: Energiesparen, Energieverbrauchskennzeichnung.

2

In dieser Aufgabe lernen die KT, Vorteile und Nachteile von Sachen zu beschreiben. Gehen Sie mit den KT den Redemittelkasten durch, danach erhalten die KT die Aufgabe, mit den angegebenen Redemitteln Sätze zu schreiben, in denen jeweils zwei Vorteile bzw. Nachteile genannt werden. Anschließend erfolgt ein Gespräch über die Vor- und Nachteile im Plenum. Zur Vorbereitung dieses Plenumsgesprächs ist auch AB-Übung 13 geeignet, in der zwei Kaffeemaschinen verglichen werden.

3

(Lösung 3a: 3) Nachdem die KT die Sätze in 3b ergänzt haben, hören sie den Dialog noch einmal zur Kontrolle von der CD und spielen ihn in Partnerarbeit.

Weisen Sie die KT darauf hin, dass es in Deutschland eine gesetzlich vorgeschriebene Garantiezeit von zwei Jahren auf neu gekaufte Gebrauchsgüter wie z. B. Elektrogeräte gibt, sofern man sie bei einem Händler gekauft hat. Fragen Sie die KT, ob sie schon einmal einen ähnlichen Fall erlebt haben, und lassen Sie sie über ihre Erfahrungen berichten.

4

Für die Dialogarbeit bieten sich wieder mehrere Möglichkeiten an, z. B. eine Dialoggrafik oder ein Lückentext. Nachdem die KT im Laufe des Kurses wahrscheinlich schon mehrfach mit Dialoggrafiken gearbeitet haben, können lerngeübte KT jetzt auch selbst eine erarbeiten, lernungeübte KT erhalten eine vom / von der KL, z. B. wie folgt:

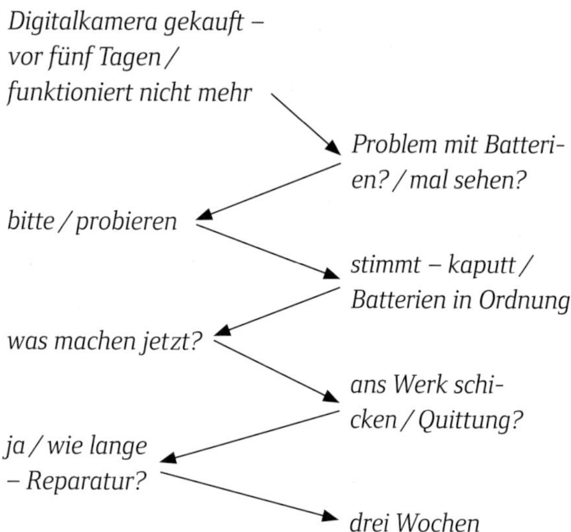

Einen komplexeren Dialog können lerngeübte KT mit Hilfe der Dialogkarten **Kopiervorlage 27** zum Thema Reklamation spielen. Schneiden Sie die Kärtchen aus und geben Sie jeweils zwei KT Kärtchen eines Dialogs mit den verschiedenen Rollen. Geben Sie den KT einige Minuten Zeit, damit sie sich für ihre Rollen Notizen machen können, bevor sie mit den Dialogen beginnen.

In AB-Übung 16 *(Schreibtraining)* wird ein Reklamationsbrief geübt, was für die KT eine wichtige Hilfe im Alltag darstellen kann. Sie sollten diese Übung in jedem Fall im Kurs machen. Die Struktur des formellen Briefes kennen die KT bereits aus *Pluspunkt Deutsch A1*, Lektion 14, Block B.

Arbeitsbuch: Ü 13–15
Schreibtraining Ü 16: Reklamationsbrief
Arbeitsbuch – Deutsch plus Ü 17: Erfahrungsberichte über elektronische Geräte
Arbeitsbuch – Wichtige Wörter: Ü 1–4
Arbeitsbuch – Bildlexikon Ü 5: Geldautomat, Ü 6–8: Haushaltsgeräte

Hinweis zu AB *Bildlexikon* Ü 5:
In dieser Übung geht es zum einen um die weitere Festigung des Wortschatzes zum Thema Banken, die KT sollen aber auch wie in Lektion 5, Block C (Fotokopierer) üben, einen Ablauf zu erklären, bzw. wie ein Gerät funktioniert. Die Zuordnung von 5a erfolgt in Einzelarbeit, Auswertung im Plenum. Es folgt die Erklärung, wie man Geld abhebt, z. B. nach der im Folgenden vorgeschlagenen Variante oder auch in Form eines Dialogs ähnlich dem Dialog im Hörtext von 5a.

Varianten:
- Schreiben Sie die Erläuterung, wie man Geld vom Automaten abhebt, komplett an die Tafel: Ein/e KT liest den Text vor. Wischen Sie dann einen Teil des Textes, z. B. jedes vierte Wort weg. Erneut liest ein/e KT den Text vor und ergänzt die fehlenden Worte aus dem Gedächtnis. Wischen Sie weitere Teile des Dialogs weg, bis die KT den Vorgang frei ohne weitere Unterstützung beschreiben müssen.
- Lassen Sie die KT weitere technische Geräte beschreiben, wie evtl. bereits in Lektion 5 geschehen, z. B. einen Overhead-Projektor, einen CD-Player, das Smartphone.

Sprechen aktiv

1

Wörter sprechen: Hier werden Komposita geübt. Gleichzeitig haben die KT wie schon in Block B Gelegenheit, Relativsätze noch einmal zu üben.

2

Grammatik sprechen: Thema sind Verben mit Präpositionen und zugehörige Fragewörter, wobei in 2b wichtig ist, dass die KT den Unterschied zwischen Fragen nach Sachen und Personen erkennen.

Variante:
Die KT schreiben in Partnerarbeit Minidialoge wie in 2b mit anderen Verben mit festen Präpositionen.

3

Flüssig sprechen: In dieser Übung werden wichtige Redemittel für die Sprachhandlung etwas *reklamieren* geübt. Sie können bei Bedarf die schwierigen Wörter *Rasierapparat, Quittung, Garantieschein* und *Reparatur* zunächst isoliert vorsprechen und nachsprechen lassen, bevor Sie die Sätze komplett hören und nachsprechen lassen.
Sätze in einer Reklamationssituation müssen gut betont sowie höflich und energisch gesprochen werden. Sie können die Sätze an die Tafel schreiben und die KT auffordern, beim Hören auf die Betonungen zu achten und die betonten Wörter unterstreichen. Danach lassen Sie die KT die ganze Übung noch einmal machen. Die Sätze mit den Unterstreichungen bleiben als

Gedächtnisstütze an der Tafel.

Der Rasierapparat funktioniert nicht.
Bitte lassen Sie ihn prüfen und reparieren.
Bitte schicken Sie ihn ans Werk.
Hier ist die Quittung.
Und das ist der Garantieschein.
Wie lange dauert die Reparatur?

4

Dialogtraining: Diese Übung baut auf der Videosequenz 16 zu Lektion 13 auf. Thema ist Online-Banking, aber auch ein Streit von Anna mit ihrer Tochter.

Machen Sie als Vorbereitung für die Dialogvariation in 4c evtl. ein Wörternetz zum Thema Bank, damit die KT alle wichtigen Vokabeln zu diesem Wortfeld, die sie in dieser Lektion gelernt haben, wiederholen. Das Wörternetz bietet über Aufgabe 4 hinausgehend auch die Möglichkeit, den Wortschatz zu erweitern, z. B. durch Wörter wie *Geldanlage, Sparplan, Zins und Tilgung, Tilgungsrate, Festgeld, Schulden, einen Kredit abzahlen/tilgen* usw.

Phonetik: Silbengrenzen erkennen, siehe Seite 148 in den *Handreichungen*.

Freunde und Bekannte

Auftaktseite

Lernziele und Lerninhalte:

Sprechen: über Freundschaft sprechen

Arbeitsbuch: Ü 1

A Was ist Freundschaft?

Lernziele und Lerninhalte:

Sprechen: über Freundschaft sprechen, Interview über Freundschaft, Fragen und Antworten: berichten, worüber / über wen man gerne spricht usw.
Lesen: Text über Freundschaft
Grammatik: Präpositionalpronomen

Arbeitsbuch: Ü 2–9

B Eine Freundschaftsgeschichte

Lernziele und Lerninhalte:

Sprechen: eine Geschichte erzählen, über Freundschaft sprechen
Hören: eine Freundschaftsgeschichte
Lesen: vier Personen sprechen über ihre Freunde/innen

Arbeitsbuch: Ü 10–11

C Gedanken zur Freundschaft

Lernziele und Lerninhalte:

Sprechen: über Sprichwörter über Freundschaft sprechen, diskutieren und berichten
Lesen: Gedicht (Elfchen), Sprichwörter über Freundschaft
Schreiben: Gedichte (Elfchen)

Arbeitsbuch: Ü 12–13
Portfolioübung Ü 13: Gedicht (Elfchen auf dem Kopf) über den Sprachkurs
Schreibtraining Ü 14: Fehlerkorrektur, Verbposition
Arbeitsbuch – Deutsch plus Ü 15: Statistik, wichtige Gesprächsthemen unter Freunden und Bekannten
Arbeitsbuch – Wichtige Wörter: Ü 1–4
Arbeitsbuch – Bildlexikon Ü 5–8: Verben mit Präpositionen

Phonetik: langsam und schnell sprechen

Kopiervorlagen in den Handreichungen:
KV 28: Elfchen

In der Abschlusslektion geht es um Freundschaften, Gefühle und Wünsche. Am Ende schreiben die KT kleine Gedichte (Elfchen), lesen Sprüche zum Thema Freundschaft und diskutieren darüber. Die Grammatik behandelt die Präpositionalpronomen.

Auftaktseite

Lernziele und Lerninhalte:

Sprechen: über Freundschaft sprechen

1

Die KT bearbeiten die Fotos in Gruppen. Jede Gruppe befasst sich mit einem Bild und stellt ihr Ergebnis im Kurs vor. Geben Sie Fragen vor, z. B.:

Wer ist auf dem Foto?
Wo sind die Personen?
Was machen sie?
Wie gut kennen sie sich?
Wie lange kennen sie sich?
Was machen sie (in ihrer Freizeit) gerne zusammen?

Für Foto 1 evtl. auch: *Sind diese Männer nur Arbeitskollegen oder auch Freunde?*

Unterstützen Sie die KT, sofern ihnen der Wortschatz zur Beschreibung der Situationen fehlt, notieren Sie evtl. auch geeigneten Wortschatz an der Tafel, für Foto 1 z. B.:

Kollegen – auf einer Baustelle – Pause –
Kaffee trinken – sich unterhalten

Oder für Foto 2:

Probleme – trösten – zuhören – helfen

Diskutieren Sie mit den KT auch die Unterscheidung zwischen *siezen* und *duzen*. Dabei können Sie folgende Detailfragen thematisieren: Sind Personen, die sich duzen, automatisch Freunde? Welche Rolle spielt das duzen unter Kollegen? Welche Rolle spielt der Altersunterschied? usw.

2

Ausgangspunkt des Wörternetzes kann der Wortschatz sein, den die KT bei der Beschreibung der Fotos in 1 verwendet haben, weshalb die Gruppen aus 1 zusammenbleiben und zunächst je ein eigenes Wörternetz erarbeiten sollten. Die Ergebnisse werden dann in einem gemeinsamen Wörternetz an der Tafel oder auf einem Lernplakat, das im Kursraum aufgehängt wird, gesammelt.

Variante:

Sammeln Sie mit den KT geeignete Adjektive und Nomen zum Thema Freundschaft z. B. auf Basis des Wörternetzes und notieren Sie diese an der Tafel. Jede/r KT überlegt sich kurz, welche Nomen oder Adjektive für sie/ihn besonders wichtig sind. Anschließend werfen sich die KT gegenseitig einen Ball zu und fragen: *Was ist für dich/Sie bei der Freundschaft besonders wichtig?* – Der/Die KT, der/die den Ball bekommen hat, antwortet z. B. wie folgt: *Freundschaft bedeutet für mich Vertrauen. Bei der Freundschaft ist mir wichtig, dass meine Freunde / meine Freundinnen ehrlich sind.* u. Ä.

Anschließend wirft er/sie den Ball zum nächsten KT usw.

Arbeitsbuch: Ü 1

A Was ist Freundschaft?

Lernziele und Lerninhalte:

Sprechen:	über Freundschaft sprechen, Interview über Freundschaft, Fragen und Antworten: berichten, worüber / über wen man gerne spricht usw.
Lesen:	Text über Freundschaft
Grammatik:	Präpositionalpronomen

1

In Aufgabe 1a liegt der Schwerpunkt zunächst auf der Wortschatzarbeit. Aus dem Wörternetz der Auftaktseite kommen die Verben *trösten* und *helfen* im Lesetext vor. Erstellen Sie eine Liste mit weiteren Wörtern, die im Text vorkommen und bei der Behandlung von Aufgabe 2/Auftaktseite genannt wurden und klären Sie die Bedeutung dieser Worter noch einmal, indem die KT mit diesen Worten in Partnerarbeit Beispielsätze schreiben, die dann im Kurs vorgelesen werden.

Lassen Sie die KT in Dreier- oder Vierergruppen weitere falsche Sätze zu dem Text schreiben, nachdem sie 1b gelöst haben, die anderen Gruppen korrigieren. Schon mehrfach haben die KT im Zuge der Arbeit mit *Pluspunkt Deutsch* Redemittel für Diskussion bekommen und angewandt, z. B. in Lektion 2, Block C. Als Vorbereitung für 1c bietet es sich an, dass die KT diese noch einmal sammeln und dann gemeinsam erweitern, z. B.:
Ich bin mit der Aussage, dass …, (nicht) einverstanden.
Ich stimme der Aussage, dass …, (nicht) zu.

Variante:

Geben Sie den KT Stichwörter aus dem Text, zu denen sie Informationen suchen und notieren, z. B.: *Kindheit und Jugend – Erinnerungen – Internet – Männerfreundschaften – Frauenfreundschaften.*

2

Verben mit Präpositionen kennen die KT bereits aus den Lektionen 8 und 13 (Fragepronomen), hier lernen sie die Präpositionalpronomen kennen. Geben Sie den KT einige Minuten Zeit, um Aufgabe 2a zu lösen, Besprechung im Plenum. Erläutern Sie dann den Unterschied zwischen Sachen und Personen und weisen Sie auf die Analogie zu den Fragepronomen hin, die die KT aus Lektion 13 kennen. Geben Sie weitere Beispiele:

Sie denkt an ihre Arbeit. – Sie denkt daran.
Sie denkt an ihren Freund. – Sie denkt an ihn.

Er wartet auf die Straßenbahn. – Er wartet darauf.
Er wartet auf seine Freundin – Er wartet auf sie.

Heben Sie die Präpositionen besonders hervor. Lerngeübte KT sollten frei weitere Beispielsätze mit anderen Verben schreiben, lernungeübte KT erhalten dafür einige Vorgaben, z. B.:

sprechen über (Kollegen – Arbeit)
sich kümmern um (den Sohn – den Haushalt)

Die Minidialoge in Aufgabe 2b legen den Schwerpunkt auf die Präpositionalpronomen. Erweitern Sie die Aufgabe um Dialoge, in denen gezielt nach Personen gefragt wird, damit den KT der Unterschied weiter bewusst wird:
– *Über wen hast du dich geärgert?*
+ *Über Yifei. Er ist nie pünktlich.*
– *Das stimmt. Ich habe mich auch schon oft über ihn geärgert.*

3

Die KT berichten über ihre Lernpartner/innen im Kurs, nachdem sie die Partnerinterviews beendet haben.

Arbeitsbuch: Ü 2–9

B Eine Freundschaftsgeschichte

Lernziele und Lerninhalte:

Sprechen:	eine Geschichte erzählen, über Freundschaft sprechen
Hören:	eine Freundschaftsgeschichte
Lesen:	vier Personen sprechen über ihre Freunde

1

Lerngeübte KT decken den Text in 1a während des Hörens ab, lernungeübte KT oder KT mit Schwierigkeiten beim Hörverstehen lesen den Text vor dem Hören. Sammeln bzw. wiederholen Sie mit den KT Redemittel, um Vermutungen zu äußern, bevor die KT darüber diskutieren, wer Uli Frahling vielleicht ist, z. B.:
Es ist möglich, dass …
Vielleicht/Möglicherweise …
Ich vermute, dass, … usw.

Geben Sie den KT die Aufgabe, mit den gesammelten Redemitteln zwei bis drei Vermutungen aufzuschreiben, bevor sie sich mündlich äußern. Das erleichtert ihnen die mündliche Umsetzung der Redemittel.
(Lösung 1b: 4–2–1–3, 1c: Der Zug ist weggefahren, Markus bleibt allein auf dem Bahnsteig zurück.)

Bei der Diskussion über die Möglichkeiten von Markus (1c) empfiehlt sich die gleiche Vorgehensweise wie bei 1a: Die KT sammeln geeignete Redemittel und schreiben mit diesen einige Sätze, bevor sie sprechen, z. B.:
Markus kann …
Er sollte …
Es ist vielleicht eine gute Idee, wenn er …
Ich denke, dass er …
Es gibt die Möglichkeit, dass er …

In 1e finden die KT eine Zusammenfassung einzelner Passagen aus dem Hörtext in anderen Worten. Die KT können den Text ohne Zuhilfenahme des abgedruckten Hörtextes oder mit Zuhilfenahme schreiben. Je nachdem, wie sicher die KT sich fühlen, können sie den Text dann entweder frei oder auf Basis ihres eigenen Textes bzw. der Stichwörter im Kasten nacherzählen.

Varianten:
- Für lerngeübte KT: Die KT hören den Hörtext noch einmal, machen Notizen und fassen ihn dann auf Basis ihrer Notizen zusammen.
- Lernungeübte KT lesen den Hörtext zusätzlich im Anhang, um Notizen zu machen und dann zusammenzufassen.

Diese Varianten sind als Alternative zu 1e gedacht.

2

Die KT lösen die Aufgaben 2a und 2b wie in den Arbeitsanweisungen vorgegeben. Es erleichtert die Aufgabe, wenn die Regeln bzw. Redemittel für die Redewiedergabe, die die KT z. B. aus Lektion 3 (Aufgabe B4) und Lektion 10 (Block B, indirekte Fragen) kennen, noch einmal in Erinnerung gerufen werden (Nebensätze mit *dass,* Wechsel von der 1. in die 3. Person; vgl. auch die Anmerkungen zu Lektion 10 B2 in den vorliegenden *Handreichungen*)

Text 2 über den Hund als Freund bietet die Möglichkeit für einen interkulturellen Vergleich: Welchen Stellenwert haben Haustiere in den verschiedenen Ländern, wie beliebt sind Hunde oder Katzen?

In 2c finden die KT eine Zusammenfassung einzelner Passagen aus den Texten in anderen Worten. Machen Sie die erste Zuordnung im Plenum. Lassen Sie die KT die passenden Worte in Satz 1 und im ersten Auszug im Text markieren und zuordnen (*Wir sind uns fremd geworden – Wir kennen uns nicht mehr so gut*). Die übrigen Zuordnungen erfolgen in Partnerarbeit, Auswertung im Plenum.

Variante:
Machen Sie eine ähnliche Übung mit einem anderen Hör- oder Lesetext aus den vorangegangenen Lektionen, z. B. mit dem Gespräch in Lektion 8, A1c über Fortbildungen. Notieren Sie z. B. folgende kurze Sätze, zu denen die KT die passenden Textstellen suchen:
Ibolya hat keine Arbeit gefunden.
Sie lernt weiter und bekommt eine finanzielle Hilfe.
Doreen interessiert sich auch für eine Fortbildung.

Weitere Texte, die für eine derartige Übung geeignet sind:
L. 1: A1a (Menschen aus aller Welt) B1b (Herr und Frau Taskin)
L. 3: B4 (Was machen die Personen am Sonntag?)
L. 4: A2 (Schulwege), C1 (Schule früher und heute)
L. 7: B4 (Eine Hochzeit mit Pannen), C2a (Feiern in Deutschland)
L. 10: A1 (Arbeitnehmereigenschaften)
L. 12: A1a (Nachbarschaftshaus), A3 (Das Projekt „Jugend aktiv“), B2 (Vereine)

3

Die abschließende Übung 3a dient dem interkulturellen Vergleich. Da Freundschaften von Land zu Land sehr verschieden interpretiert werden können, sollten hier möglichst alle KT zu Wort kommen. Oder KT aus den gleichen Herkunftsländern arbeiten zusammen und machen eine gemeinsame Präsentation.
3b in Einzelarbeit mit individueller Unterstützung für lernungeübte KT durch den/die KL.

Arbeitsbuch: Ü 10–11

C Gedanken zur Freundschaft

Lernziele und Lerninhalte:

Sprechen: über Sprichwörter über Freundschaft sprechen, diskutieren und berichten
Lesen: Gedicht (Elfchen), Sprichwörter über Freundschaft
Schreiben: Gedichte (Elfchen)

Zum Abschluss des Kurses und des A2-Bandes gibt es Übungen zum kreativen Schreiben sowie Anregungen zum Nachdenken über Freundschaft.

Ein Elfchen ist ein kurzes Gedicht mit elf Wörtern in einer vorgegebenen Form. Diese Wörter verteilen sich auf fünf Zeilen. Für die einzelnen Zeilen kann man eine didaktische Vorgabe geben. Zum Beispiel:
Zeile 1: ein Wort: ein Nomen, eine Farbe oder eine Eigenschaft. Durch dieses Wort wird eine bestimmte Atmosphäre erzeugt.
Zeile 2: zwei Wörter: etwas, das dieses Nomen beschreibt, diese Farbe oder Eigenschaft hat (ein Gegenstand, eine Person)
Zeile 3: drei Wörter beschreiben den vorhergehenden Text, wo, oder was geschieht. Diese Zeile kann man mit einem Personalpronomen beginnen.
Die vierte Zeile kann eine Frage sein, sodass man schneller Ideen für ein kreatives zusammenfassendes Schlusswort in Zeile 5 finden kann.
Das Elfchen wird vor allem im Grundschulunterricht, aber auch an weiterführenden Schulen, in der Bildungsarbeit mit Jugendlichen und Erwachsenen sowie im Fremdsprachenunterricht angewendet. Pädagogisches Ziel ist, die Schreibenden über das eigene Dichten zu Kreativität anzuregen und Schreibblockaden abzubauen.
Das Elfchen gibt den KT eine sehr klare Struktur vor, lässt aber der/dem Schreibenden viel Freiheit, sodass sowohl lerngeübte als auch lernungeübte KT zu einem Ergebnis kommen können, was für alle sehr motivierend sein kann.

1

Einleitend hören und lesen die KT das Gedicht und versuchen zunächst, den Begriff „Elfchen“ ohne den Infokasten zu erklären. Sollten die KT nicht sofort auf die korrekte Antwort zu 1a kommen, nehmen sie den Infokasten zu Hilfe. Erklären Sie ggf. den Diminutiv.
Lassen Sie die KT das Elfchen auch laut lesen.
Anschließend ergänzen die KT die Elfchen in 1b in Partnerarbeit und lesen sie ebenfalls laut.

Nach der gelenkten Übung in 1b, die den KT auch den Aufbau eines Elfchens stärker bewusst machen soll, folgt mit 1c eine freiere Übung. Sammeln Sie dafür zunächst gemeinsam mit den KT geeignete Themen und schreiben Sie diese an die Tafel. Der Schüttelkasten soll als Anregung dienen.

Dann wählen die KT gemeinsam ein Thema aus und entwickeln ein Elfchen im Plenum. Hier sollten die KT frei und spielerisch sprechen, auf Korrektheit sollte es weniger ankommen.

Anschließend schreiben die KT ein Elfchen zu einem Thema, das ihnen gefällt. Hierfür können Sie **Kopiervorlage 28** verwenden. KT, die es gerne möchten, sollten ihr Gedicht dann vorlesen.

2

Geben Sie den KT einige Minuten Zeit, um die sprachlich nicht ganz einfachen Sprüche zu lesen und ggf. unbekannten Wortschatz zu klären. Anschließend erfolgt die Zuordnung, Auswertung im Plenum. Erinnern Sie die KT evtl. an Übung B2 in dieser Lektion, in der sie das Muster dieser Übung – die Zuordnung von Sätzen mit ähnlicher Bedeutung – bereits kennengelernt haben. Die KT lesen die Sprüche laut.

Im Rahmen des Gesprächs, welche Sprüche den KT gefallen, können Sie auch eine kleine Kursstatistik machen, welchen Spruch die KT am besten finden. Dafür darf jeder KT maximal zwei Sprüche nennen. Anschließend kommentieren die KT die Statistik, wobei sie auch Gelegenheit haben, die Indefinitpronomen *niemand, viele, wenige* und *alle* gezielt zu üben, indem sie das Ergebnis z. B. wie folgt beschreiben: *Alle finden Spruch … am besten.* usw.

Bei 2c beschränken sich lernungeübte KT darauf zu sagen, ob es Sprüche mit ähnlicher Bedeutung auch in ihrem Heimatland gibt. Lerngeübte KT wählen einen Spruch oder zwei Sprüche aus ihrem Heimatland aus und versuchen, ihn auf Deutsch zu erklären und evtl. zu übersetzen. Wenn möglich, sollten KT gleicher Nationalität zusammenarbeiten.

3

Das abschließende Lied ist eine Zusammenfassung des Themas sowie ein musikalischer Abschluss.

Arbeitsbuch: Ü 12–13
Portfolioübung Ü 13: Elfchen über den Sprachkurs
Schreibtraining Ü 14: Fehlerkorrektur, Verbposition
Arbeitsbuch – Deutsch plus Ü 19; Statistik: wichtige Gesprächsthemen unter Freunden/Freundinnen und Bekannten

Arbeitsbuch – Wichtige Wörter: Ü 1–4
Arbeitsbuch – Bildlexikon Ü 5–8: Verben mit Präpositionen

Sprechen aktiv

1

Wörter sprechen: In dieser Übung wird wichtiger Wortschatz der Lektion zusammenfassend wiederholt. In 1b soll er durch das auswendige Sprechen stärker gefestigt werden.

2

Grammatik sprechen: Minidialoge zu Fragepronomen und Pronominaladverbien bei Verben mit Präpositionen (Übung 2a). Diese Übung stellt in mündlicher Form eine freiere Variante von Übung A 2b auf S. 161 dar. Die KT sollten selbst weitere Minidialoge zunächst schreiben und dann auch frei sprechen. Minidialoge zu Fragen nach Personen bei Verben mit Präpositionen (Übung 2b). Auch diese Fragen können erweitert werden.

Variante:
Nachdem die KT in Übung 2a und 2b Fragen nach Personen und Sachen getrennt geübt haben, erhalten sie nachfolgend die Aufgabe, die Fragen beider Teilübungen gemischt zu stellen.

3

Flüssig sprechen: Das letzte *Flüssig sprechen* fällt ein bisschen aus dem Rahmen. Die Sprichwörter über Freundschaft werden noch einmal schön vorgesprochen. Wenn die KT Lust haben, können sie diese Sprüche auswendig lernen.

4

Dialogtraining: Diese Übung baut auf der Videosequenz 17 zu Lektion 14 auf. Die Teilnehmer/innen am Thai-Chi-Kurs treffen sich in ihrem Stammlokal und feiern ihre Reise.

Variationsmöglichkeiten:
- zwei Personen reisen,
- die Protagonisten sprechen ausführlich über das Reiseziel, den Reiseplan oder Unterkünfte,
- drei Personen haben die Reise geplant.

Phonetik: langsam und schnell sprechen, siehe Seite 148 in den *Handreichungen*.

Dialoge spielen

Acht Sprechanlässe, in denen Situationen aus dem KB wiederholt werden.
Situation 1: Lektion 8, Situation 2 Lektion 12, Situation 3: Lektion 3, Situation 4: Lektion 13, Situation 5: Lektion 11, Situation 6: Lektion 9, Situation 7: Lektion 10, Situation 8: Lektion 2.

Erarbeiten Sie evtl. gemeinsam mit den KT Dialoggrafiken, für Situation 2 z. B.

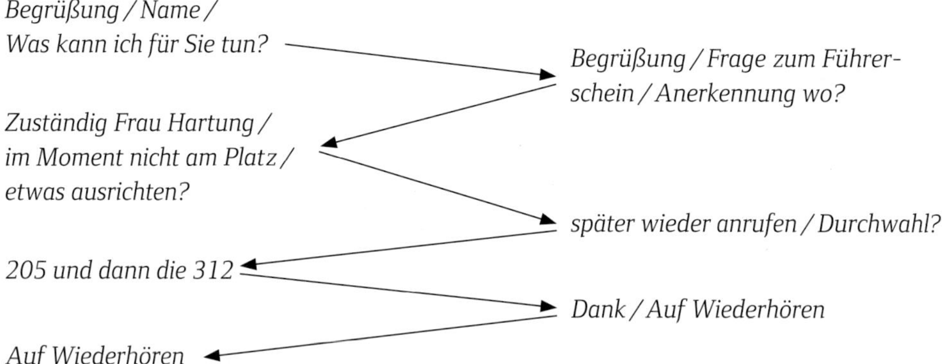

Weitere Variationsmöglichkeiten:
Situation 1: Die Volkshochschule bietet Kurse zu verschiedenen Zeiten und unterschiedlichen Unterrichtsstunden pro Woche an, z. B. von montags bis freitags 4 Stunden am Vormittag oder am Nachmittag, dreimal wöchentlich abends, 3 Stunden.
Der Interessent / Die Interessentin hat nur am Nachmittag Zeit. o. Ä.

Situation 4: Geben Sie Versicherungen vor, wie Haftpflicht, Rechtschutz, Hausrat, die in Lektion 13 thematisiert wurden.
Situation 5: Die KT variieren die Reiseziele und Termine oder sie wollen Business Class fliegen.
Situation 6: Ratschläge für andere Krankheiten

Arbeit und Beruf

Kaufmännische Berufe

1
(Lösung: 1a: Kai Umland: Autoverkäufer; Silvia Baum: Buchhändlerin; Amando Rosi: Möbelverkäufer)

Nachdem die KT die Informationen in 1b notiert haben, berichten sie über die Berufe bzw. die Personen. Sammeln Sie anschließend weitere kaufmännische Berufe (z. B. Bankkaufmann, Industriekaufmann). Ausführliche Informationen dazu bieten u. a. die Internetseiten der IHK. Lassen Sie KT mit einer kaufmännischen Ausbildung von ihren Erfahrungen berichten und ggf. miteinander vergleichen.

Fordern Sie interessierte KT auf, Informationen zu Ausbildung, Tätigkeitsprofil, Aufstiegs- und Verdienstmöglichkeiten in ausgewählten kaufmännischen Berufen zu sammeln und im Kurs vorzustellen.

Variante:
Die KT schreiben in Gruppen Fragen zu je einem Text, die eine andere Gruppe beantwortet.

2
In dieser Übung geht es um Redemittel beim Kauf von Büchern, die die KT auch für ihren eigenen Alltag gebrauchen können. Zur Übung der Intonation bzw. Aussprache sollten die KT den Dialog mit Pausen ein drittes Mal hören und nachsprechen, nachdem sie 2a und 2b gelöst haben.

Variante:
Die KT überlegen sich selbst weitere Situationen, z. B. auch zum Möbel- oder Autokauf, oder sie suchen andere Bücher.

Kommunikation in der Pflege

In dem überarbeiteten Rahmencurriculum wird großer Wert auf die Vermittlung von Kommunikationsmitteln für Pflegeberufe gelegt. U.a. sollen Kompetenzen zu Gesprächen mit Patienten/Patientinnen, z. B. Fragen zu Vorerkrankungen, zur Medikamenteneinnahme, Ratschläge zu Gesundheitsfragen, aber auch Redemittel, z. B. um Patienten/Patientinnen zu beruhigen und zu trösten, vermittelt werden.[4] Entsprechend sind die Übungen dieser Doppelseite angelegt.

3a

Diese Übung trainiert globales HV; die drei Dialoge werden in den nachfolgenden Übungen 3b bis 5 mit unterschiedlichen Aufgaben noch einmal gehört. Mit diesen Übungen wird neben den Zielen Wortschatzvermittlung und Verbesserung der Sprechfertigkeit auch Übung 5d vorbereitet, in der die KT die Dialogsituationen variieren sollen. (Lösungen 3a: Foto 1: Dialog 2 / Foto 2: Dialog 1 / Foto 3: Dialog 3)

3b

Die KT ordnen den Dialog vor dem zweiten Hören, anschließend lesen sie ihn in Partnerarbeit, individuelle Kontrolle durch den/die KL.

4

Die KT lesen auch diesen Dialog in Partnerarbeit, nachdem sie die Aufgabe gelöst haben.

5a–5c

Die KT lösen die Aufgaben wie vorgegeben, Besprechung der Lösungen von 5a im Plenum.
Sammeln Sie vor der Dialogvariation in 5c gemeinsam mit den KT Variationsmöglichkeiten an der Tafel.

5d

Obwohl die nachfolgenden Dialoge in den vorangegangenen Übungen vorbereitet wurden, empfiehlt es sich, vorab noch einmal für jede Situation geeignete Redemittel zu sammeln, wobei die abgedruckten Dialoge als Ausgangspunkt dienen können. Sofern die KT genug eigene Ideen haben, können sie bei Situation C auf die Vorschläge für die Antworten verzichten und sich eigene Antworten ausdenken.

Prüfungsvorbereitung DTZ

Sprechen

Der Prüfungsteil Sprechen wird zweimal geübt: In der KB-Station 4 liegt der Schwerpunkt auf Informationen über die Prüfung und darauf, Standard-Redemittel auswendig zu lernen, in der AB-Station 4 sollen die Standard-Redemittel geschrieben werden.

Besprechen Sie mit den KT ausführlich die Hinweise zur Prüfung, damit diese wissen, was sie erwartet.

Es empfiehlt sich eine Kombination der Prüfungsvorbereitung im KB und im AB. Die KT schreiben zuerst Sätze zu den Aufgaben im AB, die als Vorentlastung für das Auswendiglernen dienen können.

Weitere Informationen zum DTZ finden Sie in den *Handreichungen* zu *Pluspunkt Deutsch B1*.

[4] Vgl. Rahmencurriculum für Integrationskurse Deutsch als Zweitsprache, Fassung vom 21.3.2017, www.bamf.de, S. 90, S. 131, S. 133

Diktat

Ich bin 2012 nach Deutschland gekommen. Am Anfang war es schwer, aber Verwandte haben mir geholfen. Ich habe einen Sprachkurs besucht. Schreiben war für mich sehr wichtig. Ich habe zu Hause jedes neue Wort auf Lernkarten geschrieben und auswendig gelernt. So habe ich die Wörter gut behalten. Ich habe auch Regeln gelernt und Übungen gemacht und viel gesprochen. Ich hatte keine Angst vor Fehlern. Nach dem Sprachkurs habe ich an der Universität studiert. Heute arbeite ich in einer Bank. 2013 habe ich geheiratet. Meine Frau ist zwei Jahre zu Hause geblieben, aber jetzt arbeitet sie wieder.

Variante: Lückendiktat

Im Lückendiktat fehlen die konjugierten Formen der Verben *haben* und *sein* sowie die Partizipien. Ein Schwerpunkt der Lektion ist das Perfekt, das durch die Fokussierung auf die Perfektformen der Verben im Diktat noch einmal geübt werden kann. Teilen Sie eine Kopie dieses Textes aus und diktieren Sie den Text. Die KT ergänzen die Verbformen.

Ergänzen Sie die Perfektformen der Verben.

Ich _____ 2012 nach Deutschland __________. Am Anfang war es schwer, aber Verwandte _____ mir __________. Ich _____ einen Sprachkurs _____________. Schreiben war für mich sehr wichtig. Ich _____ zu Hause jedes neue Wort auf Lernkarten _____________ und auswendig _____________. So _____ ich die Wörter gut _____________. Ich _____ auch Regeln _____________ und Übungen _____________ und viel _____________. Ich hatte keine Angst vor Fehlern. Nach dem Sprachkurs _____ ich an der Universität ________t. Heute arbeite ich in einer Bank.

2013 _____ich _____________. Meine Frau _____ zwei Jahre zu Hause _____________, aber jetzt arbeitet sie wieder.

Autor: Joachim Schote

Diktat

Herr Schneider hört täglich Radio, weil er die Nachrichten und die Informationen dort sehr gut findet. Morgens liest er die Zeitung und manchmal Zeitschriften. Im Auto hört er immer die Verkehrsmeldungen und Musik. Am Samstag sitzt er gern vor dem Fernseher und sieht Sportsendungen, denn er findet Fußball sehr interessant. Seine Frau sieht gern Quizsendungen und Krimis. Sie und die Kinder benutzen auch oft den Computer. Die Kinder mögen Online-Spiele und seine Frau chattet mit ihren Freundinnen und schreibt E-Mails. Herr Schneider ist dagegen, dass seine Kinder so oft am Computer sitzen, und er findet es auch schlecht, dass sie viel fernsehen.

Variante: Lückendiktat

Dieses Lückendiktat überprüft die korrekte Schreibweise des Lernwortschatzes. Teilen Sie eine Kopie dieses Textes aus und diktieren Sie den Text. Die KT ergänzen die Wörter.

Ergänzen Sie.

Herr Schneider hört täglich __________, weil er die

____________________ und die ____________________ dort sehr gut

findet. Morgens liest er die ________________ und manchmal

________________. Im Auto hört er immer die ____________________

und Musik. Am Samstag sitzt er gern vor dem ____________ und sieht

____________________, denn er findet Fußball sehr interessant.

Seine Frau sieht gern ________________ und __________.

Sie und die Kinder benutzen auch oft den ____________. Die Kinder

mögen ________________ und seine Frau chattet mit ihren

Freundinnen und schreibt __________. Herr Schneider ist dagegen,

dass seine Kinder so oft am ___________ sitzen und er findet es auch

schlecht, dass sie viel fernsehen.

Diktat

Es ist Wochenende. Am Samstag gehen Nina und Leo in ein Restaurant. Leo hat um 20.00 Uhr einen Tisch auf der Terrasse reserviert. Der Kellner bringt die Speisekarte und sie bestellen. Leo nimmt als Vorspeise eine Kartoffelsuppe und als Hauptspeise einen Sauerbraten. Nina hat wenig Hunger, sie isst nur Matjesfilet mit Kartoffelsalat. Leo trinkt einen Weißwein und Nina eine Cola. Er möchte auch eine Nachspeise und nimmt einen Apfelstrudel. Am Sonntag besucht Nina ihre Eltern. Leo kommt nicht mit, weil er seine Schwiegereltern nicht mag. Er geht mit einem Freund ins Stadtzentrum in ein Café. Am Abend gehen Nina und Leo zusammen in einen Club.

Variante: Schütteldiktat zum Ergänzen

Verteilen Sie eine Kopie der Sätze und lassen Sie die KT die Sätze ausschneiden. Anschließend lesen Sie das Diktat und die KT müssen die Sätze in die richtige Reihenfolge bringen. Danach lesen Sie noch einmal und die KT ergänzen die fehlenden Wörter.

- -

Es ist Wochenende.

Am Samstag gehen Nina und Leo in ein ______________.

Leo hat um 20.00 Uhr einen Tisch auf der ______________ ______________.

Der Kellner bringt die Speisekarte und sie ______________.

Leo nimmt als Vorspeise eine ______________ und als Hauptspeise

einen ______________.

Nina hat wenig Hunger, sie isst nur ______________ mit ______________.

Leo trinkt einen ______________ und Nina eine ______________.

Er möchte auch eine ______________ und nimmt einen ______________.

Am Sonntag besucht Nina ihre ______________.

Leo kommt nicht mit, weil er seine ______________ nicht mag.

Er geht mit einem Freund ____ ______________ in ein ______________.

Am Abend gehen Nina und Leo zusammen in einen ______________.

Autor: Joachim Schote

Diktat

Nach der Grundschule bin ich auf die Realschule gekommen. Meine Lieblingsfächer waren Mathematik und Deutsch. Nach dem Schulabschluss habe ich eine Ausbildung zum Mechatroniker gemacht. Ich musste auch die Berufsschule besuchen. Mein Bruder geht aufs Gymnasium. Wenn er das Abitur hat, möchte er Medizin studieren, aber er braucht sehr gute Noten, sonst bekommt er keinen Studienplatz. In Englisch ist er nicht so gut und er bekommt jetzt Nachhilfe. Gestern Abend war Elternabend. Die Lehrerin hat mit den Eltern über den Sportunterricht und die Schulbücher gesprochen. Für mich war die Schulzeit sehr schön. Wir mussten viel lernen, aber auf den Klassenfahrten durften wir viel machen.

Variante: Dosendiktat

Die KT bekommen den Diktattext (Vorlage). Sie lesen ihn still durch. Danach bekommen die KT eine Kopie der Zeilenstreifen, die sie ausschneiden. Anschließend bauen die KT den Text nach und vergleichen dabei mit der Vorlage. Nach Umdrehen der Vorlage sehen die KT jeden Zeilenstreifen aufmerksam an und prägen sich den Text ein. Dann werfen sie den Textstreifen in eine Dose (oder einen Becher) und schreiben den Text nach und nach auswendig auf. Zum Schluss kontrollieren sie das Geschriebene selbstständig anhand der Vorlage.

Nach der Grundschule bin ich auf	die Realschule gekommen. Meine
Lieblingsfächer waren Mathematik	und Deutsch. Nach dem
Schulabschluss habe ich eine	Ausbildung zum Mechatroniker
gemacht. Ich musste auch die	Berufsschule besuchen. Mein
Bruder geht aufs Gymnasium.	Wenn er das Abitur hat, möchte
er Medizin studieren, aber er braucht	sehr gute Noten, sonst bekommt
er keinen Studienplatz. In Englisch	ist er nicht so gut und er bekommt
jetzt Nachhilfe. Gestern Abend	war Elternabend. Die Lehrerin hat mit
den Eltern über den Sportunterricht	und die Schulbücher gesprochen.
Für mich war die Schulzeit sehr	schön. Wir mussten viel lernen,
aber auf den Klassenfahrten	durften wir viel machen.

Diktat

Herr Benz arbeitet in einer Spedition. Die Firma hat 60 Mitarbeiter. Zwei Kollegen sind neu. Herr Fischer hat ihnen die Büros und die Werkstatt gezeigt und die Pausenregeln erklärt. Am Nachmittag hatte er einen Termin beim Chef, aber die Sekretärin hat ihm eine Mitteilung geschrieben, weil der Chef den Termin verschieben wollte. Dann hat eine Kollegin gefragt, wie der neue Kopierer funktioniert, und Herr Benz hat ihr den Kopierer erklärt. Er ist auch im Betriebsrat und will am Abend mit Kollegen eine Betriebsratsversammlung vorbereiten. Vielleicht dauert dieser Termin sehr lange. Herr Benz weiß nicht, wann er am Abend nach Hause kommt.

Variante: Laufdiktat

Dieses Diktat eignet sich sehr gut als Laufdiktat. Kopieren Sie das Diktat und befestigen Sie es ein paar Meter vom Kursraum entfernt. Die KT laufen zum Diktat, lesen den Text und merken sich einen Teil. Dann laufen sie zurück zu ihrem Tisch und schreiben es auf. Sie laufen so lange hin und her bis sie das Diktat komplett aufgeschrieben haben.

Herr Benz arbeitet in einer Spedition. Die Firma hat 60 Mitarbeiter.

Zwei Kollegen sind neu. Herr Fischer hat ihnen die Büros und

die Werkstatt gezeigt und die Pausenregeln erklärt. Am Nachmittag

hatte er einen Termin beim Chef, aber die Sekretärin hat ihm

eine Mitteilung geschrieben, weil der Chef den Termin verschieben

wollte. Dann hat eine Kollegin gefragt, wie der neue Kopierer

funktioniert, und Herr Benz hat ihr den Kopierer erklärt.

Er ist auch im Betriebsrat und will am Abend mit Kollegen

eine Betriebsratsversammlung vorbereiten. Vielleicht dauert

dieser Termin sehr lange. Herr Benz weiß nicht, wann er

am Abend nach Hause kommt.

Diktat

Ich mag meine Wohnung, in der ich seit drei Monaten wohne. Sie liegt zentral und verkehrsgünstig und ich habe viel Kontakt zu den Nachbarn. Leider ist die Wohnung sehr teuer. Ich bezahle 700 Euro Kaltmiete und ich musste drei Monatsmieten Kaution bezahlen. Beim Umzug habe ich viel selbst gemacht. Ich habe die Möbel abgebaut und sie transportiert. Der Vermieter hat die Wohnung renoviert, aber ich finde nicht alles schön. Morgen gehe ich in ein Geschäft und kaufe Tapeten, Pinsel und Farbe. Dann kann ich das Wohnzimmer streichen und tapezieren. Ich brauche auch Schrauben und Nägel, denn ich will Bilder aufhängen.

Variante: Lückendiktat

Dieses Lückendiktat, in dem die KT die Vokale ergänzen, ist auf die entsprechenden Übungen im Phonetikanhang zu *a, ä, e* und *i* abgestimmt. Teilen Sie eine Kopie dieses Textes aus und diktieren Sie den Text. Die KT ergänzen die Buchstaben.

Ergänzen Sie.

__ch m__g mein__ Wohnung, __n d__r __ch seit drei Mon__t__n

wohn__. Sie liegt z__ntr__l und v__rk__hrsgünst__g und __ch

h__b__ viel Kont__kt zu d__n N__chb__rn. Leid__r __st

die Wohnung s__hr teu__r. __ch b__z__hl__ 700 Euro K__ltmiet__

und _ch musst__ drei Mon__tsmiet__n Kaution b__z__hl__n.

Beim Umzug h__b__ __ch viel s__lbst g__m__cht. __ch h__b__

die Möb__l __bg__baut und sie tr__nsportiert. D__r V__rmiet__r h__t

die Wohnung r__noviert, __b__r __ch f__nd__ n__cht __ll__s

schön. Morg__n g__h__ __ch __n ein G__sch__ft und kauf__

T__p__t__n, P__ns__l und F__rb__. D__nn k__nn __ch d__s

Wohnz__mm__r streich__n und t__p__zieren.

__ch brauche auch Schraub__n und N__g__l, d__nn __ch w__ll

B__ld__r __ufh__ng__n.

Diktat

Das ist ein schönes Brautpaar. Der Bräutigam trägt einen schicken Anzug und ein schönes Hemd. Er sieht sehr gut aus. Er ist ein eleganter Mann!
Die Braut trägt ein romantisches Brautkleid und einen kleinen, weißen Schleier. Sie sieht fantastisch aus. Sie ist eine wunderschöne Frau!
Die Hochzeitstorte ist sehr lecker und die Ringe waren sehr teuer. Die Gäste hatten viele schöne Geschenke. Sie haben ihnen Schmuck, Gutscheine und viele andere Sachen geschenkt.
Nach der Trauung auf dem Standesamt hat die Hochzeitsfeier im Hotel Zur Post stattgefunden.

Variante: Lückendiktat

Dieses Lückendiktat, in dem die KT die Adjektivendungen ergänzen, ist auf das Grammatikthema dieser Lektion abgestimmt. Teilen Sie eine Kopie des Textes aus und diktieren Sie den Text. Die KT ergänzen die Endungen.

Ergänzen Sie die Adjektivendungen.

Das ist ein schön____ Brautpaar. Der Bräutigam trägt einen schick____ Anzug und ein schön____ Hemd. Er sieht sehr gut____ aus. Er ist ein elegant____ Mann!

Die Braut trägt ein romantisch____ Brautkleid und einen klein____, weiß____ Schleier. Sie sieht fantastisch____ aus. Sie ist eine wunderschön____ Frau!

Die Hochzeitstorte ist sehr lecker____ und die Ringe waren sehr teuer___. Die Gäste hatten viele schön___ Geschenke. Sie haben ihnen Schmuck, Gutscheine und viele andere Sachen geschenkt.

Nach der Trauung auf dem Standesamt hat die Hochzeitsfeier im Hotel Zur Post stattgefunden.

Autor: Joachim Schote

Diktat

Volkshochschulen und andere Schulen haben viele Angebote. Es gibt Kurse für die Freizeit und es gibt Kurse für die berufliche Weiterbildung, damit man mehr Chancen auf dem Arbeitsmarkt hat. Wenn man sich bei einer Firma um eine Stelle bewerben will, ist es immer gut, wenn man eine Fortbildung in seinem Beruf gemacht hat. Bei einem Arbeitsberater von der Bundesagentur für Arbeit kann man sich über die Möglichkeiten informieren. Für viele Kurse bekommt man eine Förderung von der Bundesagentur für Arbeit.

Variante: Rückendiktat

Bei dieser Variante arbeiten immer zwei KT zusammen. Sie sitzen Rücken an Rücken und diktieren sich gegenseitig die jeweils fehlenden Teile des Diktats. Teilen Sie Kopien der Texte aus. KT A beginnt. Anschließend vergleichen die KT selbstständig.

A Volkshochschulen und andere Schulen ______________________________.

______________ für die Freizeit und es gibt Kurse für die berufliche Weiterbildung,

____.

______________________________ um eine Stelle bewerben will, ist es immer gut,

____. Bei einem Arbeitsberater

von der Bundesagentur für Arbeit ____________________________

__________________________________. ____________________________ eine Förderung

von der ____________________________________.

B ______________________________________ haben viele Angebote. Es gibt Kurse

____

________________________, damit man mehr Chancen auf dem Arbeitsmarkt hat. Wenn man sich

bei einer Firma ____, ______________________,

wenn man eine Fortbildung in seinem Beruf gemacht hat.

____ kann man sich

über die Möglichkeiten informieren. Für viele Kurse bekommt man

_______________________________________ Bundesagentur für Arbeit.

Diktat

Die Ernährung ist für die Gesundheit sehr wichtig. Ich esse viele Getreideprodukte und Obst und keine Süßigkeiten. Früher habe ich viele Süßigkeiten und Fleisch gegessen, heute bin ich Vegetarier, aber kein Veganer. Meine Freunde meinen, dass ich richtig schlank geworden bin. Ich bewege mich auch viel, ich jogge oft und ich fahre Rad. Ich habe bei der Arbeit viel Stress und deshalb mache ich einen Yoga-Kurs. Die Krankenkasse bezahlt einen Teil. Morgen gehe ich zum Arzt und lasse mich gegen Grippe impfen, denn ich will auch im Winter nicht krank werden. Ich nehme nur selten Tabletten, denn ich denke, dass die Nebenwirkungen immer ein Problem sind.

Variante: Lückendiktat

Dieses Lückendiktat überprüft die Schreibweise von wichtigem Lernwortschatz aus der Lektion. Teilen Sie eine Kopie dieses Textes aus und diktieren Sie den Text. Die KT ergänzen die Wörter.

Ergänzen Sie.

Die ________________ ist für die Gesundheit sehr wichtig. Ich esse

viele ________________ und Obst und keine Süßigkeiten. Früher habe

ich viele Süßigkeiten und Fleisch, heute bin ich ________, aber kein

__________. Meine Freunde meinen, dass ich richtig __________

geworden bin. Ich __________ mich auch viel, ich jogge oft und ich

fahre Rad. Mein Ich habe bei der Arbeit viel ______________

und deshalb mache ich einen Yoga-Kurs.

Die Krankenkasse bezahlt einen Teil. Morgen gehe ich zum Arzt

und lasse mich gegen Grippe ______________, denn ich will auch

im Winter nicht krank werden. Ich nehme nur selten ____________,

denn ich denke, dass die _______________________ immer ein

Problem sind.

Diktat

Arbeitssuche

Wenn man Glück hat, kann man durch Bekannte oder eine Initiativbewerbung Arbeit finden, aber oft dauert die Arbeitssuche lange. Manchmal findet man auch durch ein Praktikum eine Stelle. Viele Leute bewerben sich bei Zeitarbeitsfirmen oder lesen Stellenanzeigen in der Zeitung. Oft muss man viele Bewerbungen schreiben.

Herr Klein ist Ingenieur und hat eine interessante Anzeige gefunden. Eine Firma sucht einen Mitarbeiter für die Betreuung von Maschinen. Er soll zuverlässig, flexibel und belastbar sein. Herr Klein findet, dass er diese Eigenschaften hat und schreibt ein Bewerbungsschreiben und seinen Lebenslauf. Vielleicht bekommt er eine Einladung zu einem Bewerbungsgespräch.

Variante: Schütteldiktat zum Ergänzen

Verteilen Sie eine Kopie der Sätze und lassen Sie die KT die Sätze ausschneiden. Anschließend lesen Sie das Diktat und die KT müssen die Sätze in die richtige Reihenfolge bringen. Danach lesen Sie noch einmal und die KT ergänzen die fehlenden Wörter.

---

aber oft dauert die ______________ lange.
Eine Firma sucht einen ______________ für die Betreuung von __________.
Er soll __________, __________ und __________ sein.
Herr Klein findet, dass er diese ______________ hat
Herr Klein ist Ingenieur und hat eine interessante __________ gefunden.
Manchmal findet man auch durch ein ______________ eine Stelle.
Oft muss man viele ______________ schreiben.
und schreibt ein ____________________ und seinen ________________.
Viele Leute bewerben sich bei ____________________ oder lesen Stellenanzeigen in der Zeitung.
Vielleicht bekommt er eine Einladung zu einem ____________________.
Wenn man Glück hat, kann man durch Bekannte oder eine ________________________ Arbeit finden,

Diktat

Wenn ich eine Reise machen will, gehe ich immer ins Reisebüro. Dort buche ich die Flugtickets, die Zugfahrkarten und die Unterkunft für meine Geschäftsreisen und Urlaubsreisen. Ich fahre nicht gern mit dem Auto, denn mit dem Auto steht man oft im Stau. Manchmal gibt es aber auch im Zug Probleme. Es ist mir schon passiert, dass ich eine Platzreservierung hatte und mein Platz besetzt war. Bei Geschäftsreisen wohne ich in Hotels, aber im Urlaub miete ich gerne eine Ferienwohnung in einem Ort, der auch für meine Kinder geeignet ist. Wir haben auch schon auf einem Campingplatz Urlaub gemacht. Meinen Kindern hat das gut gefallen. Wir haben Wanderungen und Radtouren gemacht und im Zelt in Schlafsäcken übernachtet.

Variante: Dosendiktat

Die KT bekommen den Diktattext (Vorlage). Sie lesen ihn still durch. Danach bekommen die KT eine Kopie der Zeilenstreifen, die sie ausschneiden. Anschließend bauen die KT den Text nach und vergleichen dabei mit der Vorlage. Nach Umdrehen der Vorlage sehen die KT jeden Zeilenstreifen aufmerksam an und prägen sich den Text ein. Dann werfen sie den Textstreifen in eine Dose (oder einen Becher) und schreiben den Text nach und nach auswendig auf. Zum Schluss kontrollieren sie das Geschriebene selbstständig anhand der Vorlage.

Wenn ich eine Reise machen will,	gehe ich immer ins Reisebüro.
Dort buche ich die Flugtickets,	die Zugfahrkarten und die
Unterkunft für meine Geschäftsreisen	und Urlaubsreisen. Ich fahre nicht
gern mit dem Auto, denn mit	dem Auto steht man oft im Stau.
Manchmal gibt es aber auch im Zug	Probleme. Es ist mir schon
passiert, dass ich eine	Platzreservierung hatte und mein
Platz besetzt war. Bei Geschäftsreisen	wohne ich in Hotels, aber im
Urlaub miete ich gerne eine	Ferienwohnung in einem Ort,
der auch für meine Kinder geeignet	ist. Wir haben aber auch schon
auf einem Campingplatz Urlaub	gemacht. Meinen Kindern hat
das gut gefallen. Wir haben	Wanderungen und Radtouren
gemacht und im Zelt	in Schlafsäcken übernachtet.

Diktat

In Deutschland gibt es viele Vereine, in denen viele Millionen Menschen aktiv sind. Besonders wichtig sind die Sportvereine. Sehr viele Menschen in Deutschland sind zum Beispiel Mitglied in einem Fußballverein. Es gibt aber auch soziale Vereine. Hier arbeiten die Mitglieder ehrenamtlich und helfen anderen Menschen in schwierigen Situationen, zum Beispiel Menschen mit Behinderungen, oder es gibt Hausaufgabenhilfe, Sozialberatung und Lohnsteuerhilfe.
Andere Vereine engagieren sich für interkulturellen Austausch. Jeder kann Mitglied in einem Verein werden. Man muss sich anmelden und dann zahlt man einen Mitgliedsbeitrag.

Variante: Rückendiktat

Bei dieser Variante arbeiten immer zwei KT zusammen. Sie sitzen Rücken an Rücken und diktieren sich gegenseitig die jeweils fehlenden Teile des Diktats. Teilen Sie Kopien der Texte aus. KT A beginnt. Anschließend vergleichen die KT selbstständig.

- -

A In Deutschland gibt es viele Vereine, ____________________________ __________.

______________ sind die Sportvereine. Sehr viele Menschen in Deutschland

____________________________________. Es gibt aber auch soziale Vereine.

________________________________ und helfen anderen Menschen in schwierigen

Situationen, ________________________ ____________ oder es gibt

Hausaufgabenhilfe, Sozialberatung und Lohnsteuerhilfe. ____________________________

für interkulturellen Austausch. Jeder kann Mitglied ______________________.

________________________ und dann zahlt man einen Mitgliedsbeitrag.

- -

B ______________________, in denen viele Millionen Menschen aktiv sind. Besonders

wichtig ________________. ____________________ ________ sind zum Beispiel

Mitglied in einem Fußballverein. ____________ ____________. Hier arbeiten die Mitglieder

ehrenamtlich ______________ ________________________, zum Beispiel Menschen

mit Behinderungen ____. Andere

Vereine engagieren sich ______________________. ______________ in einem Verein

werden. Man muss sich anmelden ____________________________.

Diktat

Wenn man eine Arbeit hat, braucht man ein Girokonto für das Gehalt oder für Daueraufträge zum Beispiel für die Miete. Wenn man ein Konto eröffnen will, muss man zur Bank gehen. Oft kostet das Girokonto eine Gebühr, aber alle Buchungen sind dann kostenlos. Für die EC-Karte bekommt man auch eine PIN, damit man am Geldautomaten Geld abheben kann. Auch Online-Banking ist möglich.
Alle Arbeitnehmer haben eine Krankenversicherung, eine Rentenversicherung und eine Arbeitslosenversicherung. Es gibt auch andere Versicherungen, wie die Hausratversicherung, die helfen kann, wenn man einen Schaden in der Wohnung hat. Eine Rechtsschutzversicherung hilft, wenn man zum Beispiel Probleme mit einem Telefonanbieter hat.

Variante: Lückendiktat

Dieses Lückendiktat überprüft die korrekte Schreibweise des Lernwortschatzes. Teilen Sie eine Kopie dieses Textes aus und diktieren Sie den Text. Die KT ergänzen die Wörter.

Ergänzen Sie.

Wenn man eine Arbeit hat, braucht man ein __________ für das Gehalt oder für __________, zum Beispiel für die Miete. Wenn man ein __________ eröffnen will, muss man zur Bank gehen. Oft kostet das __________ eine __________, aber alle __________ sind dann __________. Für die EC-Karte bekommt man auch eine __________, damit man am ________________ Geld abheben kann. Auch ________________ ist möglich. Alle Arbeitnehmer haben eine ________________________, eine ____________________ und eine ____________________. Es gibt auch andere ________________, wie die Hausratversicherung, die helfen kann, wenn man einen __________ in der Wohnung hat. Eine ______________________ hilft, wenn man zum Beispiel Probleme mit einem __________________ hat.

Diktat

Freundschaft ist für mich sehr wichtig. Ich habe viele Freunde und Freundinnen. Meine Freundin Anna kenne ich seit dem Kindergarten. Wir haben viele gemeinsame Interessen und Ideen. Ich kann mit ihr über alles sprechen, ich vertraue ihr und sie tröstet mich, wenn ich traurig bin. Ich kann mich immer auf sie verlassen. Meinen Freund Bill habe ich über eine Webseite kennengelernt. Wir sprechen nicht so oft über unser Privatleben, aber mit ihm kann ich viel unternehmen. Unser Treffpunkt ist ein Café und manchmal gehen wir zusammen zum Fußball. Früher hatte ich einen Hund, der auch mein Freund war. Ich habe viele gute Erinnerungen an ihn. Er war sehr intelligent und ein toller Begleiter.

Variante: Laufdiktat

Dieses Diktat eignet sich sehr gut als Laufdiktat. Kopieren Sie das Diktat und befestigen Sie es ein paar Meter vom Kursraum entfernt. Die KT laufen zum Diktat, lesen den Text und merken sich einen Teil. Dann laufen sie zurück zu ihrem Tisch und schreiben es auf. Sie laufen so lange hin und her, bis sie das Diktat komplett aufgeschrieben haben.

Freundschaft ist für mich sehr wichtig. Ich habe viele Freunde und Freundinnen. Meine Freundin Anna kenne ich seit dem Kindergarten. Wir haben viele gemeinsame Interessen und Ideen. Ich kann mit ihr über alles sprechen, ich vertraue ihr und sie tröstet mich, wenn ich traurig bin. Ich kann mich immer auf sie verlassen. Meinen Freund Bill habe ich über eine Webseite kennengelernt. Wir sprechen nicht so oft über unser Privatleben, aber mit ihm kann ich viel unternehmen. Unser Treffpunkt ist ein Café und manchmal gehen wir zusammen zum Fußball. Früher hatte ich einen Hund, der auch mein Freund war. Ich habe viele gute Erinnerungen an ihn. Er war sehr intelligent und ein toller Begleiter.

Test

Name: Kurs: Datum: Punkte insgesamt: 30

1 Deutsch lernen. Wie heißen die Wörter? 4

1. die R__g__l
2. die __b__ng
3. die Gr__mm__t__k
4. der __nt__r__cht
5. der F__hl__r
6. der Spr__chk__rs
7. Die L__rnk__rt__
8. Die T__n__fn__hm__

2a *Haben* oder *sein*? Schreiben Sie die Verben im Perfekt. 8

Beispiele: bleiben *ist geblieben* spielen *hat gespielt*

1. verlassen ________________
2. erleben ________________
3. studieren ________________
4. verlieren ________________
5. kommen ________________
6. umziehen ________________
7. bekommen ________________
8. gefallen ________________

2b Ergänzen Sie mit den Verben aus 2a. Verwenden Sie jedes Verb nur einmal. 6

Er ______ seine Heimat __________ und ______ nach Deutschland __________.
Er ______ von Frankfurt nach Hamburg __________ und ____ an der Universität
__________, Später______er ein Arbeit in Berlin __________.
Leider _____ er diese Arbeit aber schon nach einem Jahr wieder __________.

3 Der Freitag von Frau Spöri. Schreiben Sie einen Text. 5

8.00 Uhr: in die Schule gegangen
Vormittag: Deutsch gelernt
13.00 Uhr: Mittag gegessen
15.00 Uhr: zu einer Freundin gefahren
Abend: ferngesehen

____
____
____
____
____

4 Ergänzen Sie die Possessivartikel. 7

1. ■ Hallo, wie geht es euch? Sind das ______ Kinder? ◆ Ja, das sind ______ Kinder.
2. ■ Guten Tag, Herr Müller. Ist das ______ Tochter? ◆ Nein, das ist ______ Nichte.
3. ■ Victoria und Marianne, ist das ______ Hund? ◆ Ja, das ist ______ Hund.
4. Wir haben eine Katze. ______ Katze heißt Mauz.

Autor: Joachim Schote

Name:	Kurs:	Datum:	Punkte insgesamt:		25

1 **Was passt? Ordnen Sie zu.** 2

1. 16.00 Uhr 2. 20.00 Uhr 3. 6.00 Uhr 4. 12.00 Uhr

A abends: _____ B nachmittags: _____ C mittags: _____ D morgens: _____

2 **Wie heißen die Wörter? Schreiben Sie sie mit Artikel.** 6

1. mirKi ________________
2. izQu ________________
3. tenrichNach ________________
4. lmfieilSp ________________
5. shwoTkla ________________
6. ungSnde ________________

3 **Verbinden Sie die Sätze mit *weil*.** 6

1. Das Auto ist kaputt. Ich nehme den Bus.

____

2. Er macht die Heizung an. Es ist sehr kalt.

____

3. Sie muss einkaufen. Sie schreibt einen Einkaufszettel.

____

4 **Wie ist Ihre Meinung? Schreiben Sie Sätze mit *dass*.** 6

1. Man kann im Internet viele Informationen finden.

Ich finde es ________, ________________________________

2. Kinder sehen so viel fern.

Ich finde es ________, ________________________________

3. Kinder sehen weniger fern.

Ich bin ________, ________________________________

5 **Ergänzen Sie die passenden Verben in der richtigen Form.** 5

hören – chatten – kommen – spielen – schreiben

1. Was ________ heute im Fernsehen?
2. Darf ich Radio ___________?
3. Ich muss eine E-Mail __________.
4. Er ___________ oft mit Freunden.
5. Ich ___________ am Computer oft Online-Spiele.

Name:	Kurs:	Datum:	Punkte insgesamt:		25

1 Auf dem Tisch. Ergänzen Sie die Wörter. — 3

1. das M__ss__r
2. die G__b__l
3. der T__ll__r
4. der L__ff__l
5. die S__rv__ __tt__
6. die Sp__ __s__k__rt__

2 Wechselpräpositionen. Kreuzen Sie an: Was ist richtig? — 6

1. Wo ist die Katze? Unter ☐ den ☐ dem Tisch.
2. Wohin fällt der Löffel? Auf ☐ dem ☐ den Boden.
3. Wo steht der Schrank? Neben ☐ dem ☐ das Bett.
4. Wohin geht der Mann? Auf ☐ den ☐ dem Balkon.
5. Wohin geht das Kind? ☐ Im ☐ Ins Haus.
6. Wo wohnt Familie Becker? In ☐ dem ☐ den großen Haus.

3 Ergänzen Sie die passenden Präpositionen. — 6

1. ________ 2. ________ 3. ________ 4. ________ 5. ________ 6. ________

4a Im Restaurant. Bringen Sie den Dialog in die richtige Reihenfolge. — 2

A ☐ Ja, ich hätte gern den Sauerbraten.
B ☐ Ein Bier, bitte.
C ☐ Möchten Sie bestellen?
D ☐ Was möchten Sie trinken?

4b Nach dem Essen. Ergänzen Sie den Dialog. — 5

getrennt – Rechnung – macht – stimmt – komme

■ Die ________________, bitte.

◆ Ich ________________ sofort. Zusammen oder ________________?

■ Zusammen, bitte.

◆ Das ________________ 67,20 Euro.

■ 70 Euro, bitte. ________________ so.

5 Ergänzen Sie *ja*, *nein* oder *doch*. — 3

1. ■ Hast du heute Nachmittag keine Zeit? ◆ ________, ich habe Zeit.
2. ■ Hast du ein Auto? ◆ ________, ich habe leider kein Auto.
3. ■ Kannst du morgen kommen? ◆ ________, morgen habe ich Zeit.

Name: Kurs: Datum: Punkte insgesamt: 25

1 **In der Schule. Nennen Sie sechs Schulfächer.** 3

2 **Was passt zusammen? Ordnen Sie zu.** 3

Gymnasium 1 ○	○ A	1.–4./6. Klasse
Grundschule 2 ○	○ B	Mathematik
Berufsschule 3 ○	○ C	Studium
Universität 4 ○	○ D	Note
Zeugnis 5 ○	○ E	Abitur
Fach 6 ○	○ F	Ausbildung

3 **Verbinden Sie die Sätze mit *wenn*.** 8

1. Sie hat den Führerschein. Sie kauft ein Auto.

Wenn ______________________, ______________________ ein Auto.

2. Er kann gut verdienen. Er wird Arzt.

Er ______________________, wenn ______________________.

3. Ich habe Hunger. Ich koche Essen.

Wenn ______________________, ______________________ Essen.

4. Das Wetter ist schlecht. Ich bleibe zu Hause.

Ich ______________________, wenn ______________________.

4 **Ergänzen Sie die Modalverben im Präteritum.** 6

1. Früher __________ ich abends immer gern mit meinen Freunden spielen. *(wollen)*

2. Das __________ ich aber nicht, meine Eltern __________ das nicht.

Ich __________ zu Hause Hausaufgaben machen. *(dürfen, wollen, müssen)*

3. Petra __________ schon im Kindergarten lesen.__________ du das auch? *(können, können)*

5 **Ergänzen Sie den Elternbrief.** 5

Klassenlehrerin – Klassenfahrt – Schulbücher – Elternabend – Eltern

Liebe ______________ der Klasse 7b,

der ______________ ist am 6. April (20 Uhr, Raum 215). Ich bin die neue ______________ und möchte mich vorstellen. Ich möchte Ihnen auch Informationen über die ______________ und die ______________ in Deutsch und Englisch geben.

Herzliche Grüße

Franka Petermann

Name: Kurs: Datum: Punkte insgesamt: 25

1 Berufe. Finden Sie sechs Berufe. Schreiben Sie sie mit Artikel. 6

Pi – Fah – Po – In – Er – Kran – geni – li – nastin – er – ken – gym – rerin – zist – lot – zieh – eurin

1. ______ 3. ______ 5. ______
2. ______ 4. ______ 6. ______

2 Schreiben Sie Nebensätze mit Fragewort. 4

1. Wo ist das Wörterbuch?
   Kannst du mir sagen, ______?
2. Wer kommt heute nicht?
   Darf ich fragen, ______?

3 Ergänzen Sie das Verb *wissen* und die Fragen. 4

Wie viel kostet eine Fahrkarte nach Hamburg? – Wann ist Pause?

1. ______ du, ______ Pause ______?
2. ______ Sie, ______?

4 Bringen Sie die Notiz in die richtige Reihenfolge. 3

☐ Zeit. Geht es
☐ Hallo Jasmin, wir hatten heute einen Termin, weil
☐ wir den Bericht besprechen wollten. Leider
☐ habe ich keine
☐ Ich komme dann in dein Büro.
☐ morgen um 15 Uhr?

5 Ergänzen Sie die Endungen und ordnen Sie zu. 3

Welch___ Hemd gefällt dir? 1 ○ ○ A Dieser hier.
Welch___ Pullover ist warm? 2 ○ ○ B Dieses hier.
Welch___ Bluse ist billig? 3 ○ ○ C Diese hier.

6 In der Kantine. Ergänzen Sie den Dialog. 5

Arbeit – Abteilung – Firma – Kollegen – frei

■ Entschuldigung, ist der Platz noch ______?
◆ Ja, natürlich. Nehmen Sie Platz. Sind Sie neu in der ______?
■ Ja, ich bin seit drei Tagen hier. Aber mir gefällt die ______ sehr gut und die ______ sind sehr nett.
◆ Schön. Und in welcher ______ arbeiten Sie?

Wohnen nach Wunsch

Name:	Kurs:	Datum:	Punkte insgesamt:		30

1a Rund um die Wohnung. Wie heißen die Wörter? — 3

1. die K__ltm__ __t__
2. der N__chm__ __t__r
3. die N__b__nk__st__n
4. die R__n__v__ __r__ng
5. die K__ __t__ __n
6. der V__r__rt

1b Ergänzen Sie die passenden Wörter aus 1a. — 3

1. Ich wohne jetzt außerhalb in einem ______________. Früher habe ich zentral gewohnt.
2. Ich musste für unsere alte Wohnung einen ______________ finden.
3. Die Miete in der neuen Wohnung ist hoch: 800 Euro ____________ plus ____________.

2 Was passt zusammen? Ordnen Sie zu. — 4

Ist die Wohnung noch frei? 1 ○
Ist die Wohnung im Erdgeschoss? 2 ○
Wann kann ich die Wohnung besichtigen? 3 ○
Was bedeutet 2 MM Kaution? 4 ○

○ A Nein, sie ist im dritten Stock.
○ B Ich nehme zwei Monatsmieten Kaution.
○ C Nein, sie ist leider schon vermietet.
○ D Sie können heute um 18 Uhr kommen.

3 Ergänzen Sie die passenden Reflexivpronomen. — 8

1. ■ Wie fühlst du __________? ◆ Danke, ich fühle __________ gut.
2. ■ Wie fühlt ihr __________? ◆ Leider fühlen wir __________ nicht gut.
3. Katrin verdient jetzt mehr. Sie freut __________. Ihr Mann freut __________ auch.
4. Jonas und Ulrike haben __________ gestritten. Vielleicht trennen sie __________.

4 Schreiben Sie Sätze mit *lassen* wie im Beispiel. — 8

1. Baust du die Küche selbst ein? *Nein, ich lasse sie einbauen.*
2. Renoviert er die Wohnung selbst? – Nein, ______________________________
3. Hängen sie die Lampen selbst auf? – Nein, ______________________________
4. Transportierst du die Möbel selbst? – Nein, ______________________________
5. Baut ihr die Möbel selbst ab? – Nein, ______________________________

5 Unterstreichen Sie das passende Verb und ergänzen Sie die Artikel. — 4

1. Der Tisch steht/stellt in d__ Küche.
2. Ich liege/lege das Buch auf d__ Tisch.
3. Die Hefte liegen/legen auf d__ Tisch.
4. Ich stelle/stehe den Schirm an d__ Wand.

Autor: Joachim Schote

Name: Kurs: Datum: Punkte insgesamt: 25

1 Wie heißen die Wörter? 2

am – bi – er – ig – lä – tag – ty – um

1. der Bräut________________
2. der Fei________________
3. das Ju________________
4. die Par________________

2 Schreiben Sie das Datum wie im Beispiel. 4

1. am 2.4. *am zweiten Vierten* der 2.4. *der zweite Vierte*
2. am 1.3. ________________ der 1.3. ________________
3. am 17.6. ________________ der 17.6. ________________

3 Ergänzen Sie die Adjektivendungen. 8

1. Ich habe ein neu__ Auto. Das alt__ Auto war kaputt.
2. Sie hat keine billig__ Wohnung gefunden. Jetzt hat sie eine teur__ Wohnung gemietet.
3. Die rot__ Jacke gefällt mir nicht. Haben Sie auch blau__ Jacken?
4. Ist der neu__ Fernseher ein gut__ Fernseher?

4 Ergänzen Sie den Artikel im Akkusativ und die Adjektivendungen. 8

1. ■ Was für ________ Mantel ziehst du heute an? ◆ Einen warm__ Mantel.
2. ■ Was für ________ Geschenk hast du für die Hochzeit? ◆ Ein schön__ Geschenk.
3. ■ Was für ________ Kommode hast du gekauft? ◆ Eine braun__ Kommode.
4. ■ Was für ________ Möbel findest du schön? ◆ Modern__ Möbel.

5 Ordnen Sie die Texte und bringen Sie die Sätze in die richtige Reihenfolge. 3

1. Geburtstag und alles Gute für das neue Lebensjahr.
2. Am 11. Juni werde ich 20 und mache ein Fest! Wenn
3. Dein Bernd
4. herzlichen Glückwunsch zum
5. Eure Maria
6. Es beginnt um 16 Uhr bei mir: Heeker Str. 5 in Ahaus.
7. Liebe Freundinnen und Freunde!
8. Liebe Kirsten,
9. ihr kommen wollt, sagt Bescheid. Tel.: 02561/85730.

Text 1: 7 – 2 – ____

Text 2: 8 – ____

Neue Chancen

Test

Name:	Kurs:	Datum:	Punkte insgesamt:		25

1 Ergänzen Sie die passenden Wörter. (6)

Arbeitsmarkt – Chancen – Weiterbildung – Förderung – Arbeitsberater – Stellen

Ich bin Sekretärin und suche eine neue Arbeit. Ich habe mich um viele ______________ beworben, aber leider keine Arbeit gefunden. Dann war ich beim ______________ und er hat mir gesagt, dass ich eine ______________ machen soll, damit ich bessere ______________ auf dem ______________ habe. Von der Agentur für Arbeit bekomme ich eine ______________ für einen Computerkurs.

2 Warum? Ordnen Sie zu und schreiben Sie Nebensätze mit *damit*. (6)

Er kann als LKW-Fahrer arbeiten. – Sie verschläft nicht. – Er lernt

1. Sie hat einen Wecker, ______________________________.
2. Er macht den LKW-Führerschein, ______________________________.
3. Er macht einen Tanzkurs, ______________________________.

3 Ergänzen Sie die passenden Präpositionen. (6)

an – von – auf – über – für – auf

1. Ich interessiere mich ______ Fußball.
2. Manchmal träumt sie ______ einem Nachmittag am Strand.
3. Letzte Woche war ich bei meinem Bruder. Er hat sich sehr ______ meinen Besuch gefreut.
4. Bald sind Ferien. Ich freue mich ______ den Urlaub am Meer.
5. Am Bahnhof warten viele Leute ______ den Zug.
6. Wie viele Leute nehmen ______ der Reise teil?

4 Ergänzen Sie den Dialog. (7)

geöffnet – Dank – Termine – anmelden – geschehen – vorbeikommen – Informationen

■ Guten Tag, mein Name ist Peters. Haben Sie Erste-Hilfe-Kurse?
◆ Ja, die nächsten __________ sind am 15. und 16. Juli.
■ Wie kann ich mich ________________?
◆ Sie müssen bei uns __________. Wir haben jeden Tag von acht bis 18 Uhr ________.
■ Gut, dann komme ich morgen. Vielen _________ für die _______________.
◆ Gern _______________.

Autor: Joachim Schote

Name:	Kurs:	Datum:	Punkte insgesamt:		20

1 Beim Arzt und in der Apotheke. Ergänzen Sie die Wörter. 6

genMazenschmer – bletTaten – sorutnerVrogesuchung – mentkadiMe – tzeSpri – kungwirNbeenen

1. Die Kinderärztin macht bei Max eine ____________ und nimmt ihm Blut ab. Er muss eine ____________ bekommen, weil ihn die Ärztin gegen Tetanus impfen will.
2. ■ Wie oft muss ich die ____________ nehmen? ◆ Dreimal täglich nach dem Essen.
3. ■ Und welche ____________ hat das ____________?
4. ◆ Manchmal kann man ____________ bekommen.

2a Was passt zusammen? Ordnen Sie zu. 2

Rückenschmerzen 1 ○	○ A	eine Pause machen
Grippe haben 2 ○	○ B	Gymnastik machen
Stress haben 3 ○	○ C	wenig Süßigkeiten essen
Schlechte Zähne haben 4 ○	○ D	im Bett bleiben

2b Schreiben Sie Sätze mit *sollte* mit den Satzbausteinen aus 2a. 7

1. *Wenn man Rückenschmerzen hat, sollte man* ____________
2. *Wenn man* ____________, ____________
3. ____________, ____________
4. ____________, ____________

3 Lebensmittel. Ordnen Sie zu. 5

1. Joghurt
2. Butter
3. Brot
4. Salat
5. Äpfel
6. Tomaten
7. Bananen
8. Eis
9. Nudeln
10. Schokolade

Getreideprodukte: ____________ Obst: *5,* ____________

Milchprodukte: ____________ Gemüse: ____________

Süßigkeiten: ____________

Name:	Kurs:	Datum:	Punkte insgesamt:		25

1 **Eine neue Arbeit suchen. Ergänzen Sie die Wörter.** 6

1. Die Arb__ __tss__ch__ wird mit B__r__fs__rf__hr__ng leichter.
2. Man kann durch eine In__t__ __t__vb__w__rb__ng, ein Pr__kt__k__m oder eine Z__ __t__rb__ __tsf__rm__ eine Stelle finden.
3. Viele Arbeitgeber wollen, dass ihre Mitarbeite z__v__rl__ss__g, eng__g__ __rt, t__ __mf__h__g und fl__x__b__l sind.
4. Im Lebenslauf stehen die persönlichen D__t__n, die Sch__lb__ld__ng und die B__r__fs__ __sb__ld__ng.

2 **Schreiben Sie Nebensätze mit *ob*.** 6

1. Sind Sie in Deutschland geboren?
   Darf ich fragen, ______________________________
2. Haben Sie den DTZ?
   Ich möchte gerne wissen, ______________________________
3. Muss ich auch am Wochenende arbeiten?
   Können Sie mir sagen, ______________________________

3 **Schreiben Sie Sätze mit *würde gerne*.** 6

1. eine feste Stelle / finden / ich
   ____
2. mehr verdienen / Herr und Frau Marx
   ____
3. wir / kaufen / ein neues Auto
   ____

4 **Was passt zusammen? Ordnen Sie die Fragen und Antworten zu.** 7

Ist die Stelle noch frei? **1** ○	○ **A**	Sie arbeiten Montag bis Freitag von 7.00 bis 15.00 Uhr.
Wie sind die Arbeitszeiten? **2** ○	○ **B**	Zu Hause in Chile und hier in der Sprachschule Kramer.
Wie ist die Bezahlung? **3** ○	○ **C**	Ja, das ist sie.
Können Sie auch am Wochenende arbeiten? **4** ○	○ **D**	Ich denke, dass ich belastbar bin.
Wo haben Sie in Deutschland schon gearbeitet? **5** ○	○ **E**	Sie bekommen einen festen. Stundenlohn.
Ist Stress bei der Arbeit ein Problem für Sie? **6** ○	○ **F**	Ich hatte hier noch keine Arbeit.
Wo haben Sie Deutsch gelernt? **7** ○	○ **G**	Ja, das kann ich.

Autor: Joachim Schote

Name: Kurs: Datum: Punkte insgesamt: 25

1a **Wie heißt das Nomen? Schreiben Sie die Wörter mit Artikel.** 4

1. vorschlagen ________________ 3. fliegen ________________
2. reisen ________________ 4. reservieren ________________

1b **Ergänzen Sie die Wörter aus 1a.** 2

■ Ich habe einen ____________. Wir sollten eine ____________ nach Italien machen.
◆ Das ist eine gute Idee. Ich finde, wir sollten eine ____________ für ein Hotel und einen ____________ von Frankfurt nach Rom machen.

2 **Schreiben Sie Relativsätze.** 10

1. Ich trage den Pullover gerne am Abend.
   Wo ist der Pullover, ________________________________
2. Der Flug ist billig.
   Haben Sie einen Flug, ________________________________
3. Die Ferienwohnung ist am Strand.
   Ich suche eine Ferienwohnung, ________________________________
4. Die Nachbarn sind immer freundlich.
   Wir haben Nachbarn, ________________________________
5. Das Museum ist auch für Kinder interessant.
   Hier gibt es ein Museum, ________________________________

3 **Auf der Autobahn. Ergänzen Sie den Dialog.** 6

Notrufsäule – A 27 – Notrufzentrale – Pannendienst – Kilometer – Autopanne

■ ________________, was kann ich für Sie tun?
◆ Guten Tag, hier ist Anna Mick. Ich bin auf der ________________.
Ich habe eine ________________.
■ Wo sind Sie genau?
◆ Hier auf der ________________ steht ________________ 166,9.
■ Wir schicken sofort den ________________.

4 **Was passt zusammen? Verbinden Sie.** 3

die Pension 1 ○	○ A	**Unterkunft**	A ○	○ 4 das Wasserschloss
das Museum 2 ○	○ B	**Reisedokumente**	B ○	○ 5 der Ausweis
das Visum 3 ○	○ C	**Sehenswürdigkeiten**	C ○	○ 6 die Ferienwohnung

Name: Kurs: Datum: Punkte insgesamt: 25

1 Wie heißen die Adjektive? Ergänzen Sie. 4

1. __rnst
2. fr__md
3. fr__hl__ch
4. l__b__nd__g
5. __ __ns__m
6. __nt__rk__lt__r__ll
7. fr__ __w__ll__g
8. g__m__ __ns__m

2 Ergänzen Sie den Text. 7

Behinderung – Mitglieder – ehrenamtlich – engagieren –Vereine (2x) – Mitgliedsbeitrag

Es gibt in Deutschland über ein halbe Million ______________. Die ______________ bezahlen einen ______________. Es gibt auch soziale ______________. Hier ______________ sich viele Menschen ______________ und helfen zum Beispiel anderen Menschen, die eine ______________ haben.

3a Ergänzen Sie die Relativsätze. 4

auf das – mit dem – in der – zu dem

1. Der Kollege, ______________ ich zusammenarbeite, ist krank.
2. Das Basketballspiel, ______________ wir gehen wollen, findet heute nicht statt.
3. Die Bäckerei, ______________ wir unser Brot kaufen, hat Ferien.
4. Weihnachten ist ein Fest, ______________ sich viele Kinder freuen.

3b Schreiben Sie Sätze wie im Beispiel. 6

Beispiel:

Die Firma ist neu. Ich arbeite für die Firma. → *Die Firma, für die ich arbeite, ist neu.*

1. Vielen Dank für die Geschenke. Ich habe mich sehr über die Geschenke gefreut.

____

2. Italien ist ein schönes Land. Ich träume oft von dem Land.

____

3. Ein Geschirrspüler ist eine Maschine. Man kann mit der Maschine Geschirr waschen.

____

4 Was passt zusammen? Verbinden Sie. 4

Guten Tag, hier spricht Wang Li. Können Sie mich mit Frau Abt verbinden? 1 ○

Tut mir leid, hier ist nicht Müller. 2 ○

Guten Tag, hier ist Atsuko Watanabe. Spreche ich mit der Firma Weiss? 3 ○

Herr Omidfard spricht gerade. 4 ○

○ A Entschuldigen Sie bitte die Störung.

○ B Können Sie mir bitte die Durchwahl geben?

○ C Nein, Sie sind falsch verbunden.

○ D Einen Moment, bitte.

Autor: Joachim Schote

Name:	Kurs:	Datum:	Punkte insgesamt:		25

1a Rund um Banken. Ergänzen Sie den Text. 10

berater – gebühren – konto – auftrag – karte

Für mein Giro__________ bezahle ich 5 Euro Konto__________. Ich brauche es für mein Gehalt, meine Überweisungen und die Miete, für die ich einen Dauer__________ habe. Morgen habe ich einen Termin mit meinem Bank__________, weil ich eine Kredit__________ brauche.

1b Rund um Versicherungen. Ergänzen Sie den Text.

schutz – vertreter – anfänger – versicherung – tarif

Mit einer Haftpflicht__________ bei uns haben Sie einen guten Versicherungs__________.
Wir bieten auch einen Sonder__________ für Berufs__________.
Ein Versicherungs__________ kann Sie beraten.

2 Ordnen Sie zu und schreiben Sie Sätze wie im Beispiel. 8

karte – blumen – decke – wagen – ~~wagen~~
Sie stehen auf dem Balkon. – Man legt sie auf den Tisch. – Er ist nicht neu. – Man schickt sie Freunden aus dem Urlaub. – ~~Man kann ihn mieten.~~

Beispiel: *der Mietwagen: Das ist ein Wagen, den man mieten kann.*

1. die Tisch__________ : __________
2. die Balkon__________ : __________
3. die Post__________ : __________
4. der Gebraucht__________ : __________

3 Ergänzen Sie die Fragewörter und die Präpositionen. 7

Wofür – Worüber – Mit wem – Womit – Auf wen – An wen – Worauf

1. __________ hast du gesprochen? __________ einem Freund.
2. __________ sprecht ihr? __________ die Arbeit.
3. __________ fahren Sie zur Arbeit? __________ dem Motorrad.
4. __________ warten Sie? __________ den Chef.
5. __________ freuen Sie sich so sehr? __________ meinen Geburtstag.
6. __________ interessieren Sie sich nicht? __________ Fußball.

Name: Kurs: Datum: Punkte insgesamt: 25

1 Freundschaft. Ergänzen Sie die Wörter. 5

1. Ich habe viele B__k__nnt__ und Freunde. Wir haben viele gemeinsame __nt__r__ss__n. Einige kenne ich durch soziale N__tzw__rk__.
2. Ich kann mit ihnen über meine S__ rg__ n und mein Pr__v__tl__b__n sprechen.
3. Ich kann ihnen wirklich vertr__ __en.
4. In meiner J__g__nd hatte ich mehr Freunde als in meiner K__ndh__ __t.
5. Mein Freund ist sehr lustig. Er hat viel H__m__r.

2 Ergänzen Sie die Fragewörter, Pronomen und Präpositionen. Benutzen Sie die Präpositionen im Kasten. 9

auf – über – mit – auf sie – auf wen – worüber – mit wem – mit ihm – darüber

1. ■ Kannst du dich __________ deine Freunde verlassen?
   ◆ Ja, ich kann mich __________ verlassen. Und __________ kanst du dich verlassen?
2. ■ __________ ärgern Sie sich? ◆ __________ das schlechte Wetter.
   ■ __________ ärgere ich mich auch.
3. ■ __________ hat du telefoniert? ◆ __________ Klaus.
   ■ Warum hast du nichts gesagt? Ich wollte auch __________ telefonieren.

3 Kreuzen Sie an: Was ist richtig? 6

1. Ich habe in der Zeitung eine Stelle gefunden.
   Ich will mich ☐ darum ☐ davon bewerben.
2. Ich möchte in einem großen Haus wohnen.
   ☐ Damit ☐ Davon träume ich schon lange.
3. Politik? Ich interessiere mich nicht ☐ dafür ☐ darüber.
4. Sabine ist eine gute Freundin. Ich spreche oft ☐ damit ☐ mit ihr.
5. Meine Großeltern waren super. Ich erinnere mich gerne ☐ daran ☐ an sie.
6. Weißt du, was man in dem Kurs lernt?
   Ich muss mich ☐ darüber ☐ über das informieren.

4 Fragen und Antworten in einem Interview. Ordnen Sie zu. 5

Frau Gauck, wo haben Sie Ihre Freundin Alin kennengelernt? 1 ○
Seit wann kennen Sie Alin? 2 ○
Und wie oft treffen Sie sich? 3 ○
Worüber sprechen Sie mit Ihrer Freundin? 4 ○
Was machen Sie gerne zusammen in Ihrer Freizeit? 5 ○

○ A Wir kennen uns schon sehr lange. Schon seit 20 Jahren.
○ B Am liebsten gehen wir zusammen in ein Café und unterhalten uns.
○ C Das war in der Grundschule. Wir waren in einer Klasse.
○ D Ein wichtiges Thema sind natürlich unsere Kinder.
○ E Mindestens einmal im Monat.

Lösungen:

Test 1

1 1. Regel – 2. Übung – 3. Grammatik – 4. Unterricht – 5. Fehler – 6. Sprachkurs – 7. Lernkarte – 8. Tonaufnahme

2a 1. hat verlassen – 2. hat erlebt – 3. hat studiert – 4. hat verloren – 5. ist gekommen – 6. ist umgezogen – 7. hat bekommen – 8. hat gefallen

2b hat … verlassen – ist … gekommen – ist … umgezogen – hat … studiert – hat … bekommen – hat … verloren

3 Um 8.00 Uhr ist Frau Spöri in die Schule gegangen. Am Vormittag hat sie Deutsch gelernt. Um 13.00 Uhr hat Frau Spöri Mittag gegessen. Um 15.00 Uhr ist sie zu einer Freundin gefahren. Am Abend hat sie ferngesehen.

4 1. eure/unsere – 2. Ihre/meine – 3. euer/unser – 4. Unsere

Test 2

1 1. B – 2. A – 3. D – 4. C

2 1. der Krimi – 2. das Quiz – 3. die Nachrichten – 4. der Spielfilm – 5. die Talkshow – 6. die Sendung

3 1. Ich nehme den Bus, weil das Auto kaputt ist.
2. Er macht die Heizung an, weil es sehr kalt ist.
3. Sie schreibt einen Einkaufszettel, weil sie einkaufen muss.

4 1. Ich finde es gut/schlecht, dass man im Internet viele Informationen finden kann.
2. Ich finde es gut/schlecht, dass Kinder so viel fernsehen.
3. Ich bin dafür/dagegen, dass Kinder weniger fernsehen.

5 1. kommt – 2. hören – 3. schreiben – 4. chattet – 5. spiele

Test 3

1 1. Messer – 2. Gabel – 3. Teller – 4. Löffel – 5. Serviette – 6. Speisekarte

2 1. dem – 2. den – 3. dem – 4. den – 5. Ins – 6. dem

3 1. neben – 2. unter – 3. zwischen – 4. vor – 5. hinter – 6. über

4a 1. C – 2. A – 3. D – 4. B

4b Rechnung – komme – getrennt – macht – Stimmt

5 1. Doch – 2. Nein – 3. Ja

Test 4

1 *Beispiel:* Englisch – Geschichte – Kunst – Sport – Musik – Physik – Chemie – Biologie – Mathematik – Deutsch

2 1. E – 2. A – 3. F – 4. C – 5. D – 6. B

3 1. Wenn sie den Führerschein hat, kauft sie ein Auto.
2. Er kann gut verdienen, wenn er Arzt wird.
3. Wenn ich Hunger habe, koche ich Essen.
4. Ich bleibe zu Hause, wenn das Wetter schlecht ist.

4 1. wollte – 2. durfte/wollten/musste – 3. konnte/Konntest

5 Eltern – Elternabend – Klassenlehrerin – Klassenfahrt – Schulbücher

Test 5

1 1. der Pilot – 2. die Fahrerin – 3. der Polizist – 4. die Ingenieurin – 5. der Erzieher – 6. die Krankengymnastin

2 1. wo das Wörterbuch ist?
2. wer heute nicht kommt?

3 1. Weißt du, wann Pause ist?
2. Wissen Sie, wie viel eine Fahrkarte nach Hamburg kostet?

4 Hallo Jasmin, wir hatten heute einen Termin, weil wir den Bericht besprechen wollten. Leider habe ich keine Zeit. Geht es morgen um 15 Uhr? Ich komme dann in dein Büro.

5 1. B Welches – 2. A Welcher – 3. C Welche

6 frei – Firma – Arbeit – Kollegen – Abteilung

Test 6

1a 1. Kaltmiete – 2. Nachmieter – 3. Nebenkosten – 4. Renovierung – 5. Kaution – 6. Vorort

1b 1. Vorort – 2. Nachmieter – 3. Kaltmiete/Nebenkosten

2 1. C – 2. A – 3. D – 4. B

3 1. dich/mich – 2. euch/uns – 3. sich/sich – 4. sich/sich

4 2. er lässt sie renovieren.
3. sie lassen sie aufhängen.
4. ich lasse sie transportieren.
5. wir lassen sie abbauen.

5 1. steht/der – 2. lege/den – 3. liegen/dem – 4. stelle/die

Test 7

1 1. Bräutigam – 2. Feiertag – 3. Jubiläum – 4. Party

2 2. am ersten Dritten/der erste Dritte – 3. am siebzehnten Sechsten/der siebzehnte Sechste

3 1. neues/alte – 2. billige/teure – 3. rote/blaue – 4. neue/guter

4 1. einen/warmen – 2. ein/schönes – 3. eine/braune – 4. –/Moderne

5 Text 1: 7, 2, 9, 6, 5 – Text 2: 8, 4, 1, 3

Test 8

1 Stellen – Arbeitsberater – Weiterbildung – Chancen – Arbeitsmarkt – Förderung

2 1. damit sie nicht verschläft.
2. damit er als LKW-Fahrer arbeiten kann.
3. damit er Leute kennenlernt.

3 1. für – 2. von – 3. über – 4. auf – 5. auf – 6. an

4 Termine – anmelden – vorbeikommen – geöffnet – Dank – Informationen – geschehen

Test 9

1 1. Vorsorgeuntersuchung/Spritze – 2. Tabletten – 3. Nebenwirkungen/Medikament – 4. Magenschmerzen

2 1B – 2D – 3A – 4C

3 1. Wenn man Rückenschmerzen hat, sollte man Gymnastik machen
2. Wenn man Grippe hat, sollte man im Bett bleiben.
3. Wenn man Stress hat, sollte man eine Pause machen.
4. Wenn man schlechte Zähne hat, sollte man wenig Süßigkeiten essen.

4 Getreideprodukte: 3, 9 – Milchprodukte: 1, 2 –Süßigkeiten: 8, 10 – Obst: 5, 7 – Gemüse: 4, 6

Test 10

1 1. Arbeitssuche/Berufserfahrung – 2. Initiativbewerbung/Praktikum/Zeitarbeitsfirma – 3. zuverlässig/engagiert/teamfähig/flexibel – 4. Daten/Schulbildung/Berufsausbildung
2 1. ob Sie in Deutschland geboren sind?
2. ob Sie den DTZ haben?
3. ob ich auch am Wochenende arbeiten muss?
3 1. Ich würde gerne eine feste Stelle finden.
2. Herr und Frau Marx würden gerne mehr verdienen.
3. Wir würden gerne ein neues Auto kaufen.
4 1. C – 2. A – 3. E – 4. G – 5. F – 6. D – 7. B

Test 11

1 1. der Vorschlag – 2. die Reise – 3. der Flug – 4. die Reservierung
2 Vorschlag – Reise – Reservierung – Flug
3 1. den ich gerne am Abend trage?
2. der billig ist?
3. die am Strand ist.
4. die immer freundlich sind.
5. das auch für Kinder interessant ist.
4 Notrufzentrale – A 27 – Autopanne – Notrufsäule – Kilometer – Pannendienst
5 1. A – 2. C – 3. B – 4. C – 5. B – 6. A

Test 12

1 1. ernst – 2. fremd – 3. fröhlich – 4. lebendig – 5. einsam – 6. interkulturell – 7. freiwillig – 8. gemeinsam
2 Vereine – Mitglieder – Mitgliedsbeitrag – Vereine – engagieren – ehrenamtlich – Behinderung
3a 1. mit dem – 2. zu dem – 3. in der – 4. auf das
3b 1.Vielen Dank für die Geschenke, über die ich mich sehr gefreut habe.
2. Italien ist ein schönes Land, von dem ich oft träume.
3. Ein Geschirrspüler ist eine Maschine, mit der man Geschirr waschen kann.
4 1. D – 2. A – 3. C – 4. B

Test 13

1 konto – gebühren – auftrag – berater – karte
2 versicherung – schutz – tarif – anfänger – berater
3 1. Tischdecke: Das ist eine Decke, die man auf den Tisch legt.
2. Balkonblumen: Das sind Blumen, die auf dem Balkon stehen.
3. Postkarte: Das ist eine Karte, die man Freunden aus dem Urlaub schickt.
4. Gebrauchtwagen: Das ist ein Wagen, der nicht neu ist.
4 1. Mit wem – Mit
2. Worüber – Über
3. Womit – Mit
4. Auf wen – Auf
5. Worauf – Auf
6. Wofür – Für
7. An wen – An

Test 14

1 1. Bekannte/Interessen/Netzwerke – 2. Sorgen/Privatleben – 3. vertrauen – 4. Jugend/Kindheit – 5. Humor
2 1. auf, auf sie, auf wen – 2. Worüber, über, Darüber – 3. Mit wem, Mit, mit ihm
3 1. darum – 2. Davon – 3. dafür – 4. mit ihr – 5. an sie – 6. darüber
4 1. C – 2. A – 3. E – 4. D – 5. B

Hinweise zum Phonetikanhang

Die 14 Lektionen des Phonetikanhangs fokussieren jeweils auf ein phonetisches Problem, das bei vielen KT auf dem A2-Niveau auftaucht.
Jede einzelne Lektion präsentiert ein Phänomen und übt es – unterstützt von der CD – mit unterschiedlichen Übungen. Abschließend finden Sie eine Übung, in der das Phänomen im Satzkontext oder in einer Sprechübung geübt wird. Das ist besonders wichtig, denn häufig können KT einen Laut sprechen, wenn sie sich nur darauf konzentrieren, sobald sie ihn danach im freien Unterrichtsgespräch verwenden, sprechen sie ihn wieder falsch aus. Diese sehr einfachen Sprechübungen am Ende jeder Phonetik-Lektion bilden eine Brücke von dem Einzellaut zu der richtigen Aussprache in anderen kommunikativen Situationen.

Lektion 1
Wortakzent bei Partizipien

Der Wortakzent ist ein für die rhythmische Struktur des Deutschen wichtiges Phänomen. Sprecher/innen, die aus Muttersprachen mit einer ganz anderen Struktur kommen, müssen den Wortakzent (und natürlich auch den Rhythmus im Satz bzw. in einer Äußerung) immer wieder üben, damit er vertraut wird. Das ist nicht nur für das Sprechen wichtig, sondern auch für das Hören. Lernende, die mit der rhythmischen Struktur des Deutschen nicht vertraut sind, haben oft sehr große Schwierigkeiten beim Hörverstehen.
Wenn Sie schon mit *Pluspunkt Deutsch A1* gearbeitet haben, kennen die Lernenden schon die Klatschübung. Sie ist wichtig, damit das, was unsichtbar im Mund und Kehlkopf passiert, für die Lernenden verständlich und erfahrbar wird. Das Prinzip ist einfach, Sie tippen bei unbetonten Silben nur mit den Fingern in die Handfläche der anderen Hand, bei den betonten Silben klatschen Sie in die Hände.
Wenn Sie den Wortakzent bei Partizipien üben, haben Sie den „Nebeneffekt", dass die Lernenden auch die Unterscheidung von trennbarer und untrennbarer Vorsilbe üben.

Lösung 1a:
gemacht – gearbeitet – gelernt
gegangen – gekommen – gefunden
abgeholt – eingekauft – mitgemacht – umgezogen – angefangen – aufgegeben
bezahlt – erzählt – erlebt – bekommen – verloren – verkauft – studiert – probiert – funktioniert

Lektion 2
Das *w*

Beim *w* liegen die oberen Schneidezähne von innen an der Unterlippe. Die Lippen müssen etwas Spannung haben und das *w* deutlich gesprochen werden. Wenn der Laut für die KT neu ist, sollten sie ihn ruhig zunächst einmal überdeutlich sprechen *wwwann, wwwer*.
In einigen anderen Sprachen gibt es keinen Unterschied zwischen *b* und *w*. Für diese Sprecher/innen ist die Übung 1b eine gute Bewusstmachung. In den meisten Kontexten kann man die Wörter zwar nicht verwechseln, die falsche Aussprache erschwert aber das Verständnis oder ruft einen lustigen Eindruck hervor: *Ich möchte einen Bein.*
Das *v* spricht man bei Fremdwörtern im Deutschen als *w* [v] aus. Diese Regel hilft allerdings den meisten Lernenden nicht, da sie nicht wissen, welche Wörter im Deutschen Fremdwörter sind. Deshalb müssen die KT die Aussprache von neuen Wörtern einzeln lernen. Bis jetzt haben sie kaum Fremdwörter kennengelernt, in denen man das *v* als *w* spricht.
Dass das *qu* als *kw* gesprochen wird, ist für viele KT überraschend. Wenn Sie gerne mit Lernplakaten arbeiten, können Sie einen Merkzettel als Erinnerungsstütze aufhängen.

Lösung 1b:
1. weil, 2. Bier, 3. Bein, 4. wohnen, 5. bald

Lektion 3
sch, sp und *st*

Es gibt einige, insbesondere asiatische Sprachen, in denen es den Zischlaut *sch* nicht gibt. Für diese Lernenden müssen Sie mit der Übung 1a den Laut einüben. Achten Sie darauf, dass die Lippen leicht gerundet sind. Häufig verwechseln diese Lernenden das *sch* mit dem *s*. Weisen Sie sie darauf hin, dass das *s* mit der Zungenspitze gesprochen wird, beim *sch* hat die Zungenspitze keinen Kontakt mit dem Gaumen.
Dass wir im Deutschen am Silbenanfang das *s* in *sp* und *st* als *sch* sprechen, wird immer wieder gerne vergessen. Für Lernende, die es genau wissen wollen, können Sie auch weitere Wörter sammeln und analysieren lassen. Sie müssen dann jeweils die Worte in Silben aufteilen, das ist auch eine sehr gute Übung, um einen Überblick über deutsche Wörter zu bekommen. Sie können diese Silben z. B. auch klatschen lassen.

Lektion 4
o und *u*

o und *u* sind sehr ähnliche Laute, die häufig nicht gut auseinander gehalten werden. Weisen Sie die Lernenden, die damit Probleme haben, darauf hin, dass die Zunge beim *u* höher im Mund liegt als beim *o*. Besonders deutlich ist der Unterschied bei den beiden langen Vokalen.
Das Partnerdiktat in 2 verfolgt einen doppelten Zweck. Zunächst einmal müssen sich die Teilnehmer/innen darüber klar werden, wie die Wörter in ihrem Text geschrieben werden. Hilfreich ist es, wenn die Teilnehmer/innen sich den Text leise vor sich hinmurmelnd selbst vorlesen und erst einmal nach Klang die Vokale eintragen. Zweifelsfälle können sie dann mit der alphabetischen Wortliste im Anhang klären. In 2b diktieren sie dann ihren Text ihrem Nachbarn / ihrer Nachbarin. Das Diktieren zwingt die Lernenden dazu, besonders deutlich zu artikulieren, damit der/die Partner/in den Vokal erkennen kann. Dadurch arbeiten die Diktierenden an ihrer eigenen Aussprache.

Lösung 1b:
das Buch, der Beruf, wir mussten, wir durften
die Note, ohne, wir wollten, der Sport
ohne Buch, gute Noten, ein Schuljahr wiederholen

Lösung 2a:
Text 1
Früher mussten wir nur neun Jahre zur Schule gehen. Danach konnten wir einen Beruf lernen. Wir konnten schon schnell Geld verdienen. Jetzt machen die meisten Jugendlichen mindestens zehn Schuljahre. Viele machen Abitur und wollen dann ein Studium anfangen. Sie brauchen gute Noten.

Text 2
Die Schule hat meistens um acht Uhr begonnen. Wir hatten fünf oder sechs Stunden Unterricht und zwei Pausen. In den Pausen haben wir ein Brot und Obst gegessen. In der achten Klasse hatte ich keine guten Noten, deshalb musste ich ein Jahr wiederholen. Aber dann war ich gut und habe Abitur gemacht.

Lektion 5
b, d, g und *p, t, k*

Der Unterschied zwischen *b, d, g* und *p, t, k* ist einmal, dass die ersteren stimmhaft sind, zum zweiten, dass *p, t, k* stärker behaucht, also mit mehr Luft gesprochen werden. Lassen Sie die KT zunächst einmal den Unterschied hören und dann jede/r für sich selbst sprechen. Wenn sie *p, t, k* zu wenig behaucht sprechen, können sie sich eine Hand vor den Mund halten und so sprechen, dass sie den Luftzug auf der Hand spüren.
In Übung 2 geht es um eine typische phonetische Eigenschaft des Deutschen: die Auslautverhärtung, d. h. dass man stimmhafte Laute wie *b, d, g* am Silbenende stimmlos ähnlich wie *p, t, k* spricht. Es gibt hier einen für die Lernenden verwirrenden Widerspruch zwischen der Schrift und der Aussprache.
Das Würfelspiel in Übung 3 übt den Unterschied zwischen stimmhaften und stimmlosen *b, d, g* noch einmal und wiederholt gleichzeitig die Konjugation.

Lösung 2:

	d	**t**		**g**	**k**		**b**	**p**
doch	x		*gut*	x		*Bericht*	x	
leider	x		*Kollege*	x		*bitte*	x	
Das tut mir leid.		x	*Tag*		x	*Urlaub*		x
anstrengend		x	*montags*		x	*Abteilung*		x
Hand		x	*Zug*		x	*geben*	x	
Handy	x		*zwei Züge*	x		*er gibt*		x
Kind		x	*fragen*	x		*Betrieb*		x
Kinder	x		*er fragt*		x	*Betriebe*	x	

Lektion 6
Die Vokale *a, ä, e* und *i*

Das Deutsche ist eine Sprache mit relativ viel verschiedenen Vokalen im Vergleich zu vielen anderen Sprachen auf der Welt. Die Reihe der Vokale *a, ä, e* und *i* unterscheidet sich in der Mundöffnung bzw. der Lage der Zunge. Das kann man sehr gut wie auf den Fotos mit der Hand verdeutlichen. Die obere Hand stellt den Oberkiefer dar, die untere Hand den Unterkiefer bzw. die Zunge. So kann man sehr schön zeigen, dass beim *i* die Zunge ganz nah am oberen Gaumen liegt, beim *e* ist der Spalt etwas größer, beim *ä* ist die Zunge noch tiefer und das *a* spricht man mit deutlich geöffnetem Mund.
Dieser Unterschied ist bei den langen Vokalen deutlich zu hören bzw. muss deutlich gesprochen werden. Bei den kurzen Vokalen gibt es nur drei unterschiedli-

che Laute, denn das kurze *ä* und das kurze *e* werden gleich ausgesprochen als [ɛ].
Das lange *e* und das lange *i* werden von vielen KT nicht sauber unterschieden (Vielleicht kennen Sie auch den schönen Satz: *Ich liebe (lebe) in Deutschland).* Die Übung 2 macht noch einmal darauf aufmerksam, dass es wichtig ist, diese beiden Laute zu unterscheiden, da sie im Deutschen bedeutungsunterscheidend sind.

Lösung 1b:
der Makler, die Stadt, die Städte, erklären, der Kellner, das Problem, der Tisch, sich verlieben

Lösung 2:
1. leben, 2. er spricht, 3. liegen, 4. er,
5. mehr, 6. dir, 7. Sie, 8. wer

Lektion 7
Endungen hören und sprechen

Viele Sprachen haben eine einfachere Silbenstruktur als das Deutsche. Die meisten Silben haben einen Konsonanten am Anfang und dann folgt ein Vokal. Durch diese Silbenstruktur sind die Lernenden nicht daran gewöhnt, das Ende einer Silbe genau zu hören. Sie „überhören" das, was im Silbenschema der eigenen Muttersprache nicht vorkommt. Das ist für das Deutsche ungünstig, denn im Deutschen gibt es viele Informationen auch am Silbenende.
Die Adjektivdeklination werden die Lernenden auf dieser Sprachstufe sicher noch nicht perfekt beherrschen, es hilft aber im Lernprozess, wenn sie die Endungen besser hören.
Sie beginnen in 1 mit dem Hören und Nachsprechen, in Übung 2 müssen Sie die Unterschiede genau hören. Die Sätze in Übung 3a können die KT auch auswendig lernen, es ist die Adjektivdeklination im Nominativ an einem netten Beispiel. Übung 3b ist eine spielerische Übung. Die KT schreiben eigene Sätze mit möglichst vielen Adjektiven und müssen diesen Satz (vielleicht auch auswendig) korrekt vortragen.

Lösung 2:
1. kleine, 2. kleiner, 3. kleinen,
4. schön, 5. schöner, 6. schöne

Lektion 8
Lange und kurze Vokale

Lange und kurze Vokale sind schon im ersten Band von *Pluspunkt Deutsch* erarbeitet und geübt worden. Diese Unterscheidung ist jedoch so wichtig, dass sie unbedingt regelmäßig wiederholt werden muss. An dieser Stelle werden als zusätzliche Informationen noch Rechtschreiberegeln gegeben, an denen man erkennen kann, man den Vokal lang oder kurz sprechen muss.
Weisen Sie die KT darauf hin, dass nicht alle Vokale gleich wichtig sind im Deutschen. Der Vokal vom Wortakzent muss besonders deutlich gesprochen werden, und wenn das Wort im Satz besonders betont ist, dann muss gerade der Vokal sehr sorgfältig gesprochen werden. Das können Sie in Übung 2 in dem kleinen Lesetext üben. Die markierten Wörter sind in den Sätze besonders wichtig (Satzakzent, Kontrastakzent), deshalb müssen hier die Vokale sehr genau gesprochen werden.

Lösung 1a:
Dienstag, Mittwoch, Donnerstag, das Jahr, die Straße, der Wecker, die Idee

Lösung 1c:
sich informieren, aktuell, die Gebühr, die Kenntnisse, viel, der Führerschein, der Schnee, der Verkehr, schick, groß, wieder, ein bisschen

Lektion 9
Ach-Laut und *k*, *Ich*-Laut und *sch*, *Ach*-Laut und *Ich*-Laut

In Übung 1 wird der *Ach*-Laut [X] mit dem *k* kontrastiert, da viele KT, die den Laut in der Muttersprache nicht haben, die beiden Laute leicht verwechseln. Weisen Sie die KT darauf hin, dass beide Laute an derselben Stelle produziert werden, der Unterschied liegt darin, dass der *Ach*-Laut ein Reibelaut ist, der fortlaufend produziert werden kann *chchchch*, das *k* ist ein Plosivlaut. Man kann ihn nur einmal sprechen und muss dann wieder neu ansetzen: *k k k*.
In Übung 2 geht es um den *Ich*-Laut [ç], der häufig mit dem *sch* [ʃ] verwechselt wird. Das *ch* können Sie mit den KT vom *j* ausgehend einüben. Sprechen Sie ein langes *j* und dann lassen Sie die Stimme weg und sprechen stimmlos: *jjjjjjjj chchchch*.
Zum Abschluss lernen die KT die Regel, wann man das *ch* als *Ich*-Laut [ç] und wann als *Ach*-Laut [X] spricht.

Lösung 3:
Ach-Laut: lachen, noch, Buch, brauchen
Ich-Laut: rechts, versichert, möchte, Bücher, leicht, euch, Milch, manchmal, durch
Nach a, o, u *und* au *spricht man den Ach-Laut.*

Lektion 10
Konsonanten

Eine Schwierigkeit für viele Deutschlernende sind die aufeinanderfolgenden Konsonanten. Ein Wort wie *Autotür* hat mit sieben Buchstaben ebenso drei Silben wie das Wort *Fremdsprachen* mit dreizehn Buchstaben. Lernende, die aus Sprachen mit einfacheren Silbenstrukturen kommen, neigen dazu, entweder Teile des Wortes wegzulassen oder zusätzlich Vokale einzufügen, z. B. *Furemdusupurachen*. Das ist im Deutschen schwer verständlich, deshalb sollten die Lernenden diese schwierigen Wörter systematisch üben. Der erste Schritt kann eine Klatschübung sein, damit die Anzahl der Silben klar ist. Im zweiten Schritt hören und sprechen die Lernenden diese Wörter erst langsam, dann immer schneller. Die Grenze für das Schnellsprechen muss immer die Verständlichkeit sein.

Im dritten Schritt müssen die KT solche schwierigen Wörter selbst erlesen. Auch hier hilft es, wenn die KT erst einmal die Anzahl der Silben bestimmen.

Lektion 11
Die Vokale *e/ö*, und *i/ü*

Wenn die KT Schwierigkeiten mit den gerundeten Vokalen *ö* und *ü* haben, ist es nicht sinnvoll, diese von den Vokalen *o* und *u* herzuleiten, wie es die deutsche Rechtschreibung nahe legt. Der Unterschied ist für Sie als KL sehr schwierig zu erklären, da sich die Unterschiede im Mund verborgen abspielen.

Wenn Sie *e* und *ö* bzw. *i* und *ü* miteinander kontrastieren, ist es viel leichter die Bildung der Laute zu erklären: ein *e*, das mit gerundeten Lippen gesprochen wird ist ein *ö* und ebenso wird ein *i* mit Lippenrundung zu einem *ü*. Lassen Sie die KT ruhig ein bisschen „mit den Mundwerkzeugen spielen“:
eeeeeööööeeeeeööööö oder *iiiiiiüüüüüiiiiiiiiüüüüü*.

Die KT hören diese Laute in Übung 1 im Satzkontext und sprechen die Sätze nach. In Übung 2 schreiben die KT Sätze mit *ö*- und *ü*-Wörtern. Dann arbeiten sie zu zweit und diktieren sich gegenseitig ihre Sätze. Dabei müssen sie auf eine sehr deutliche Aussprache achten, damit der Partner / die Partnerin den Satz richtig schreiben kann.

Lektion 12
r und *l*

Das *r* ist für viele KT ein schwieriger Laut. Wenn sie in ihrer Muttersprache kein *r* haben, und den Laut leicht mit dem *l* verwechseln, dann sollten Sie zunächst das *l* üben. Wichtig ist, dass das deutsche *l* relativ weit vorne im Mund gesprochen wird (z. B. deutlich weiter vorne als das englische oder amerikanische *l*).

Im zweiten Schritt erarbeiten Sie das *r*. Das deutsche *r* wird weit hinten im Mund gesprochen. Sie können zum Beispiel erst ein *k* sprechen lassen und den Verschluss lösen: *kchch*. Das ist die Stelle, an der das *r* gesprochen wird. Wenn Sie dann noch die Stimme dazugeben (und das *kchch* singen), dann haben Sie das *r*.

Deshalb ist in 1b die erste Zeile, in der das *r* nach einem *Ach*-Laut kommt, in der Regel leicht zu sprechen. Die zweite Zeile ist schwieriger. Am ersten Tag sollten die KT, die das *r* neu erlernen, zufrieden sein, wenn sie die erste Zeile sprechen können.

Wichtig ist, dass die KT Geduld mitbringen. Der erste Schritt ist es, zu verstehen, wie man den Laut produziert, der zweite Schritt erfordert regelmäßige Übung, damit man mit dem Laut vertraut wird und ihn immer selbstverständlicher sprechen kann.

Die Übung 1c erinnert die KT noch einmal daran, dass das *r* nach einem Vokal nicht (kaum) als *r* gesprochen wird, sondern als ein kurzes *a* [ɐ].

Übung 2 kontrastiert das *r* und das *l*. Sie können die Übung einmal mit der CD machen lassen. Beim zweiten Mal können sich die KT in Partnerarbeit die Wörter gegenseitig vorsprechen und entscheiden, welches Wort gesprochen worden ist.

Die Zungenbrecher in Übung 3 machen Spaß. Lassen Sie die KT einen Zungenbrecher auswählen, den sie für sich üben und, z. B. eine Woche später, vortragen.

Lösung 2:
1. froh, 2. Glas, 3. Meer, 4. Reise, 5. Leiter, 6. Schmerzen, 7. Regen, 8. Halt, 9. raus

Lektion 13
Silbengrenzen erkennen

Gegenüber deutschen Wortungetümen wie *Haftpflichtversicherung* zeigen die meisten Lernenden eine große Abwehr. Gerade im bürokratischen Bereich sind diese Wörter aber häufig und wichtig. Deshalb lohnt es sich, sich mit solchen Wörtern ein bisschen vertraut zu machen.
Wichtig ist, dass die Lernenden verstehen, dass solche Wörter erstens aus Silben bestehen (die man klatschen kann) und zweitens auch häufig aus mehreren Wörtern zusammengesetzt sind. Sie können hier noch einmal an die Regel erinnern, dass bei Komposita der Wortakzent (fast) immer auf dem ersten Wort liegt.
Beim Sprechen dieser langen Wörter ist es wichtig, dass sich die KT Zeit dafür nehmen und nicht Teile des Wortes verschlucken. Üben Sie ein paar dieser langen Wörter, die für Ihre KT wichtig sind, zunächst als Wort alleine und dann wie in Übung 2 in einem Satzkontext.

Lösung 1a:
1. *Haft | pflicht | ver | si | che | rung*
2. *Haus | rat | ver | si | che | rung*
3. *Kon | to | aus | zug*
4. *Ü | ber | wei | sungs | for | mu | lar*
5. *Sach | be | ar | bei | te | rin*
6. *Ga | ran | tie | schein*
7. *Ge | braucht | wa | gen*
8. *Re | kla | ma | tion*
9. *mo | nat | lich*
10. *kos | ten | los*

Lektion 14
Langsam und schnell sprechen

Wenn Deutsche normal schnell sprechen, insbesondere in informellen Kontexten, dann verschleifen sie die Aussprache an vielen Stellen. So sagt man z. B. dann nicht *haben* [habən], sondern [habm] oder sogar [ham]. Es kann für Deutschlernende schwierig sein, diese Formen dann richtig zu erkennen. Diese Phonetikübung soll für einige typische Verschleifungsformen im Deutschen sensibilisieren. Die KT hören erst einmal den Unterschied. In Übung 1a sprechen sie den Dialog langsam deutlich nach.
In 1b hören sie den Dialog mit Verschleifungen und markieren zunächst, an welchen Stellen der Dialog anders gesprochen wird. Anschließend können Sie diesen schnellen Dialog nachsprechen lassen.
Übung 2 ist als Spiel mit Wettbewerbscharakter gedacht. Wichtig ist, dass die KT zwar schnell sprechen, dass aber die Verständlichkeit nicht darunter leiden darf. Deshalb soll jeweils der/die Dritte in der Gruppenarbeit die Verständlichkeit kontrollieren.
Bitte beachten Sie: Der Sinn dieser Phonetikeinheit liegt in der Sensibilisierung. Man sollte den KT auf diesem Sprachniveau noch empfehlen, normalerweise nicht die verschliffenen Formen zu verwenden. Sie haben in der Regel noch nicht genug phonetische Genauigkeit und auch noch nicht das Sprechtempo, das zu den Verschleifungen passt.

Lösung 1b:

– *Ha~~ben~~* (m) *Sie schon gehört? Dieses Jahr gibt es ~~ein~~ Sommerfest in ~~der~~ Firma.*
\+ *Super, wann soll es stattfinden?*
– *Im August. ~~Eine~~ Band spielt und wir könn~~en~~ tanzen. ~~Es~~ gibt auch viel zu essen und zu trinken. Sind ~~Sie~~ dabei?*
\+ *~~Na~~türlich komme ich.*

Wie gut kennen Sie sich?

INTERVIEW
Fragen Sie Ihre Nachbarin / Ihren Nachbarn:

Name/Wohnort? ______________________

Wie lange ist sie/er schon in Deutschland? ______________________

____

Warum lernt sie/er Deutsch? ______________________

____

Beruf/Ausbildung? ______________________

Hobbys? ______________________

Lieblingsessen? ______________________

Lieblingswort (auf Deutsch)? ______________________

Was hat sie/er am Wochenende gemacht? ______________________

____

Wünsche für den Kurs? ______________________

____

Erzählen Sie im Kurs.

Sie/Er heißt ______________________ / Sie/Er kommt aus ______________________

anfangen	umziehen	gefallen	be- kommen
verlassen	verlieren	kommen	studieren
sehen	gehen	bleiben	suchen
heiraten	erzählen	einkaufen	schreiben
treffen	beginnen	gewinnen	vergessen
fahren	arbeiten	telefo- nieren	kochen

Perfekt Memory

ange- fangen	umge- zogen	gefallen	be- kommen
verlassen	verloren	gekommen	studiert
gesehen	gegangen	geblieben	gesucht
geheiratet	erzählt	ein- gekauft	ge- schrieben
getroffen	begonnen	gewonnen	vergessen
gefahren	gearbeitet	telefoniert	gekocht

Autor: Joachim Schote

Satzpuzzle mit *weil*

Herr Merz	braucht	das Internet,	weil	er	Übersetzer	ist.

Lin	findet	das Internet gut,	weil	sie
mit ihren Freunden	chatten	kann.		

Herr	Schmidt	benutzt	sein Smartphone,
weil	er	viel unterwegs	ist.

Ich	telefoniere	viel mit dem Handy,	weil	das
für meine Arbeit	wichtig	ist.		

Tom	recherchiert	oft im Internet,	weil	man dort
gute Informationen	finden	kann.		

Abends	lese	ich	gerne ein Buch,	weil	ich
das entspannend	finde.				

Warum …? Weil …

A

? Warum / müde	? Warum / Deutsch lernen	? Warum / heute früh ins Bett gehen	? Warum / kein Auto
? Warum / zum Flughafen fahren	? Warum / mobiles Internet	? Warum / Kopfhörer	? Warum / einkaufen

B

schlecht geschlafen haben	in Deutsch-land arbeiten wollen	morgen früh aufstehen müssen	lieber Fahrrad fahren
Freunde abholen	überall erreichbar sein wollen	überall Musik hören wollen	Kühlschrank leer

Autor: Dieter Maenner

Satzpuzzle mit *dass* …

Ich finde,	dass	das Fernsehen	gute Informationen	bietet.

Ich finde es nicht gut,	dass	es	im Internet
so viel Werbung	gibt.		

Ich denke,	dass	Kinder	nicht zu viel	am Computer
sitzen	sollten.			

Es ist schlecht,	dass	gute Filme	im Fernsehen
oft sehr spät	kommen.		

Es ist gut,	dass	Kinder	im Fernsehen viel
lernen	können.		

Ich finde es interessant,	dass	man	in Deutschland
immer noch	sehr viel Radio	hört.	

Aktivitäten am Wochenende

Autor: Joachim Schote
Illustrator: Matthias Pflügner

Kopiervorlage 6 B

Aktivitäten am Wochenende

Autor: Joachim Schote
Illustrator: Matthias Pflügner

Vergleichen Sie Bild A und B. Wie viele Unterschiede finden Sie?

Auf Bild A stehen zwei Sonnenschirme auf der Terrasse.
Und auf Bild B?

A

Autor: Dieter Maenner
Illustrator: Christoph Grundmann

Vergleichen Sie Bild A und B. Wie viele Unterschiede finden Sie?

Auf Bild B steht ein Sonnenschirm auf der Terrasse.
Und auf Bild A?

B

Autor: Dieter Maenner
Illustrator: Christoph Grundmann

Was machen Sie, wenn …?

Was machen Sie, wenn Sie müde sind?	Was machen Sie, wenn Sie an die Prüfung denken?	Was machen Sie, wenn Sie viel arbeiten müssen?	Was machen Sie, wenn Sie viele Hausaufgaben machen müssen?
Was machen Sie, wenn Sie gut Deutsch sprechen können?	Was machen Sie, wenn es regnet?	Was machen Sie, wenn Sie Fieber haben?	Was machen Sie, wenn Sie Hunger haben?
Was machen Sie, wenn Ihr Handy kaputt ist?	Was machen Sie, wenn das Internet nicht funktioniert?	Was machen Sie, wenn Sie kein Geld haben?	Was machen Sie, wenn am Wochenende die Sonne scheint?
Was machen Sie, wenn Sie viel Zeit haben?	Was machen Sie, wenn Sie zu spät zum Kurs kommen?	Was machen Sie, wenn Sie deutsche Wörter nicht behalten können?	Was machen Sie, wenn Ihr Nachbar zu laute Musik hört?
Was machen Sie, wenn Sie Ihre Freunde treffen?	Was machen Sie, wenn der Kurs ausfällt?	Was machen Sie, wenn Sie viel Geld haben?	Was machen Sie, wenn Sie Urlaub haben?

Autor: Dieter Maenner

Sie brauchen:

4 Münzen, 4 Spielfiguren, 24 Aufgabenkarten

Spielregeln:

1. Immer vier Personen aus dem Kurs spielen zusammen.
2. Alle vier Spielfiguren beginnen auf dem Feld „Start“.
3. Jede/r Teilnehmer/in hat eine Münze. Werfen Sie die Münze der Reihe nach.
4. Bei „Zahl“ gehen Sie ein Feld weiter, bei „Kopf“ zwei Felder.
5. Sind Sie auf einem Feld mit Ausrufezeichen (!) angekommen? Nehmen Sie eine Aufgabenkarte und lösen Sie die Aufgabe. Sie müssen Sätze mit Modalverben bilden.
6. Richtig? Gehen Sie ein Feld weiter. Falsch? Gehen Sie zwei Felder zurück.
7. Sind Sie als Erste/r im Ziel? Herzlichen Glückwunsch – Sie haben gewonnen.

START	!		!	
!		!		!
	!		!	
!		!		!
	!		!	
!		!		!
	!		!	**ZIEL**

Modalverben

(das Kind – noch nicht laufen – können) *Mit einem Jahr ...*	(ich – in den Kindergarten gehen – wollen) *Mit drei Jahren ...*	(wir – noch nicht lesen und schreiben – können) *Mit vier Jahren ...*	(ich – in die Schule gehen – wollen) *Mit fünf Jahren ...*
(ich – in die Schule gehen – müssen) *Mit sechs Jahren ...*	(sie (Pl.) – alleine mit dem Bus fahren – dürfen) *Mit zehn Jahren ...*	(ich – abends nicht lange ausgehen – dürfen) *Mit zwölf Jahren ...*	(ich – keinen Freund / keine Freundin haben – dürfen) *Mit 14 Jahren ...*
(ich – meinen Eltern helfen – müssen) *Mit 15 Jahren ...*	(sie – abends lange ausgehen – dürfen) *Mit 18 Jahren ...*	(er – noch nicht heiraten – wollen) *Mit 20 Jahren ...*	(treffen – wir – uns – können) *Bald ...*
(ich – noch kein Deutsch sprechen – können) *Vor fünf Jahren ...*	(ich – viel Geld verdienen – wollen) *Später ...*	(wir – nach Deutschland kommen – wollen) *Vor einem Jahr ...*	(meine Familie – die Wohnung putzen – müssen) *Gestern ...*
(meine Kinder – etwas später ins Bett gehen – dürfen) *Gestern Abend ...*	(ich im Radio – fast alles auf Deutsch verstehen – können) *Gestern ...*	(ich – zum Deutschkurs kommen – müssen) *Vor einer Stunde ...*	(du – Mittagessen kochen – müssen) *Morgen ...*
(meine Kinder – spielen – wollen) *Heute Nachmittag ...*	(wir – endlich ins Theater gehen – können) *Heute Abend ...*	(ihr – um sechs Uhr aufstehen – müssen) *Morgen früh ...*	(wir – Mittagessen kochen – müssen) *Gestern ...*

Autor: Joachim Schote

Kopie A

1 Sie haben viele Fragen. Fragen Sie Ihren Partner / Ihre Partnerin wie im Beispiel und beantworten Sie seine/ihre Fragen.

Beispiel: Können Sie mir sagen, wie viel die Uhr kostet? Sie kostet 89 Euro.
Wissen Sie, ...? / Können Sie mir sagen, ...? / Darf ich fragen, ...?

Wann ist der Test?	11. April
Wie viel kostet die Uhr?	
Warum bist du heute so spät gekommen?	Zug – Verspätung haben
Wer hat den Bericht?	
Wie kommt man zum Bahnhof?	die Straße geradeaus – erste Kreuzung links
Von wann bis wann geht der Kurs?	
Wann gehen wir heute Mittag essen?	13.00 Uhr
Wo ist meine Brille?	
Wann haben Sie Urlaub?	14. – 31. Juli
Wie spät ist es?	
Was machen Sie am Wochenende?	Ausflug mit der Familie
Wann hat die Bibliothek geöffnet?	
Was kann man in Hamburg besichtigen?	das Rathaus – der Hafen – die Innenstadt
Seit wann haben Sie die neue Wohnung?	

Kopie B

1 Sie haben viele Fragen. Fragen Sie Ihren Partner / Ihre Partnerin wie im Beispiel und beantworten Sie seine/ihre Fragen.

Beispiel: Können Sie mir sagen, wann der Test ist? Er ist am 11. April.
Wissen Sie, ...? / Können Sie mir sagen, ...? / Darf ich fragen, ...?

Wann ist der Test?	
Wie viel kostet die Uhr?	89 Euro
Warum bist du heute so spät gekommen?	
Wer hat den Bericht?	die neue Kollegin
Wie kommt man zum Bahnhof?	
Von wann bis wann geht der Kurs?	15. Oktober – 16. November
Wann gehen wir heute Mittag essen?	
Wo ist meine Brille?	nicht wissen
Wann haben Sie Urlaub?	
Wie spät ist es?	16.35 Uhr
Was machen Sie am Wochenende?	
Wann hat die Bibliothek geöffnet?	Di – Fr 10.00 – 18.00 Uhr
Was kann man in Hamburg besichtigen?	
Seit wann haben Sie die neue Wohnung?	seit drei Monaten

Könnten Sie mir helfen?

Im Kursraum:
Es ist sehr kalt.
Sie möchten, dass man das Fenster zumacht.

Im Treppenhaus:
Sie fahren in Urlaub.
Sie möchten, dass Ihr Nachbar / Ihre Nachbarin nach der Post sieht.

Im Büro:
Ihr Computer ist kaputt.
Sie brauchen Hilfe.

In der Kantine:
Sie trinken Kaffee.
Sie brauchen Zucker und Milch.

An einer Wohnungstür:
Sie wollen einen Kuchen backen, Sie haben aber keine Eier.

In der Kantine:
Sie möchten einen Kaffee aus dem Automaten, haben aber kein Kleingeld.

Im Büro:
Sie wissen nicht, wie der Drucker funktioniert.
Bitten Sie um Hilfe.

Zu Hause:
Ihr Fahrrad ist kaputt.
Wer kann Ihnen für zwei Tage ein Fahrrad leihen?

Unterwegs:
Ihr Smartphone funktioniert nicht und Sie müssen unbedingt telefonieren. Wer kann Ihnen helfen?

Im Kurs:
Sie wollen etwas notieren, haben aber keinen Kugelschreiber.

Am Telefon:
Sie haben eine schwere Hausaufgabe.
Sie brauchen Hilfe.

Im Kurs:
Ihre Lehrerin spricht zu schnell. Sie verstehen sie nicht.

Autor: Dieter Maenner

Anzeige	Suche
Nachmieter gesucht 2-Zi.-Whg, Küche, Dusche, 60 m², ruhig, gute S-Bahnverbindung in die Stadt, Miete 500 Euro + NK 150 €, 2 MM Kaution, sofort zu vermieten	Sie suchen eine kleine Wohnung außerhalb der Stadt.
Zu vermieten 2-Zi.-Whg im Erdgeschoss, Küche, Bad, 50 m², zentrale Lage am Hauptbahnhof. Parkplatz gehört zur Wohnung. Miete 600 € + NK 170 €, 3 MM Kaution	Sie suchen eine 2-Zi.-Wohnung mit Bad. Die Wohnung soll in der Innenstadt sein und es soll dort eine Parkmöglichkeit für Ihr Auto geben.
Singlewohnung 1,5 Zimmer, Dachgeschoss, 30 m², Küche, Dusche, ab sofort zu vermieten, mit Garten, in der Innenstadt, nicht weit vom Marktplatz. Miete 450 € + 150 € Nebenkosten. 2 MM Kaution	Sie suchen ein Zimmer oder eine kleine Wohnung, zentrale Lage, aber nicht im Erdgeschoss.
Zu vermieten 4 Zimmer, Küche, Bad, 75 m², mit großem Garten, 20 km außerhalb der Stadt, ruhige familienfreundliche Wohngegend, S-Bahn in der Nähe, Warmmiete 980 €, 2 MM Kaution	Sie möchten aufs Land umziehen. Sie suchen eine ruhige 3–4 Zimmerwohnung mit guten Verkehrsverbindungen in die Stadt.
Nachmieter gesucht 4-Zi.-Whg, 75 m² EG, in der Innenstadt, renoviert, Küche, Bad, Balkon, Warmmiete 800 €, 3 MM Kaution, Hochhauswohnung mit Aufzug, Haustiere kein Problem.	Sie suchen für sich, für Ihre Familie und Ihren Hund eine große Wohnung, zentrale Lage.
Nachmieter gesucht große Wohnung, 3 Zimmer, 70 m², Küche, Bad, gute Wohnlage in der Innenstadt, 5. Stock, Altbau, mit Aufzug. Keine Haustiere. Miete nur 750 € + 190 € Nebenkosten, 3 MM Kaution	Sie suchen eine ruhige 3–4-Zimmer-Wohnung, zentrale Lage. Sie möchten nicht im Erdgeschoss wohnen.
Schöne 2-Zi.-Wohnung für Dezember und Januar zu vermieten. Direkt am Stadtpark – möbliert – Stellplatz für Auto vorhanden. 800 € Monatsmiete, inklusive Nebenkosten	Ein Kollege zieht im Winter nach Deutschland. Sie suchen für ihn für diese Zeit eine Wohnung.

Kopie A

1 **Sie wollen Ihr Zimmer einrichten. Zeichnen Sie die Möbel in Ihre Skizze. Danach erklären Sie Ihrem Partner / Ihrer Partnerin, wohin Sie die Möbel stellen. Er/Sie zeichnet die Möbel in die leere Skizze ein. Anschließend berichtet Ihr Partner / Ihre Partnerin und Sie zeichnen auf der leeren Skizze ein, wohin er/sie die Möbel stellt.**

Beispiel:
Ich stelle den Schrank rechts neben das Fenster. Das Bett stelle ich …

Mein Zimmer

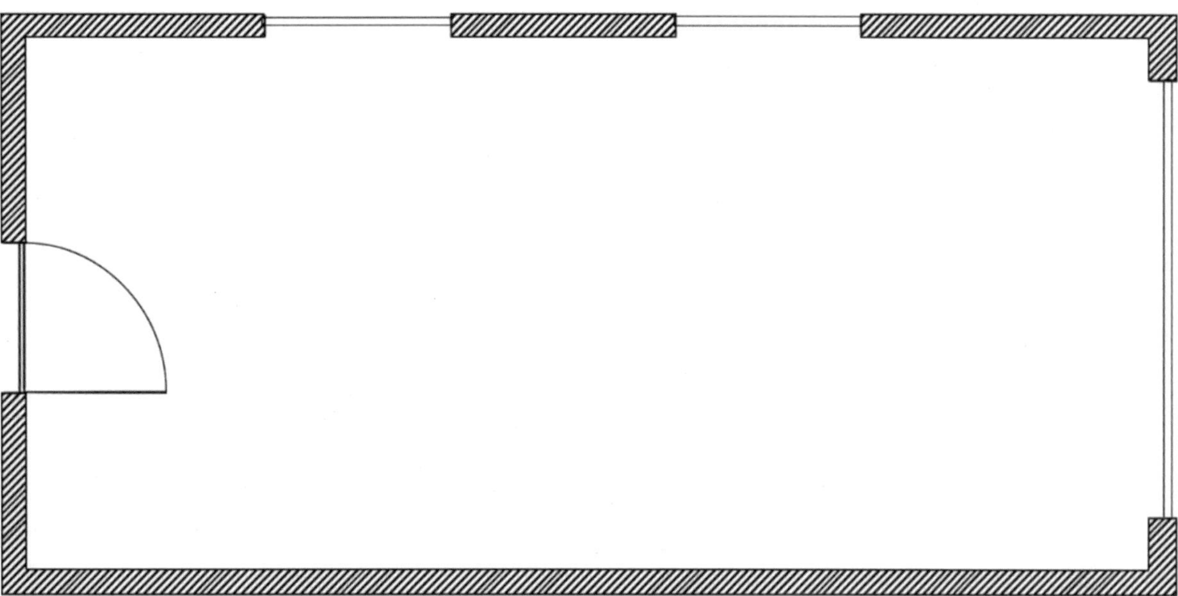

Das Zimmer von meinem Partner / meiner Partnerin

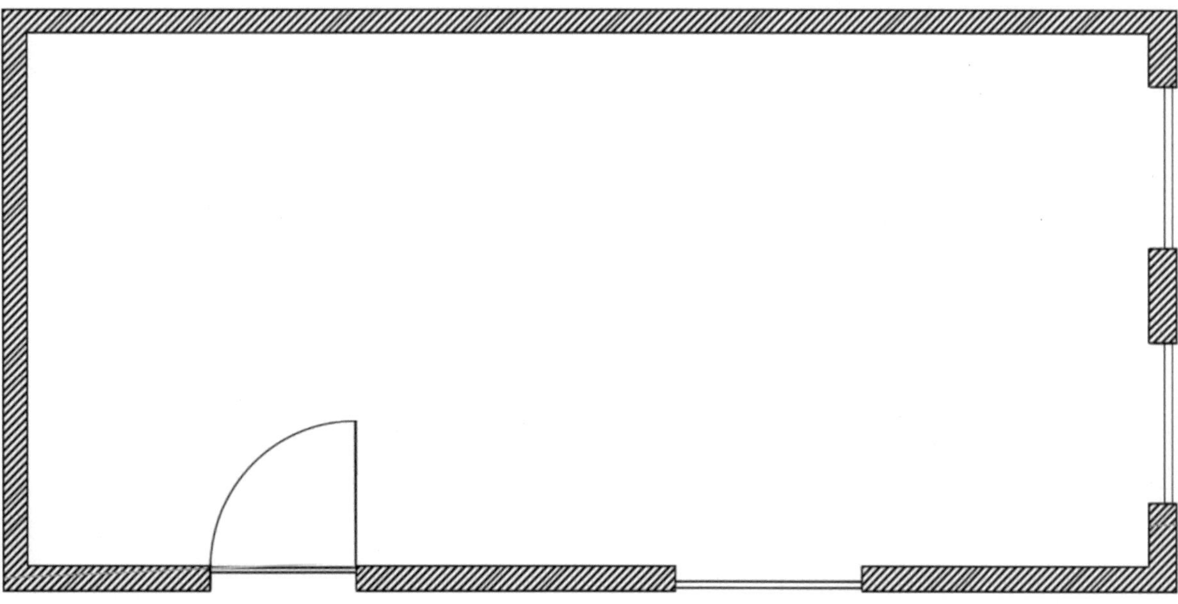

Kopie B

1 Sie wollen Ihr Zimmer einrichten. Zeichnen Sie die Möbel in Ihre Skizze. Danach erklären Sie Ihrem Partner / Ihrer Partnerin, wohin Sie die Möbel stellen. Er/Sie zeichnet die Möbel in die leere Skizze ein. Anschließend berichtet Ihr Partner / Ihre Partnerin und Sie zeichnen auf der leeren Skizze ein, wohin er/sie die Möbel stellt.

Beispiel:
Ich stelle den Schrank links neben das Fenster. Das Bett stelle ich …

Mein Zimmer

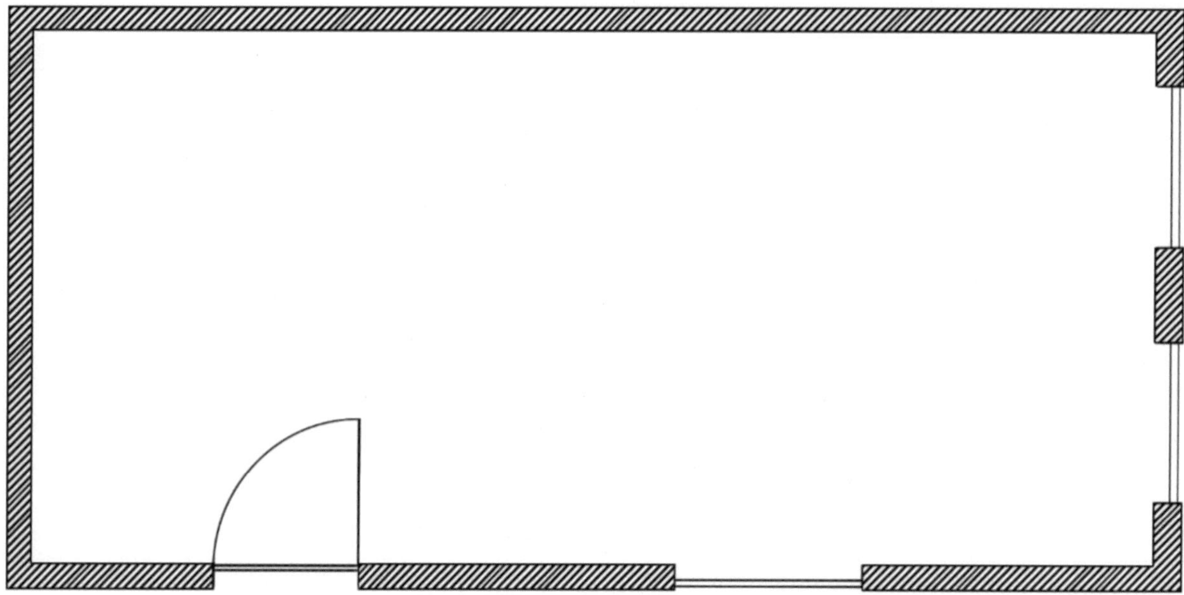

Das Zimmer von meinem Partner / meiner Partnerin

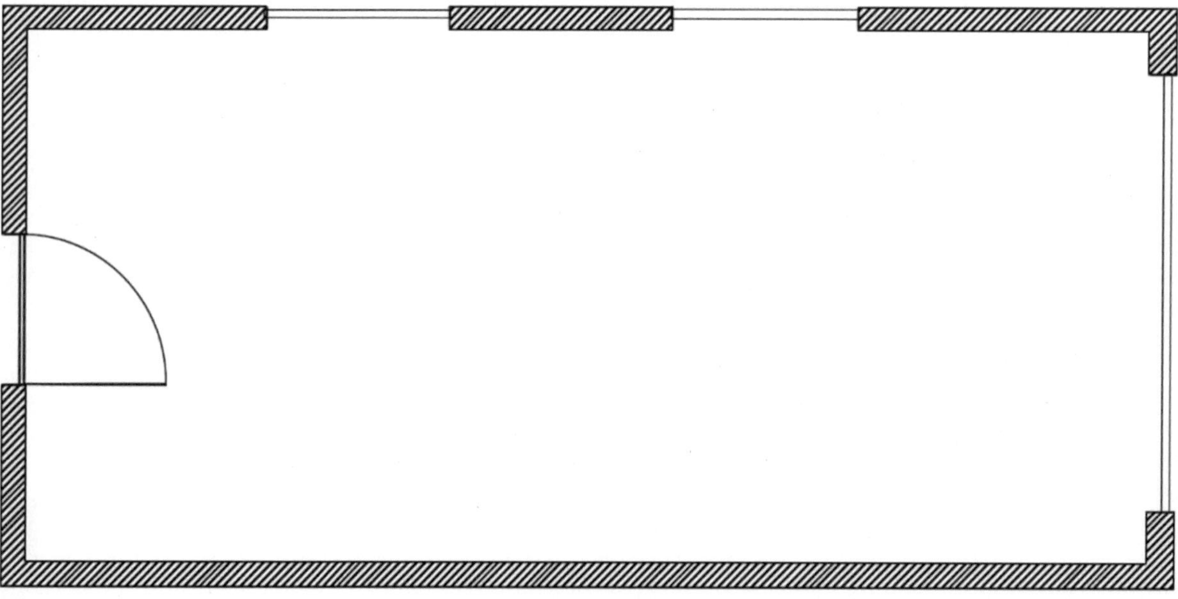

Unterschriften sammeln

Haben Sie / Hast du in diesem Monat ein Fest gefeiert?

1. Wer hat in diesem Monat ein Fest gefeiert?

   Name: ______________________________

2. Wer war in der letzten Zeit auf einer Party?

   Name: ______________________________

3. Wer möchte bald eine Party machen?

   Name: ______________________________

4. Wer hat in der letzten Zeit ein schönes Geschenk bekommen?

   Name: ______________________________

5. Wer schenkt gern Blumen?

   Name: ______________________________

6. Wer hat schon oft Geld geschenkt?

   Name: ______________________________

7. Wer meint, dass man Geld nicht schenken soll?

   Name: ______________________________

8. Wer hat schon einmal einen Gutschein geschenkt?

   Name: ______________________________

9. Wer schenkt gerne Bücher?

   Name: ______________________________

10. Wer denkt, dass die Leute heute zu viel schenken?

    Name: ______________________________

Kopiervorlage 15 A — Adjektiv-Quartett

das Auto **schnell** langsam groß klein	**das Auto** schnell **langsam** groß klein	**das Auto** schnell langsam **groß** klein	**das Auto** schnell langsam groß **klein**
das Hemd **rot** grün blau schwarz	**das Hemd** rot **grün** blau schwarz	**das Hemd** rot grün **blau** schwarz	**das Hemd** rot grün blau **schwarz**
der Mantel **bequem** schön neu günstig	**der Mantel** bequem **schön** neu günstig	**der Mantel** bequem schön **neu** günstig	**der Mantel** bequem schön neu **günstig**
der Sessel **elegant** modern klein groß	**der Sessel** elegant **modern** klein groß	**der Sessel** elegant modern **klein** groß	**der Sessel** elegant modern klein **groß**

Adjektiv-Quartett

die Hose

lang
kurz
schick
modern

die Hose

lang
kurz
schick
modern

die Hose

lang
kurz
schick
modern

die Hose

lang
kurz
schick
modern

die Küche

gemütlich
schön
groß
praktisch

die Küche

gemütlich
schön
groß
praktisch

die Küche

gemütlich
schön
groß
praktisch

die Küche

gemütlich
schön
groß
praktisch

die Kollegen

freundlich
nett
jung
sympathisch

die Kollegen

freundlich
nett
jung
sympathisch

die Kollegen

freundlich
nett
jung
sympathisch

die Kollegen

freundlich
nett
jung
sympathisch

die Bücher

interessant
spannend
lustig
langweilig

die Bücher

interessant
spannend
lustig
langweilig

die Bücher

interessant
spannend
lustig
langweilig

die Bücher

interessant
spannend
lustig
langweilig

Verben mit Präpositionen

	Ich interessiere mich	für Politik.	Ich freue mich
auf meine Reise.	Ich träume	von einer Reise.	Ich ärgere mich
über das langweilige Buch.	Er denkt	an seine Freundin.	Er telefoniert
mit seiner Freundin.	Er nimmt	an einer Fortbildung teil.	Er geht
zu seiner Freundin.	Er bewirbt sich	um die Stelle.	

Satzpuzzle

Er	wartet	seit zwei Stunden	auf seine Freundin.

Die Kinder	freuen	sich	sehr	auf Weihnachten.

Die Kursleiterin	informiert	Frau Wang	über die Hausaufgaben.

Manchmal	träume	ich	von meiner Heimat.

Interessieren	Sie	sich	für Fußball?

Freuen	sich	die Mitarbeiter	auf das Firmenjubiläum?

Träumst	du	oft	von deiner Heimat?

Gestern	habe	ich	von einem Urlaub am Meer	geträumt.

Wir	haben	uns	über die schönen Geschenke	gefreut.

Frau Hansen	will	im Herbst	an einem Englischkurs	teilnehmen.

Warum	musste	ich	so lange	auf dich warten?

Auf dem Elternabend	haben	wir	über die Klassenfahrt	gesprochen.

Autor: Joachim Schote

Ratschläge geben

Ich bekomme jeden Winter eine Grippe.	sich gegen Grippe impfen lassen
Ich ärgere mich immer sehr schnell.	einen Yoga-Kurs machen
Ich habe mich am Bein verletzt.	sich schnell gegen Tetanus impfen lassen
Ich habe Halsschmerzen.	einen heißen Tee trinken
Ich habe starken Schnupfen.	Nasentropfen nehmen
Ich bin immer müde.	mehr Sport machen
Ich möchte nicht so viel Fleisch essen.	mehr Gemüse und Obst essen
Ich habe oft Kopf- und Bauchschmerzen.	einen Gesundheits-Check machen
Mein Kind ist oft krank.	zur Vorsorgeuntersuchung gehen

Autor: Dieter Maenner

Ernährungspyramide

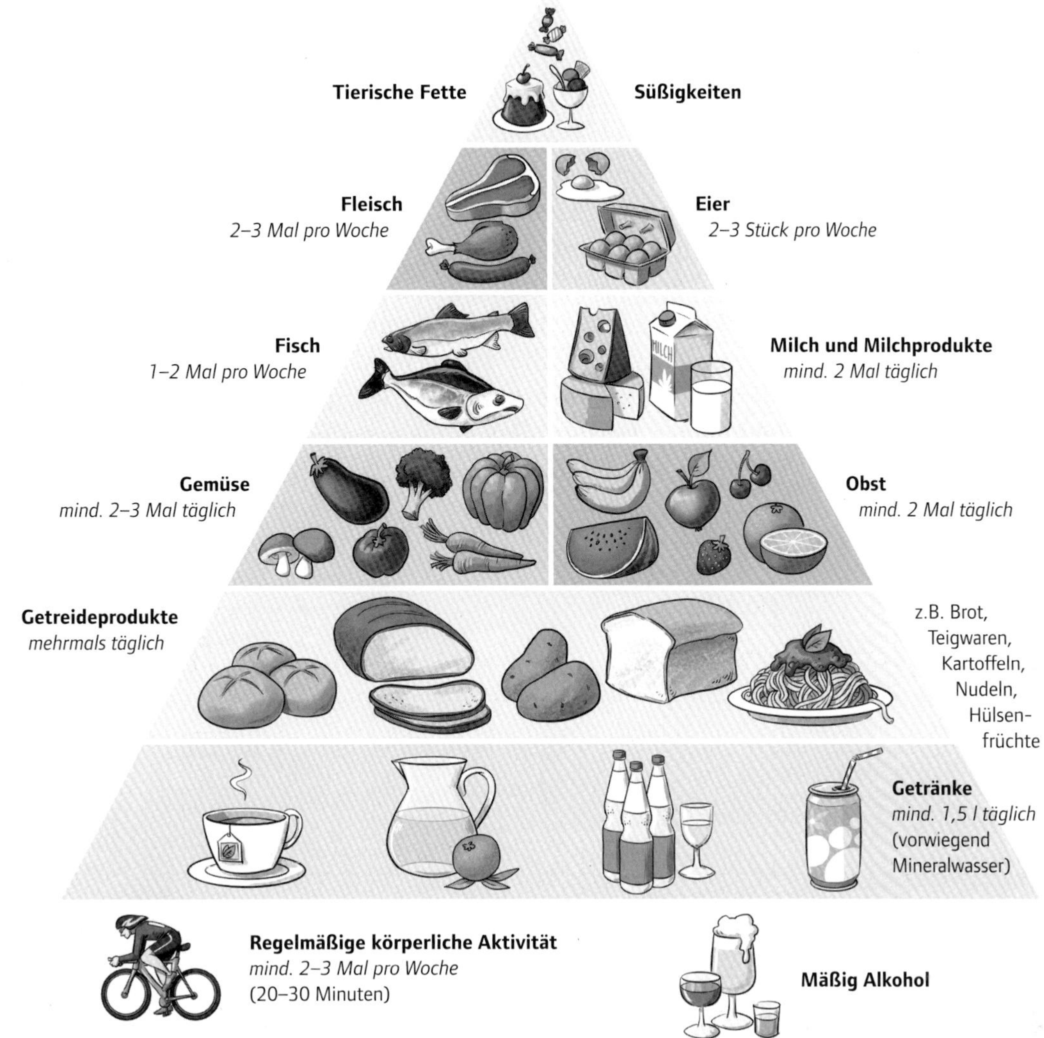

Sehen Sie die Ernährungspyramide an. Sammeln Sie im Kurs.

1 **Welche Lebensmittel finden Sie auf dem Bild? Ordnen Sie zu:**

Getreideprodukte und Kartoffeln:

Obst und Gemüse:

Milchprodukte und Eier:

Fleisch und Fisch:

Süßigkeiten:

2 **Was essen Sie oft, manchmal, selten, nie?**

3 **Was ist gesund? Was ist ungesund? Was meinen Sie?**

Autor: Dieter Maenner
Illustrator: Matthias Pflügner

Sie brauchen:

4 Münzen, 1 Würfel, 4 Spielfiguren, 24 Aufgabenkarten

Spielregeln:

1. Immer vier Personen aus dem Kurs spielen zusammen.
2. Alle vier Spielfiguren beginnen auf dem Feld „Start".
3. Jede/r Teilnehmer/in hat eine Münze. Werfen Sie die Münze der Reihe nach.
4. Bei „Zahl" gehen Sie ein Feld weiter, bei „Kopf" zwei Felder.
5. Sind Sie auf einem Feld mit Ausrufezeichen (!) angekommen? Nehmen Sie eine Aufgabenkarte und würfeln Sie. Die Augenzahl entscheidet, in welcher Person Sie einen Satz mit *würde gern* oder *möchte gern* sagen. (z. B. 3 Augen: *Er würde gern ans Meer fahren.*)
6. Richtig? Gehen Sie ein Feld weiter. Falsch? Gehen Sie zwei Felder zurück.
7. Sind Sie als Erste/r im Ziel? Herzlichen Glückwunsch – Sie haben gewonnen.

START	!		!	
!		!		!
	!		!	
!		!		!
	!		!	
!		!		!
	!		!	**ZIEL**

Würfelspiel

wohnen – am Stadtrand	verdienen – viel Geld	bekommen – Urlaub	essen – ein großes Eis
kaufen – ein neues Auto	machen – eine Ausbildung	lernen – mehr Deutsch	fahren – nach Italien
kaufen – neue Kleidung	leben – gesünder	weniger arbeiten – am Wochenende	gehen – heute Abend ins Kino
eröffnen – ein eigenes Geschäft	kennenlernen – Berlin	trinken – ein Glas Orangensaft	besser verstehen – die schwierige Grammatik
kennen – mehr deutsche Wörter	lesen – deutsche Zeitungen	finden – eine gute Arbeit	gehen – nach Hause
schreiben – einen guten Test	bestehen – den DTZ	rauchen – weniger	feiern – eine Party

Autor: Joachim Schote

Lebenslauf

Persönliche Daten

Vor- und Nachname: ______________

Anschrift: ______________

((Ihr Foto))

Geburtsdatum/-ort: ______________

Schulbildung

Aus-/Weiterbildung

Berufserfahrung

Kenntnisse

Interessen

Ort, Datum

Unterschrift

Lesen Sie die Rollenkarten. Machen Sie sich Notizen. Spielen Sie mit Ihrem Partner / Ihrer Partnerin die Dialoge.

Dialog 1: Eine Reise buchen

Kunde/Kundin im Reisebüro

- Sie wollen einen Flug nach Tokio buchen. Der Hinflug soll am 21. Juli und der Rückflug am 04. August sein.
  Sie wollen ab Frankfurt fliegen.
- Sie sind mit dem ersten Angebot nicht zufrieden, denn Sie hatten früher schon Flugtickets, die billiger waren. Sie wollen ein zweites Angebot.
- Sie entscheiden sich für das zweite Angebot.

Mitarbeiter/in im Reisebüro

- Sie machen das erste Angebot: Flug für 1009 Euro, Abflug am 21. Juli um 20.45 Uhr, Ankunft in Tokio um 15 Uhr. Rückflug am 4. August um 11.05 Uhr, Ankunft in Frankfurt um 18.20 Uhr.
- Der Kunde ist mit dem ersten Angebot nicht zufrieden. Sie suchen einen anderen Flug.
- Sie machen das zweite Angebot: Flug für 849 Euro, Abflug am 21. Juli um 21.05 Uhr, Ankunft in Tokio um 15.25 Uhr. Rückflug am 4. August um 12.05 Uhr, Ankunft in Frankfurt um 17.20 Uhr.

Dialog 2: Fahrkartenkontrolle/Zugverspätung

Fahrgast im ICE nach Hannover

- Sie sitzen im ICE nach Hannover.
  Ihr Zug hat 15 Minuten Verspätung.
- Der Zugbegleiter kommt und kontrolliert die Fahrkarten.
- Fragen Sie den Zugbegleiter, ob Sie Ihren Anschlusszug nach Oldenburg in Hannover erreichen.

Zugbegleiter im ICE nach Hannover

- Sie sind Zugbegleiter und kontrollieren die Fahrkarten. Der Zug hat 15 Minuten Verspätung. Ein Fahrgast möchte wissen, ob er in Hannover noch den Anschlusszug nach Oldenburg erreicht.
- Sie wissen nicht, ob der Anschlusszug in Hannover wartet. Der Zugchef informiert die Fahrgäste kurz vor Ankunft in Hannover per Lautsprecher.

Dialog 3: Eine Reise planen

Person 1

- Sie planen mit Ihrem Partner / Ihrer Partnerin einen Kurzurlaub (fünf Tage). Sie möchten gerne nach Rügen fahren. Sie wollen Radtouren machen und auf einem Campingplatz im Zelt wohnen.
- Sie machen einen zweiten Vorschlag: Fünf Tage in Cuxhaven an der Nordsee. An zwei Tagen schlafen Sie lange und gehen an den Strand, an zwei Tagen machen Sie Radtouren und an einem Tag macht jeder, was ihm gefällt.

Person 2

- Sie planen mit Ihrem Partner / Ihrer Partnerin einen Kurzurlaub (fünf Tage). Sie wollen nach Borkum. Sie möchten im Hotel wohnen, morgens lange schlafen und an den Strand gehen.
- Hören Sie zuerst, was Ihr Partner / Ihre Partnerin vorschlägt. Der Vorschlag gefällt Ihnen nicht.
- Sie sind mit dem zweiten Vorschlag von Ihrem Partner / Ihrer Partnerin einverstanden.

Relativsatz-Domino

	Das ist das Museum,
das so interessant war.	Das sind die Nachbarn,
die so nett waren.	Das sind die Handtücher,
die wir am Strand benutzen.	Das ist der Strand,
der so ruhig war.	Das ist die Kellnerin,
die so freundlich war.	Das ist der Rucksack,
den wir mitnehmen.	Das ist das Buch,
das ich im Urlaub lesen will.	Das ist die Brieftasche,
die ich für die Reise brauche.	Das ist das Restaurant,
das so gemütlich war.	Ich suche ein Hotel,
das ruhige Zimmer hat.	Ich suche Reiseangebote,
die günstig sind.	

Wechselspiel: Relativsätze

1 Sie möchten alles über die Häuser Nummer 36 und 40 wissen. Ihr Partner / Ihre Partnerin weiß die Antworten auf die Fragen im Kasten.

Fragen zu Haus 36:
1. Was für Gäste wohnen im Hotel?
2. Wer bringt die Koffer ins Hotel?
3. Mit wem spricht Gerald?
4. Wo parken die Gäste ihre Autos?

Fragen zu Haus 40:
1. Was für ein Geschäft ist im Haus?
2. Wer kauft in dem Geschäft ein?
3. Was für ein Büro ist über dem Geschäft?
4. Wem gehört das Büro?

2 Beantworten Sie die Fragen von Ihrem Partner / Ihrer Partnerin zu den Häusern mit der Nummer 38 und 42 mit Relativsätzen. Benutzen Sie die Sätze im Kasten.

Antworten zu Haus 38:
1. Unten wohnen Herr und Frau Müller. Ich habe ihnen beim Umzug geholfen.
2. Oben wohnt ein junges Paar. Sie haben letzte Woche geheiratet.
3. Das sind Agnes und Ricardo. Sie fahren immer zusammen zur Arbeit.
4. Das ist Jessica. Ich gehe heute Nachmittag zu ihr.

Antworten zu Haus 42:
1. Das ist Herr Meyer. Für ihn ist nur die Gartenarbeit wichtig.
2. Herr Meyer pflanzt gern Blumen. Er gießt sie jeden Tag.
3. Das ist das Fahrrad von Frau Meyer. Sie ist gerade im Haus.
4. Das ist Frau Grabowski. Sie wohnt im Haus Nummer 46 und Herr Meyer unterhält sich mit ihr gern über Blumen.

Machen Sie aus den Antwortsätzen Relativsätze wie im Beispiel:

1. Unten wohnen Herr und Frau Müller, denen ich beim Umzug geholfen habe.

Autor: Joachim Schote
Illustrator: Matthias Pflügner

1 **Sie möchten alles über die Häuser Nummer 38 und 42 wissen. Ihr Partner / Ihre Partnerin weiß die Antworten auf die Fragen im Kasten.**

Fragen zu Haus 38:	Fragen zu Haus 42:
1. Wer wohnt unten im Haus Nr. 38?	1. Wer arbeitet im Garten?
2. Wer wohnt oben in Haus Nr. 38?	2. Was pflanzt Herr Meyer gern?
3. Wer fährt da gerade mit dem Auto weg?	3. Wem gehört das Fahrrad vor dem Garten?
4. Wer schaut aus dem Fenster?	4. Wer geht durch das Gartentor?

2 **Beantworten Sie die Fragen von Ihrem Partner / Ihrer Partnerin zu den Häusern mit der Nummer 36 und 40 mit Relativsätzen. Benutzen Sie die Sätze im Kasten.**

Antworten zu Haus 36:	Antworten zu Haus 40:
1. Da wohnen Geschäftsleute. Der Portier bekommt viel Trinkgeld von ihnen.	1. Das ist ein Geschäft. In dem Laden sind viele Lebensmittel sehr billig.
2. Das ist Gerald. Alle Gäste finden ihn nett.	2. Da kaufen viele ältere Leute ein. Für sie ist der Weg zum Supermarkt zu weit.
3. Er spricht mit dem Hotelmanager. Er grüßt immer, wenn er Gerald sieht.	3. Das ist ein Ingenieurbüro. Es hat gerade neu eröffnet.
4. Die Autos parken in einer Garage. Die Garage ist unter dem Hotel.	4. Es gehört einer jungen Frau. Ich habe gestern mit ihr gesprochen.

Machen Sie aus den Antwortsätzen Relativsätze wie im Beispiel:

1. Da wohnen Geschäftsleute, von denen der Portier viel Trinkgeld bekommt.

Lesen Sie den Redemittelkasten und spielen Sie Dialoge mit Ihrem Partner / Ihrer Partnerin.

Am Telefon

eine andere Person ans Telefon holen lassen
Guten Tag, hier ist … Könnte ich mit Herrn/Frau … sprechen?
Ist Herr/Frau … da?

auf eine Bitte reagieren
Ja, einen Moment, bitte.
Nein, Herr/Frau … ist nicht da.
Kann/Soll ich ihm/ihr etwas ausrichten?
Ja, das mache ich gerne.
Ja, das sage ich ihr.

eine Nachricht hinterlassen/reagieren, wenn die Person nicht da ist
Wann kommt/ist Herr/Frau … wieder zurück?
Können Sie Herrn/Frau … bitten, dass er/sie mich unter der Nummer … zurückruft?
Könnten Sie ihm/ihr etwas ausrichten?
Vielen Dank, ich rufe später noch einmal an.
Dann rufe ich später noch einmal an. / Dann versuche ich es später noch einmal.

sich bedanken/sich verabschieden
Herzlichen/Vielen Dank.
Auf Wiederhören.

Dialog 1:

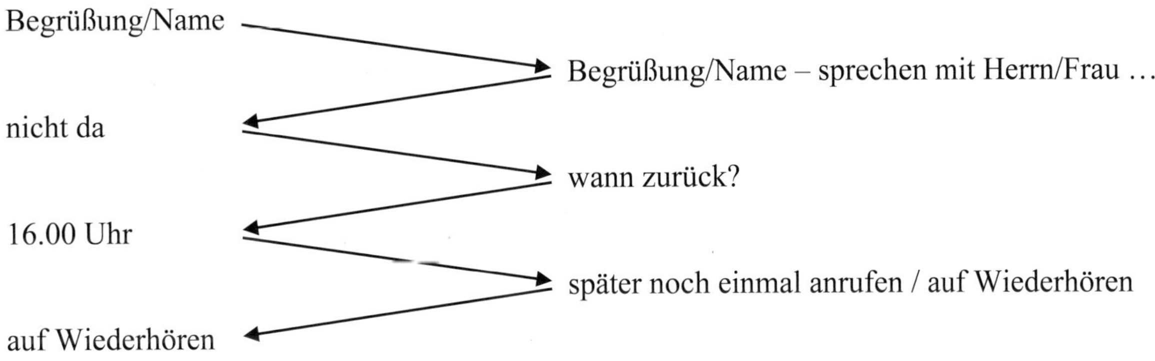

Dialog 2:

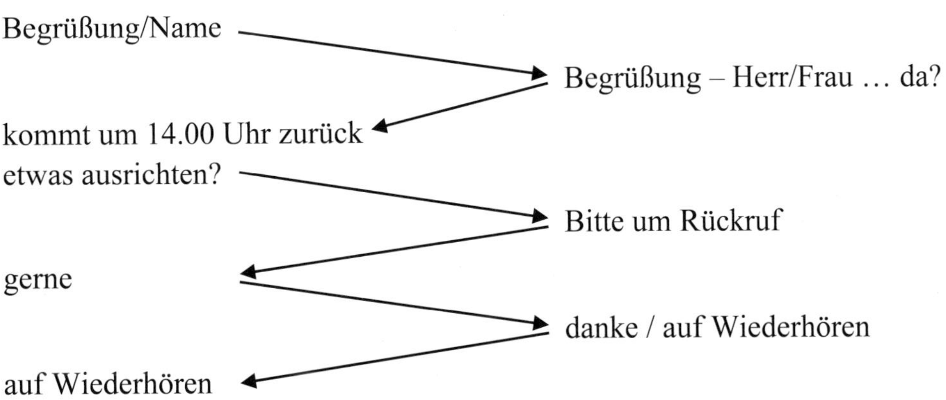

Autor: Joachim Schote

1 Fragen Sie Ihren Partner / Ihre Partnerin und machen Sie Notizen.

1. Über wen ärgern Sie sich oft?

   ____

2. Worüber ärgern Sie sich oft?

   ____

3. Worauf freuen Sie sich?

   ____

4. Wofür interessieren Sie sich?

   ____

5. Womit spielen Sie am liebsten?

   ____

6. Wovon träumen Sie oft?

   ____

7. An wen denken Sie oft?

   ____

8. Woran denken Sie im Moment?

   ____

9. Woran denken Sie nicht gerne?

   ____

10. Wofür geben Sie viel Geld aus?

    ____

11. Mit wem haben Sie gestern gesprochen?

    ____

12. Worüber sprechen Sie gern?

    ____

2 Erzählen Sie dann im Kurs:

Beispiel:
Murat ärgert sich oft über seinen Chef. Er ärgert sich auch oft über seine Arbeit.

Dialogkarten

Kunde/Kundin

Sie haben letzte Woche einen Staubsauger gekauft, aber er funktioniert nicht. Sie bringen den Staubsauger ins Geschäft zurück und reklamieren. Sie wollen wissen, wie lange die Reparatur dauert.

Verkäufer/Verkäuferin

Sie testen den Staubsauger und sehen, dass das Ladekabel kaputt ist. Sie geben der Kundin / dem Kunden ein neues Ladekabel.

Kunde/Kundin

Sie haben einen MP3-Player gekauft. Leider sind Sie mit dem Gerät nicht zufrieden. Er ist viel zu leise.

Verkäufer/Verkäuferin

Sie testen den MP3-Player. Er funktioniert. Weil das Gerät sehr billig war, hat der Kopfhörer auch keine besonders gute Qualität. Bieten Sie dem Kunden / der Kundin einen besseren Kopfhörer an, dafür muss er/sie aber noch mal 20 € bezahlen.

Kunde/Kundin

Sie haben einen Fernseher gekauft. Er funktioniert gar nicht. Gehen Sie ins Geschäft und fragen Sie, ob man den Fernseher bei Ihnen zu Hause reparieren kann oder ob man ihn ins Werk schicken muss.

Verkäufer/Verkäuferin

Sie entschuldigen sich und vereinbaren einen Technikertermin mit dem Kunden / der Kundin. Wenn Sie den Fernseher ins Werk schicken müssen, kann der Kunde / die Kundin für die Zwischenzeit ein anderes Gerät bekommen.

Kunde/Kundin

Sie haben ein günstiges Handy gekauft, Preis nur 99 €. Sie möchten es umtauschen, weil es zu wenig Speicher hat und die Kamera nicht sehr gut ist.

Verkäufer/Verkäuferin

Der Kunde / Die Kundin kann es umtauschen. Aber für einen Preis von 99 Euro gibt es keine besseren Handys. Bieten Sie ein besseres Handy für 199 € an.

Kunde/Kundin

Sie haben eine Kaffeemaschine gekauft. Das Wasser wird aber nicht richtig heiß. Gehen Sie ins Geschäft. Ein Problem: Sie können Ihren Kassenzettel nicht finden.

Verkäufer/Verkäuferin

Sie testen die Maschine. Es stimmt, sie hat einen Fehler. Aber ohne Kassenzettel ist ein Umtausch oder eine Geldrückgabe nicht möglich.

Elfchen

Autor: Joachim Schote